新民法典成立への扉

石崎泰雄 編著

新民法典成立への扉
―法制審議会の議論から改正法案へ―

信山社ブックス
11

信 山 社

は し が き

　法務省の諮問を受けて，法制審議会民法部会において，民法（債権関係）の改正に関する検討が5年以上の歳月をかけて行われた結果，「要綱」が完成しその法律案が国会に提出された（平成27年3月31日）。会期は延長されたが，審議未了で平成27年国会会期においては，成立には至らなかった。

　しかし，そこに示された法律案は多くの問題点を内包するものの，さすがに5年以上の歳月をかけて練り上げられたものであるだけに多くの示唆を与えてくれて余りあるものである。したがって，そこに至るまでの過程をフォローすることは，近い将来の「新民法典」成立のための貴重な基礎を提供してくれるものとなろう。

　著者は，法科大学院に所属し毎週約1千頁の文献を読んで授業に臨む関係から時間的余裕がなく，当初は全て法制審のメンバーの方にお任せし完成後に取り組もうかと考えていた。しかし，審議会の議論の内容をみていくうちにそのような姿勢で果たしてよいのだろうかと思えてきた。

　そうはいいながらも，趣味の時間はしっかり確保されており，自宅で週3本以上のペースで映画を観ており，現時点で少なくとも5千本を鑑賞している（いずれ読破した文芸書の数を抜くことになるかもしれない）。その影響もあってか，一晩に4本立てであらゆるジャンルの夢を見るが，それは映画・ドラマ形式であり，著者の視点はカメラ・アングルである。カメラ・アングルであるから，あらゆる登場人物にも自由に乗り移る。

　法制審の議事録を読みながらも，著者の立ち位置は会議室を捉えるカメラ・アングルであり，そこで繰り広げられる論戦が，登場人物の表情とともに生き生きと再現される。まさに5年間に亘る壮大なドラマであった。

　現代社会は，利害関係を異にする多種多様な市民層から構成されており，その一致点を見出すには相当の困難が伴う。他に政治が絡んだ重要法案があったという社会状況もあったが，「新民法典」への扉は重かった。

　本書は，前著『新民法典成立への道——法制審議会の議論から中間試案へ——』（信山社，2013年）に引き続き著されたもので，これにより，「新民法典研究」

はしがき

シリーズの序巻に当たる旧著『契約不履行の基本構造——民法典の制定とその改正への道——』(成文堂, 2009年) から数えてシリーズ第3作目となる。もちろん, これは「新民法典」の全ての領域をカバーしたものではないが, その根幹的部分の解明を試みたものであり, 改正案に至るまでの紆余曲折をフォローし, 改正案の問題点を指摘したものである。次なる「新民法典」成立への一助とならんことを切に願うものである。

なお, 本書の刊行に当たっては, 信山社・袖山貴社長, 稲葉文子部長のご尽力によるところが大きい。この場を借りて謝意を表したい。

2015年秋

石 崎 泰 雄

目　次

はしがき

第1部　法制審議会の議論とその考察

第1章　法律行為 …………………………………………………… 3

　一　審議会の議論　(3)
　二　考察（法律行為）　(9)

第2章　意思能力ほか …………………………………………… 12

　一　審議会の議論(1)　(12)
　二　考察（意思能力）　(13)
　三　審議会の議論(2)　(14)

第3章　意思表示 ………………………………………………… 16

第1節　錯　誤 …………………………………………………… 16

　一　審議会の議論(1)　(16)
　二　考察(1)（錯誤）　(20)
　三　審議会の議論(2)　(25)
　四　考察(2)（錯誤）　(29)
　五　審議会の議論(3)　(32)
　六　審議会の議論(4)　(35)
　七　考察(3)（錯誤）　(38)

第2節　詐　欺 …………………………………………………… 41

　一　審議会の議論　(41)
　二　考察（詐欺）　(42)

第4章　債務不履行 ……………………………………………… 44

第1節　履行不能と履行請求権 ………………………………… 44

　一　審議会の議論(1)　(44)
　二　考察（履行不能と履行請求権）　(46)
　三　審議会の議論(2)　(49)

第2節 債務不履行による損害賠償とその免責 ································· 50
　　一　審議会の議論　(50)
　　二　考察（損害賠償とその免責）(54)

第3節 損害賠償の範囲 ··· 57
　　一　審議会の議論(1)　(57)
　　二　考察(1)（損害賠償の範囲）(59)
　　三　審議会の議論(2)　(62)
　　四　考察(2)（損害賠償の範囲）(64)

第4節 代償請求権 ··· 66
　　一　審議会の議論　(66)
　　二　考察（代償請求権）(67)

第5節 過　失　相　殺 ··· 69
　　一　審議会の議論　(69)
　　二　考察（過失相殺）(70)

第6節 損害賠償額の予定 ·· 71
　　一　審議会の議論(1)　(71)
　　二　考察（損害賠償額の予定）(73)
　　三　審議会の議論(2)　(75)

第5章　契約の解除 ──────────────────────── 76

第1節 契約の解除 ··· 76
　　一　審議会の議論(1)　(76)
　　二　考察(1)（契約の解除）(80)
　　三　審議会の議論(2)　(85)
　　四　考察(2)（契約の解除）(90)

第2節 債権者の帰責事由と解除 ·· 98
　　一　審議会の議論　(98)
　　二　考察（債権者の帰責事由と解除）(100)

第6章　危険負担 ──────────────────────── 103

　　一　審議会の議論(1)　(103)
　　二　考察(1)（危険負担の原則規定）(106)

三　審議会の議論(2)（110）
　　　四　考察(2)（危険負担における履行拒絶権構成）（118）

第7章　受領遅滞 ……………………………………………………… 124
　　　一　審議会の議論（124）

第8章　契約に関する基本原則 ……………………………………… 126
第1節　契約自由の原則 …………………………………………… 126
　　　一　審議会の議論(1)（126）
　　　二　考察（契約自由の原則）（127）
　　　三　審議会の議論(2)（128）

第2節　原始的不能 ………………………………………………… 129
　　　一　審議会の議論(1)（129）
　　　二　考察(1)（原始的不能）（129）
　　　三　審議会の議論(2)（130）
　　　四　考察(2)（原始的不能）（132）

第3節　付随義務・保護義務 ……………………………………… 134
　　　一　審議会の議論（134）
　　　二　考察（付随義務・保護義務等）（137）

第4節　契約交渉段階（契約交渉の不当破棄）…………………… 139
　　　一　審議会の議論（139）
　　　二　考察（契約交渉の不当破棄）（141）

第5節　契約交渉段階（情報提供義務）…………………………… 142
　　　一　審議会の議論（142）
　　　二　考察（情報提供義務）（145）

第6節　契約の解釈 ………………………………………………… 147
　　　一　審議会の議論(1)（147）
　　　二　考察（契約の解釈）（152）
　　　三　審議会の議論(2)（155）

第9章　契約の成立 …………………………………………………… 157
　　　一　審議会の議論（157）

二　考察（契約の成立）（157）

第10章　売　買 ——————————————————— 159

　　　一　審議会の議論(1)（159）
　　　二　考察（売買）（168）
　　　三　審議会の議論(2)（174）

第2部　要綱仮案から要綱へ

第1章　民法（債権関係）の改正に関する要綱仮案（抜粋） ————— 185

第2章　法制審議会の議論 ————————————————— 202

　第1節　第97回会議（平成26年12月16日）における議論 ………… 202
　　　一　意 思 能 力（202）
　　　二　意思の不存在（203）
　　　三　原始的不能（205）
　　　四　履行請求権（206）
　　　五　種類債権の特定（206）
　　　六　危 険 負 担（207）
　　　七　売　　買（208）

　第2節　第99回会議（平成27年2月10日）における議論 ………… 215
　　　一　請　　負（215）
　　　二　受 領 遅 滞（216）
　　　三　意 思 能 力（217）

第3章　民法（債権関係）の改正に関する要綱（抜粋） —————— 218

第3部　民法の一部を改正する法律案（民法改正法案）

第1章　民法改正法案条文（抜粋） ——————————————— 239

第2章　民法改正法案の構成とその問題点 ———————————— 251

第1部

法制審議会の議論とその考察

第1章　法律行為

一　審議会の議論

第3　法律行為総則
1　法律行為の意義
法律行為は，法令の規定に従い，意思表示に基づいてその効力を生ずる旨の規定を設けるかどうかについて，どのように考えるか。

○中間試案第1，1「法律行為の意義（民法第1編第5章第1節関係）」
　(1)　法律行為は，法令の規定に従い，意思表示に基づいてその効力を生ずるものとする。
　(2)　法律行為には，契約のほか，取消し，遺言その他の単独行為が含まれるものとする。
　（注）　これらのような規定を設けないという考え方がある。

部会資料73B（10頁）

○法律行為総則の規定を設けるかどうかについて

① 法律行為は，法令の規定に従い，意思表示に基づいてその効力を生ずる旨の規定を設けることに賛成の見解

山本（敬）幹事：意思表示がなければ法律行為はそもそも成り立たないということは異論がないと思いますので，それを示すという点で，このような規定を定めることには，やはり意味がある（第82回22頁）。意思表示に基づいてその効力が生ずるとしますと，正に意思表示の内容に即して，その意思表示どおりの効果が認められるということが基本に据えられることになる（第82回24頁）。

中井委員：法律行為は，90条で公序良俗違反の法律行為は無効とするという条文で始まる。この始まり方は，元々いかがなものか，……無効とするという前に，やはり法律行為はこういうことで効力を生ずるという規定があってこその次の90条かと思います（第82回22頁）。

道垣内幹事：意思表示に基づきその効力を生ずるものは全て法律行為であるということになるのかというと，ならないのではないでしょうか。法律行為はこうだと書いてあるだけですから。……この文言が不適切であるということには

② ①に加えて，中間試案のように，契約のほか，取消し，遺言その他の単独行為が含まれるとする趣旨の規定を加えることを支持する見解

大村幹事：法律行為というものについて何の説明もないという状況を幾らかでも改善するということが望ましいのではないか（第82回20頁）。意思の力を原動力としてその内容を実現するということが含まれている（第82回24頁）。法律行為には……単独行為が入るということと二当事者間の契約が入るということには異論はないわけですけれども，その他のものと書いて，そこに三当事者以上の契約が入るのか合同行為が入るのかというのは解釈に委ねるという選択肢があるのではないか（第82回20-21頁）。

岡田委員：法律行為は契約だけではないのだというのが理解できるような形になれば，一般の人にとってももっと分かりやすくなるのではないか（第82回21頁）。

高須幹事：東京弁護士会としてはその規律として，「法律行為は，契約，取消その他の単独行為，その他法令の規定に従い意思表示に基づいてその効力を生じる行為をいう。」などというような表現を考えたらどうかと，このような意見になっております。（第82回21頁）

山野目幹事：中間試案の……(1)と(2)がパッケージになっているからこそ，国民に分かりやすい民法にするという精神を非常に明確に打ち出して，法律行為の概念について，その概念と帰結をきちんと示す魅力のある提案になっていたのではないか（第82回24頁）。

中田委員：(1)と(2)を置くことによって，契約と単独行為と法律行為の関係，それから，法律行為と意思表示との関係というのが非常に明確になるのではないか（第82回25頁）。

松本委員：相殺の意思表示というのは，単独行為としての相殺の意思表示ですから，それができるのはこういう場合だということが限られているという意味で法令の規定に従いという限定が必要なのではないか……単独行為に関しては，原則は自由ではなくて，一方の意思表示でもって他人に権利の変動が起こるようなことというのは，原則は駄目だと。……法律行為といっても単独行為と契約とでは相当シチュエーションが違うんだとすれば，こういうタイプのものが

あるんだということは書いておくほうが親切ではないか（第82回25-26頁）。

③ 規定を設けることに反対，あるいは懸念を示す見解

笹井関係官：法令の規定に従い，意思表示に基づいてその効力を生ずるというこのことが法律行為の概念を示すにあたって，必要にして十分なものであるのかどうなのかというところも私には今一つよくわからない（第82回23頁）。

> 2 過大な利益を得る法律行為等が無効になる場合
> 　民法第90条に次のような規定のいずれかを設けるという考え方について，どのように考えるか。
> 【甲案】　当事者の一方に著しく過大な利益を得させ，又は相手方に著しく過大な不利益を与える法律行為は，相手方の困窮，経験の不足，知識の不足その他の相手方が法律行為をするかどうかを合理的に判断することができない事情があることを不当に利用してされたものであるときは，無効とするものとする。
> 【乙案】　法律行為が公の秩序又は善良の風俗に反するか否かについて判断するに当たっては，法律行為の内容，当事者の属性，財産の状況，法律行為に至る経緯その他一切の事情を考慮するものとする。この場合において，法律行為の内容を考慮するに当たっては，当事者がその法律行為によって得る利益及び損失の内容及び程度をも勘案するものとする。
>
> ○中間試案第1，2「公序良俗（民法第90条関係）」
> 　民法第90条の規律を次のように改めるものとする。
> ⑴　公の秩序又は善良の風俗に反する法律行為は，無効とするものとする。
> ⑵　相手方の困窮，経験の不足，知識の不足その他の相手方が法律行為をするかどうかを合理的に判断することができない事情があることを利用して，著しく過大な利益を得，又は相手方に著しく過大な不利益を与える法律行為は，無効とするものとする。
> （注）　上記⑵（いわゆる暴利行為）について，相手方の窮迫，軽率又は無経験に乗じて著しく過当な利益を獲得する法律行為は無効とする旨の規定を設けるという考え方がある。また，規定を設けないという考え方がある。
>
> 部会資料73B（12-13頁）

○暴利行為の規定を設けるかどうかについて

① このような暴利行為の規定を設けることに反対の見解

大島委員：暴利行為の明文化については，濫用のおそれに加え公序良俗違反の一般条項としての意味を曖昧にすることから，民法に規定を設ける必要はない

……乙案は考慮要素の列挙にとどまり，考慮される程度が不明確であるため問題がある……暴利行為の明文化の必要はないと考えていますが，仮に規定を設ける場合には判例が従来示してきた要件をベースに適用範囲を明確にした甲案を検討すべきと考えております。(第82回27頁)

佐成委員：経済界として……暴利行為の論点については濫用的に主張される懸念があるとか，あるいは明文化によって判例の発展が阻害されるとかそういったことで反対をしてきました。……甲案については強い反対意見が出ております。乙案について……本来限定的であるはずの公序良俗違反による無効というものが，あたかも何か常に一般的に，公序良俗という形では考慮されるんだと，そういった誤解を招きかねないのではないか(第82回27-28頁)。

② 乙案を支持する見解または甲案に疑問を呈する見解

松本委員：状況の濫用あるいは相手方の状況に付け込んで，相手方の脆弱性を濫用して契約をとることそのものを過大な利益を要件としない形で現代型の暴利行為あるいは現代型の公序良俗として認めるべきではないかという主張をしておりましたが，乙案は使いようによってはそれに一歩近付くような案になるのではないか(第82回29頁)。甲案と乙案とを比べれば，まだ乙案のほうが可能性はあるのではないかという意味で消極的支持です。(第82回34頁)

永野委員：裁判例……これらの中では著しく過大な利益ということだけが着目されているものはそれほど多くないのではないか。むしろ勧誘方法の社会的な相当性といった点に裁判所が力点を置いて公序良俗違反としているものもあるのではないか。そういうことも考えると，……甲案のような形を置くのが今後の判例の生成，発展という面で本当にいいのかどうか(第82回33頁)。甲案で……不当な利益ということになると，正に利益の移転する過程そのものの勧誘過程も含めての話になるものですから，そういう意味では要件を設定したようであっても抽象度が高まっている(第82回35頁)。

③ 甲案を支持する見解

安永委員：暴利行為について消費者問題の分野で多くの判例の累積もありますので，甲案の規定を設けていただきたい……乙案は従来の規定に公序良俗の判断要素を盛り込むものであるため，公序良俗の射程が従来よりも限定される懸念があり，現状の案では賛成できません。(第82回28頁)

岡田委員：乙案というのは今の90条の部分を詳しく書いているという解釈に止どまっているような気がして，ますます一般の人間には分かりにくくなっている……甲案の場合は契約するかしないか合理的に判断するというくだりですごく分かりやすくなるし，また，今現在社会的に問題になっていることもここによって案外適用される場面がこれから出てくるのではないかと思いますので，甲案に賛成したい（第82回28-29頁）。

大村幹事：甲案は従前の判例法の連続性が高いのではないか……乙案にはうまくいくかどうかちょっと分からないところがあります（第82回30頁）。公序良俗違反と暴利行為……日本ではこの規範を従来公序良俗違反の一類型としてこの規範を置いておくというのが一つの穏当なやり方なのではないか（第82回32-33頁）。

中井委員：弁護士会としては……判例の実質取りまとめという意味からも甲案をベースに取りまとめをする方向でお願いしたい……この規定を設けることによって何らかの紛争が更に出てくる，それで混乱するというのが余り想定できない（第82回30頁）。

内田委員：乙案について……90条という規定は古典的な公序良俗にも適用されますので，いわゆる賭博契約とか売春契約とかそういったものにも適用されるわけです。そういった場面では当事者の属性とか財産の状況とか，あるいは得る利益の程度といった要素は考慮しないわけで，古典的な適用場面で考慮すべき要素が何か加重されたような印象を与えないか……暴利行為については……民法を見ても，ルールが明示されていないという状態は，日本の市場の信頼性という点からいうと，経済界にとっては必ずしもプラスにはならないのではないか（第82回32頁）。

④　基本的には甲案に賛成で，その修正を図っていく方向を支持する見解

山本（敬）幹事：方向としては甲案のような規定をやはり置くべきではないか……特に主観的要素に関しては，「相手方の困窮，経験の不足，知識の不足その他の相手方が法律行為をするかどうかを合理的に判断することができない事情」があることで，おおむねカバーすることができるのではないか……「困窮，軽率」というような従来から挙げられてきたものに尽きないもの，たとえば従属状態を利用するとか抑圧状態を利用する，あるいは判断力が低下しているの

を利用するというケースが相当程度あります。……「相手方が法律行為をするかどうかを合理的に判断することができない事情があることを不当に利用して」とすれば，それらをカバーすることができるのではないか……客観的要素に当たるもの，つまり「著しく過大な利益を得させ」又は「相手方に著しく過大な不利益を与える」という点に関しては，……「著しく」を入れるにしても，「過大な」ではなく「不当な」にしないと従来の判例法をそのまま写し取ることはできないのではないか……乙案ではなく，やはり甲案のような形で規定することによって，従来の裁判例の示している方向性をある程度形をとって示すことができます（第82回29-30頁）。乙案のように，一切の事情を考慮するという書き方をするのは，……一般条項の機能という点からしますと，将来を考えたときに本当にこれでいいのか（第82回34頁）。

岡崎幹事：公序良俗違反として無効とする場合の裁判例の考え方において，例えば，法律行為をした者の相手方のいわば悪性といいますか，例えば勧誘方法が非常に不相当なやり方になっているとか，そういった相手方の悪性にわたるようなところもそれ相応に考慮されているのかなと思うのですけれども，そのような考慮要素が甲案の中に全て盛り込まれているのかというと，……包摂し切っていないのではないか……乙案の文言……いささか私益的なところに力点が置かれすぎていて，元々想定されている公序良俗の核になるところがこれで十分に読み取れるのかどうか（第82回31頁）。

岡委員：著しく過大なというのが客観的要件をきつく表現しすぎておりますので，……甲案で過大を不当に変えるという案を是非検討に残してほしい（第82回32頁）。

松本委員：甲案のほうで……「著しく過大な」というのを外して「不当な」というふうにすれば，それはかなりいいと思いますが，そうだとすると，不当な利益という要件と主観的な相手方の事情に付け込んで利益を得るという要件がほとんどイコールではないかという気がする……勧誘態様のところを中心にここでいうところの現代型暴利行為を考えるという形で，もう一度文言を精査するというのが一番私としては賛成できる立場だ（第82回34-35頁）。

深山幹事：国際的な潮流でもあるということであれば，なおのことこれまで積み上げてきた判例を是非明文化するという観点から何らかの規定を置くべきだ

第 1 章 法 律 行 為

ろう……乙案というのは……無効類型としてはやや抽象度が高すぎる……現行法の 90 条を残した上で，さらに甲案のような類型を 90 条の一つの規定として……残すというような定め方が，一番望ましい（第 82 回 35-36 頁）。

二 考察（法律行為）

1 法律行為の意義

　中間試案[1]では，(1)項で，法律行為は，法令の規定に従い，意思表示に基づいてその効力を生ずるものとするとされ，(2)項において，法律行為には，契約のほか，取消し，遺言その他の単独行為が含まれるものとする，といったかなりその内容を具体化した法律行為に関する規定が置かれていた。

　素案[2]では，「法律行為は，法令の規定に従い，意思表示に基づいてその効力を生ずる旨の規定を設けるかどうかについて，どのように考えるか。」とされており，これについて，審議がなされる。これに関して，「法令の規定に従い，意思表示に基づいてその効力を生ずるというこのことが法律行為の概念を示すにあたって，必要にして十分なものであるのか」[3]と規定することへの懸念を示すのは一関係官のみである。規定を設けることに賛成の見解は次のようにいう。すなわち，「意思表示がなければ法律行為はそもそも成り立たないということは異論がないと思いますので，それを示すという点で，このような規定を定めることには，やはり意味がある[4]」，あるいは「法律行為は，90 条で公序良俗違反の法律行為は無効とするという条文で始まる。この始まり方は，元々いかがなものか，……無効とするという前に，やはり法律行為はこういうことで効力を生ずるという規定があってこその次の 90 条かと思います[5]」。また，「意思表示に基づきその効力を生ずるものは全て法律行為であるということになるのかというと，ならないのではないでしょうか。法律行為はこうだと書い

---

(1) Web 資料，法制審議会　民法（債権関係）部会「民法（債権関係）の改正に関する中間試案」（平成 25 年 7 月 4 日補訂）。以下，「中間試案」として引用する。
(2) Web 資料，法制審議会　民法（債権関係）部会　部会資料 73B「民法（債権関係）の改正に関する要綱案の取りまとめに向けた検討(9)」（2014 年）10 頁。以下，「部会資料 73B」で引用する。
(3) Web 資料，法制審議会　民法（債権関係）部会「第 82 回会議　議事録」（平成 26 年 1 月 14 日）（笹井朋昭関係官）23 頁。以下，審議会「第 82 回　議事録」として引用する。
(4) 審議会「第 82 回　議事録」（山本敬三幹事）22 頁。
(5) 審議会「第 82 回　議事録」（中井康之委員）22 頁。

てあるだけですから。……この文言が不適切であるということにはならない⁽⁶⁾」と法律行為に関する規定を設けることへの反対意見に対する反論もなされる。

　さらに，中間試案のように，契約のほか，取消し，遺言その他の単独行為が含まれるものとするという規定をこれに加えることを支持する見解はかなり多い。すなわち，「法律行為というものについて何の説明もないという状況を幾らかでも改善するということが望ましいのではないか⁽⁷⁾」，「意思の力を原動力としてその内容を実現するということが含まれている⁽⁸⁾」，「法律行為には……単独行為が入るということと二当事者間の契約が入るということには異論はないわけですけれども，その他のものと書いて，そこに三当事者以上の契約が入るのか合同行為が入るのかというのは解釈に委ねるという選択肢があるのではないか⁽⁹⁾」などと主張される。また，「法律行為は契約だけではないのだというのが理解できるような形になれば，一般の人にとってももっと分かりやすくなるのではないか⁽¹⁰⁾」，あるいは，「中間試案の……(1)と(2)とがパッケージになっているからこそ，国民に分かりやすい民法にするという精神を非常に明確に打ち出して，法律行為の概念について，その概念と帰結をきちんと示す魅力のある提案になっていたのではないか⁽¹¹⁾」，「(1)と(2)を置くことによって，契約と単独行為と法律行為の関係，それから，法律行為と意思表示との関係というのが非常に明確になるのではないか⁽¹²⁾」と法律行為の一般的規定と，法律行為の具体的内容（契約，取消し・遺言その他の単独行為）とを合わせて示すことこそが，明確性をもたらすとの見解が表明され，さらには，(1)と(2)とを合わせて一つの規定とする提案，すなわち，「『法律行為は，契約，取消その他の単独行為，その他法令の規定に従い意思表示に基づいてその効力を生じる行為をいう。』としたらいいのではないかとの提言が東京弁護士会から出された⁽¹³⁾と

（6）　審議会「第82回　議事録」（道垣内弘人幹事）26頁。
（7）　審議会「第82回　議事録」（大村敦志幹事）24頁。
（8）　審議会「第82回　議事録」（大村幹事）24頁。
（9）　審議会「第82回　議事録」（大村幹事）20-21頁。
（10）　審議会「第82回　議事録」（岡田ヒロミ委員）21頁。
（11）　審議会「第82回　議事録」（山野目章夫幹事）24頁。
（12）　審議会「第82回　議事録」（中田裕康委員）25頁。
（13）　審議会「第82回　議事録」（高須順一幹事）21頁。

される。また,「相殺の意思表示というのは,単独行為としての相殺の意思表示ですから,それができるのはこういう場合だということが限られているという意味での法令の規定に従いという限定が必要なのではないか……単独行為に関しては,原則は自由ではなくて,一方の意思表示でもって他人に権利の変動が起こるようなことというのは,原則は駄目だと。……法律行為といっても単独行為と契約とでは相当シチュエーションが違うんだとすれば,こういうタイプのものがあるんだということは書いておくほうが親切ではないか[14]」と,法律行為の中で,内容が相当異なるものが存する点を踏まえて,これらを明記すべきことを主張する。

しかし,結局のところ,公表された要綱仮案では,法律行為に関する規定は置かれないこととなった。一般市民にとって,難解な法律用語の中でも,最も理解が困難な専門用語の一つが,この法律行為という概念である。その意味では,法律行為とは,意思表示をその中核的な要素として成立するものであって,契約に加え,取消し・遺言等の単独行為が含まれるものであることを明示できれば,一般市民にとっては分かりやすいものとなったであろう。また,他の箇所(たとえば,意思能力のところ)でも,法律行為という言葉が用いられており,その際にも規定の理解がより容易になったであろうと思われる。

2 暴利行為

暴利行為に関しては,現行の公序良俗違反の規定に当たるものを第1項に据え,暴利行為はその第2項に置くというのが中間試案の構成であった。その内容はというと,かなり古い判例[15]によって示された内容を基準として構成されたものである。確かにその後の裁判でも,この判例を基準とした判断が示されており,その意味では判例法理を明文化するものともいえるが,いかんせん相当古い時期の判例であり,現代あるいは将来においてもこの法理が,一定の普遍性をもって有効に機能するかは不透明である。

審議会の議論では,経済界・産業界の委員は,暴利行為の規定を設けること

---

[14] 審議会「第82回 議事録」(松本恒雄委員) 25-26頁。
[15] 大判昭和9年5月1日民集13巻875頁。

自体に対して反対の意思を表明する[16]が、大多数の委員・幹事は、【甲案】（当事者の一方に著しく過大な利益を得させ、又は相手方に著しく過大な不利益を与える法律行為は、相手方の困窮、経験の不足その他の相手方が法律行為をするかどうかを合理的に判断することができない事情があることを不当に利用してされたものであるときは、無効とするものとする。）を支持する[17]か、または基本的には支持しながら、その修正を図っていくことに賛成する[18]。その甲案の修正案として提示されるのが、「過大な」を「不当な」に置き換えるべきだ[19]とするものである。

ちなみに統一法秩序[20]では、いずれにおいても、「著しく」という文言がないことに加えて、「過大な利益または不公正な利益の取得」という要件となっており、「過大な利益」、「不当な利益」の双方を取り込んだ規律となっており、問題となるケースを広くカバーし得るものとなっている。

しかし、結局要綱仮案では、暴利行為の規定は採用されなかった。

第2章　意思能力ほか

一　審議会の議論(1)

> 第4　意思能力
> 　意思能力を有しない者の法律行為は、無効とする。
>
> ○中間試案第2「意思能力」

---

[16] 審議会「第82回　議事録」（大島博委員）27頁、（佐成実委員）27-28頁。
[17] 審議会「第82回　議事録」（安永貴夫委員）28頁、（岡田委員）28-29頁、（大村幹事）30・32-33頁、（中井委員）30頁、（内田貴委員）32頁。
[18] 審議会「第82回　議事録」（山本（敬）幹事）29-30・34頁、（岡崎克彦幹事）31頁、（岡正晶委員）32頁、（松本委員）34-35頁、（深山雅也幹事）35-36頁。
[19] 審議会「第82回　議事録」（山本（敬）幹事）29-30頁。
[20] Unidroit Principles of International Commercial Contracts, 2010. 以下、UP：3.2.7 として引用する。なお、この翻訳、内田貴ほか訳『UNIDROIT 国際商事契約原則　2010』（商事法務、2013年）も参照、Lando/Beale, Principles of European Contract Law, Parts I & II, 2000. 以下、EP：4：109 として引用する。なお、この翻訳、潮見佳男ほか監訳『ヨーロッパ契約法原則I・II』（法律文化社、2006年）も参照、Proposal for a REGULATION OF THE EUROPEAN PARLIAMENT AND OF THE COUNCIL on a Common European Sales Law, 2011. 以下、CESL：5 (1.) として引用する。なお、この翻訳、内田貴（監訳）『共通欧州売買法（草案）』別冊 NBL No.140（商事法務、2012年）も参照。

> 　法律行為の当事者が，法律行為の時に，その法律行為をすることの意味を理解する能力を有していなかったときは，その法律行為は，無効とするものとする。
> 　（注1）　意思能力の定義について，「事理弁識能力」とする考え方や，特に定義を設けず，意思能力を欠く状態でされた法律行為を無効とすることのみを規定するという考え方がある。
> 　（注2）　意思能力を欠く状態でされた法律行為の効力について，本文の規定に加えて日常生活に関する行為についてはこの限りでない（無効とならない）旨の規定を設けるという考え方がある。　　部会資料73A（24頁）

〇意思能力の規定について

① 素案を支持する見解

岡委員：弁護士会では，……大多数は素案に賛成である（第82回36頁）。

中原委員：全銀協で……今回の提案の内容であれば明文化することについては異存ない……中間試案の「その法律行為をすることの意味を理解する能力」というのは，曖昧であり，解釈に幅が生じることになりかねない（第82回37頁）。

② 個人的には，中間試案のほうがいいと考えるが，結論として素案を支持する見解

岡田委員：中間試案のほうが分かりやすいのですが，それが無理であれば素案でも入ったほうがいい（第82回37頁）。

大村幹事：この段階ではこれでやむを得ないのかというか，これで結構なのではないか……個人的には……中間試案の第2の規定が置かれるというのは非常にインパクトのあることだと思っておりました。（第82回37頁）

③ 中間試案のように，法律行為をすることの意味を理解する能力を有していなかったときに，法律行為を無効とする，といった規定とすることを支持する見解

山本（敬）幹事：中間試案のような定め方であるべきだ（第82回36頁）。

二　考察（意思能力）

これまで判例[21]法理によって認められてきた，意思能力を有しない者の法

---

(21)　大判明治38年5月11日民録11輯706頁。

律行為は無効であるとする旨の規定が導入される意義は大きい。さらに中間試案のように，法律行為をすることの意味を理解する能力を有していなかった者の法律行為が無効となるとする規定への好意的な見解[22]もみられるが，反対意見[23]もあって，結局，要綱仮案では，「法律行為をすることの意味を理解する能力」との表現は採用されてはいない。要綱仮案では，そもそも法律行為がどのようなものであるのかを示すような規定が存在していないわけであるから，残念なことではあるが，意思能力のところであえてこのように「法律行為をすることの意味を理解する能力」という表現を表面に出した規定を導入する意義は乏しいものと思われる。

三　審議会の議論(2)

> **第1　意思能力**
> 　法律行為の当事者がその法律行為の時に意思能力を有しないときは，その法律行為は，無効とする。　　　　　　　　部会資料79-1（1頁）

〇意思能力の規定について

① 「法律行為の時に」を「意思表示の時に」とする修正意見

山本(敬)幹事：これはやはり意思表示の効力の問題であって，したがって，「表意者がその意思表示の時に意思能力を有しないときは，その意思表示は無効とする」とすれば問題ない（第90回21頁）。

潮見幹事：ここの部分は意思表示の時にということになるのではないか……中間試案で示された文章で条文化することができないのでしょうか（第90回22頁）。

> **第2　意思能力**
> 　法律行為の当事者が意思表示をした時に意思能力を有しないときは，その法律行為は無効とする。　　　　　　　　部会資料82-2（1頁）

〇意思能力の規定について

---

(22)　審議会「第82回　議事録」（岡田委員）37頁，（大村幹事）37頁。
(23)　審議会「第82回　議事録」（中原利明委員）27頁。

第2章　意思能力ほか

① 法律行為の当事者が意思表示をした時に意思能力を有しないときは，その法律行為は，無効とする，と「人」に関する規律としようという案に対して，「人」に関する規定としてではなく，「意思表示」の効力に関する規定としておくべき等とする見解

山本（敬）幹事：意思能力は，人に関する規定というよりは，個々の意思表示の効力に関する規定だと思います。人に応じて能力は異なりますし，ましてや一時的に意思能力を失うというケースも対象とされています。これを行為能力と同じ並びで規定してしまうのは，体系的に見ても理論的に見ても，大きな問題をはらんでいる……規定としては意思表示の効力の規定とし，……これを人に関する規定のところに置くことには反対せざるを得ません。……紛れがないようにするためには，「意思表示は無効とする」という規定に改めるべきではないか（第95回2-3頁）。

② 意思能力の規定は「意思表示」のところから独立させて規定すべきだとする見解

中田委員：意思能力を有しない者の行為は無効であるという上位規範があって，それぞれの規定はその具体的な表れだという理解もあり得るかと思います。ただ，第2の「意思能力」の規定は一般性を持ち得ると思いますので，その位置付けについてはもう少し広い目で見て，「第3　意思表示」とは独立させたほうがよろしいのではないか（第95回4頁）。

③ 意思無能力の場合に，「法律行為は無効とする」とするのではなく，「意思表示は，無効とする」旨の規定とすべきだとする見解

能見委員：意思能力は本来，意思表示に関する効力に関連する問題なので，直ちに法律行為の問題になるわけではありません。その意味で法律行為の無効と直結するかのような位置づけには，違和感を感じます。……意思能力の問題は意思表示を無効にするとして，その上で，意思表示が無効になると法律行為がどうなるかの問題は，……錯誤などにも共通する問題なので，……そのような規定を置かないのであれば錯誤と同じように考えるということでいいのではないか（第95回3頁）。

4　意思表示の効力発生時期等（民法第97条関係）
民法第97条の規律を次のように改めるものとする。

> (1) 相手方に対する意思表示は，その通知が相手方に到達した時からその効力を生ずる。
> (2) 相手方が正当な理由なく意思表示の通知を受けることを拒んだときは，その意思表示の通知は，その通知が通常到達すべきであった時に到達したものとみなす。
> (3) 意思表示は，表意者が通知を発した後に死亡し，意思能力を喪失し，又は行為能力の制限を受けたときであっても，そのためにその効力を妨げられない。
>
> 部会資料 79-1（1 頁）

〇意思表示の効力発生時期等について

① 意思表示の通知を受けることを拒んだときは，という表現に賛成の見解

佐成委員：従前は「故意に妨げた」というふうな表現では狭いのではないかという内部の議論がありましたが，今回はそれがなくなって「正当な理由なく意思表示の通知を受けることを拒んだとき」と，そうなっていましたので，これについては特段反対意見等はございませんでした（第 90 回 22 頁）。

②修正を求める見解

沖野幹事：前回の案ですと妨げたということになっておりましたのが，今回の案では受け取ることを拒んだとなっています。到達を非常に困難にしたというような場合など，両者では少しずれがある（第 90 回 22 頁）。

中田委員：了知可能状態になるのを妨げるというのは，受け取ることを拒むのよりももうちょっと前の段階もあるのではないか（第 90 回 23 頁）。

第 3 章　意 思 表 示

第 1 節　錯　　誤

一　審議会の議論(1)

> 1　動機の錯誤が顧慮されるための要件（中間試案第 3，2(2)ア）
> いわゆる動機の錯誤が民法第 95 条の錯誤として顧慮されるための原則的な要件としては，表意者の誤った認識が法律行為の内容になっていたこと

第3章 意思表示

を要するという案が示されていが（中間試案第3, 2(2)ア），この要件については，その内容を更に具体的に表現すべきであるとの考え方があるが，どのように考えるか。

○中間試案第3, 2「錯誤（民法第95条関係）」
　民法第95条の規律を次のように改めるものとする。
　⑴　（略）
　⑵　目的物の性質，状態その他の意思表示の前提となる事項に錯誤があり，かつ，次のいずれかに該当する場合において，当該錯誤がなければ表意者はその意思表示をせず，かつ，通常人であってもその意思表示をしなかったであろうと認められるときは，表意者は，その意思表示を取り消すことができるものとする。
　ア　意思表示の前提となる当該事項に関する表意者の認識が法律行為の内容になっているとき。
　イ　表意者の錯誤が，相手方が事実と異なることを表示したために生じたものであるとき。
　⑶　⑷　（略）
　（注）　上記⑵イ（不実表示）については，規定を設けないという考え方がある。
　　　　　　　　　　　　　　　　　　　　　　　部会資料66B（1頁）

○動機の錯誤が顧慮されるための要件について

① 表意者の誤った認識が法律行為の内容になるという要件を基本的には支持する見解

山野目幹事：法律行為の内容になるということは，要するに前提となる情報の正確性に関する危険を相手方において共有する意図が認められるということであり，情報が専ら又は主として表意者にとっての重要な関心事項である場合においては，それを踏まえて意思表示をしたことを相手方が単に認識していたことを超えて，そのことに賛助したという事情が認められるような場合には，錯誤取消しを是認することが相当である（第76回頁）。法律行為の内容になっているという従来，幾つかの局面で述べられてきた表現がよいのではないか……錯誤なかりせば意思表示をしなかったであろうという要件……それはものすごく広すぎる（第76回11頁）。

内田委員：中間試案の2の⑵の柱書きの部分，要素の錯誤を書き下している部分……この要件だけですと，表意者側だけ見て普通ならこんな契約をするはず

がなかったといえるかどうかで判断することになる。動機の錯誤というのは要するに事実誤認ですが、こんな誤認があればこの契約はするはずがないということさえ言えれば、取り消せるということになる。……相手との関係や相手の状況を取り込むための要件はやはり必要だ……法律行為の内容という言葉がベストかどうかはともかくとして、そういうものを取り込める要件を考える必要がある（第76回9頁）。

② 特に，法律行為の内容になるという部分を修正すべきだとする見解

能見委員：ただ，財産分与の契約をしただけであって，別に契約内容になっているわけではないと考えると，本当は法律行為の内容というのは少し適切ではないと思いますけれども，しかし，動機の錯誤を限界付ける基準としては，そういう言葉もあり得る……ただ，……表現としてもうちょっと何か適切なのがあればいい（第76回3頁）。動機の部分が客観的に重要なものだということになればなるほど，……表意者の相手方が認識しただけで，つまり，契約内容になっていなくても認識しただけで，恐らく錯誤主張を認めていいというような状態が生じるのではないか。要素性が小さくなってくると，そこはもうちょっと認識よりも強いものが必要になってくるかもしれない。そういう何か相関的な判断で決まる（第76回13頁）。

大村幹事：ある事実の認識が誤ったものであるとすれば，取り消すことができるという趣旨で合意がされたという書き方をすることも可能であろうと思いますけれども，そうしますと，法律行為の内容というものによって錯誤無効の範囲が画されてきたという部分が落ちてしまうのではないか……従前の定式化を維持しつつ，可能な範囲で表現をより分かりやすくするという方向がよい（第76回3頁）。法律行為の内容であるかどうかというのは，当該場面での当事者の意思だけではなくて，その他の定型的な事情も参酌して判断されるというのが従来の考え方だったのではないか（第76回10頁）。

岡委員：一つは……(2)のアのところで，表意者の認識が表示されて法律行為の内容になったとか，表意者の認識が相手方に了知されて法律行為の内容になったとか，表示の文言も入れて判例の表現をもっと丸ごと持ってくる……という意見が一つございました。（第76回4頁）。

松岡委員：従来の判例が定式として用いてきた明示又は黙示に動機が表示され，

それが法律行為の内容になったということから表示の部分を落としてしまうと基準を変えるように受け取られます。そうではないことを表すためには，現在の判例がよく使っている定式をなお残すことも，あり得る選択肢ではないか（第76回5頁）。

永野委員：最判の昭和29年，それから，45年，いずれも第二小法廷の最判ですけれども，この中では意思表示の内容として表現されるという文言が使われています。……法律行為の内容という表現を使っている判例はありますが，それが果たして判例として一般に通用しているルールだと断ずることができるかについては，若干，疑問がある（第76回5-6頁）。

岡田委員：どういう形にしろ明文化したときにすっと入ってくるような，ないしはダイレクトに解釈ができなくても少し努力をすれば理解できるようにより分かりやすく整理していただきたい（第76回7頁）。

松本委員：2の不実表示による意思表示を動機の錯誤構成で救済しようという提案とセットで考えないと，よくないのではないか……契約内容になっている，なっていないというレベルで考えていいのではないか（第76回7頁）。相手方として正しい情報を与えるべき義務があるようなシチュエーションの場合には，動機錯誤として，錯誤の一タイプとして保護されるべきだろう……情報提供義務が課せられるような場合以外にも，恐らく錯誤取消しを認めるべき場合があるのだろうと思いますから，……法律行為の内容になるかならないかというだけでは恐らく答えにはならない。（第76回13頁）。

道垣内幹事：動機の錯誤については規定しないようにして，解釈論に委ねようということに関しましては，私は全く反対です。……「法律行為」について「契約」を典型例として定義条文を置くと，この契約の話だよね，契約の内容になるということだよねと思われかねない，……錯誤の問題というのが一方当事者の意思表示の問題であると考えると，むしろ，「意思表示の内容」になっているかどうなのかという議論なのではないか……「法律行為の内容」というのを，「意思表示の内容」とすべきなのかもしれない（第76回7-8頁）。

中田委員：法律行為の内容という表現がいいかどうかは別にしまして，相手方の認識ですとか，何か，それに相当するものが必要にはなる……表示という言葉はかえって混乱を招くのではないか（第76回12頁）。

③ 法律行為の内容となるという表現に反対で，その部分をなくしてしまおうという見解

野村委員：動機が内容になっていたというのは，表現としては適切ではないという気がしていまして，むしろ，動機の錯誤についての規定は置かないというのも一つあり得る……既存の民法でいえば95条のところで要素の錯誤という要件が掛かってきますので，重要な錯誤でなければ動機の錯誤は考慮されず，……法律行為を無効にしないということではないか（第76回4頁）。

岡委員：もう一つの意見は，……アはとってしまう意見です。……「法律行為の内容」というのを条文化するのに対するかなり大きな心配がある（第76回4頁）。

深山幹事：中間試案の本文のところで出てきます表現，すなわち，当該錯誤がなければ表意者はその意思表示をせず，かつ，通常人であってもその意思表示をしなかったであろうと認められるときと，こう書き下すことによってより分かりやすくなったという面があると思いますが，分かりやすくなっただけではなくて，私はこの表現というのは，いわゆる動機の錯誤もそこに含まれるといいますか，一定の動機の錯誤については，この要件に当たる場合として取り込める表現になっているのではないか……アのところをなくしてしまっても，……一定の範囲では動機の錯誤も取り込んだ……新しい錯誤という規律になるのではないか（第76回6頁）。

二　考察(1)（錯誤）

現行民法典では，錯誤に関して，法律行為の要素に錯誤があったときに無効とされる旨の抽象的な規定がおかれている（民95条本文）。そこで，「要素の錯誤」とはどのようなものかということを解釈によって明らかにする必要があるが，それは，中間試案においても示されているように「表意者がその真意と異なることを知っていたとすれば表意者はその意思表示をせず，かつ，通常人であってもその意思表示をしなかったであろうと認められる」（第3．2(1)）ものであるとされる。つまり，表意者の主観的因果関係と通常人であっても（一般取引通念から見て）意思表示をしなかったであろうという客観的重要性の基準を充たすものであるとされる。

問題は，この要素の錯誤の規定に動機の錯誤をも取り込んだ内容の規律をすることができるかということである。中間試案では，「目的物の性質，状態その他の意思表示の前提となる事項に錯誤」があった場合に，要素性の基準の規定に「意思表示の前提となる当該事項に関する表意者の認識が法律行為の内容になっているとき」（第3．2(2)ア）とする動機の錯誤を取り込んだ規律となっていた。

　このように動機の錯誤を要素の錯誤の規定に取り込んだ包括的規定が望ましい方向だといえる[24]が，法制審議会では，この「法律行為の内容になる」という表現に対して議論が集中する。

　この「法律行為の内容になる」という表現は，現在の判例が動機の錯誤を錯誤として認める場合の一つの基本的な要件として用いているものである。判例では，他に「意思表示の内容になる」という表現が用いられたこともあったが，近年はどちらかというと「法律行為の内容になる」との表現を用いている。したがって，判例法理を明文化するという意味においても，「法律行為の内容になる」という文言の導入を肯定する見解が当然主張される。すなわち，「法律行為の内容になるということは，要するに前提となる情報の正確性に関する危険を相手方において共有する意図が認められるということであり，情報が専ら又は主として表意者にとっての重要な関心事項である場合においては，それを踏まえて，そのことに賛助したという事情が認められるような場合には，錯誤取消しを是認することが相当である[25]。」，また「法律行為の内容になっているという従来，幾つかの局面で述べられてきた表現がよいのではないか……錯誤なかりせば意思表示をしなかったであろうという要件……それはものすごく広すぎる[26]」と。

　しかし他の意見は，「法律行為の内容になる」という部分を修正すべきだとするか，これに反対するものである。かつて判例で用いられたことがあった，「表示されて」法律行為の内容となるという「表示」を重視する見解は，「一つは

---

(24) 石崎泰雄『新民法典成立への道——法制審議会の議論から中間試案へ——』（信山社，2013年）66頁。
(25) Web資料として，法制審議会・民法（債権関係）部会「第76回会議　議事録」（平成25年9月10日）（山野目幹事）5頁。以下，審議会「第76回　議事録」として引用する。
(26) 審議会「第76回　議事録」（山野目幹事）11頁。

……(2)のアのところで，表意者の認識が表示されて法律行為の内容になったとか，表意者の認識が相手方に了知されて法律行為の内容になったとか，表示の文言も入れて判例の表現をもっと丸ごと持ってくる……という意見が一つございました(27)。」とか，「従来の判例が定式として用いてきた明示又は黙示に動機が表示され，それが法律行為の内容になったということから表示の部分を落としてしまうと基準を変えるように受け取られます。そうではないことを示すためには，現在の判例がよく使っている定式をなお残すことも，あり得る選択肢ではないか(28)」と主張する。

これに対して，以前判例がしばしば用いていた「意思表示の内容になる」という表現を推す見解がある。「最判の昭和29年，それから，45年，いずれも第二小法廷の最判ですけれども，ここの中では意思表示の内容として表示されるという文言が使われています。……法律行為の内容という表現を使っている判例はありますが，それが果たして判例として一般に通用しているルールだと断ずることができるかについては，若干，疑問がある(29)」，あるいは「動機の錯誤については規定しないようにして，解釈論に委ねようということに関しては，私は全く反対です。……『法律行為』について『契約』を典型例として挙げる定義条文を置くと，この契約の話だよね，契約の内容になるということだよねと思われかねない，……錯誤の問題であると考えると，むしろ，『意思表示の内容』になっているかどうかという議論なのではないか……『法律行為の内容』というのを，『意思表示の内容』とすべきなのかもしれない(30)」と。

一方，「法律行為の内容」という表現に反対するわけではないが，相手方の認識という点を重視すべきだとする主張がある。「中間試案の2の(2)の柱書きの部分，要素の錯誤を書き下している部分……この要件だけですと，表意者側だけ見て普通ならこんな契約をするはずがなかったといえるかどうかで判断することになる。動機の錯誤というのは要するに事実誤認ですが，こんな誤認があればこの契約はするはずがないということさえ言えれば，取り消せるということになる。……相手方との関係や相手方の状況を取り込むための要件はやは

---

(27) 審議会「第76回　議事録」(岡委員) 4頁。
(28) 審議会「第76回　議事録」(松岡久和委員) 5頁。
(29) 審議会「第76回　議事録」(永野厚朗委員) 5-6頁。
(30) 審議会「第76回　議事録」(道垣内幹事) 7-8頁。

り必要だ……法律行為の内容という言葉がベストかどうかはともかくとして，そういうものを取り込める要件を考える必要がある[31]」，また「法律行為の内容という表現がいいかどうかは別にしまして，相手方の認識ですとか，何か，それに相当するものが必要にはなる……表示という言葉はかえって混乱を招くのではないか[32]」と。

　これらは，意思表示に関する他の規定が，表意者と相手方の双方の主観的態様を考慮した規定構造となっているのに，現行民法の錯誤の規定のみ，相手方の態様への配慮に欠ける点があることに対する批判的視点から出てきたものであると思われるが，さらにそこに何らかの客観的視点を加えることが必要だと示唆する見解がある。すなわち，「ある事実の認識が誤ったものであるとすれば，取り消すことができるという趣旨で合意がされたという書き方をすることも可能であろうと思いますけれども，そうしますと，法律行為の内容というものによって錯誤無効の原因が画されてきたという部分が落ちてしまうのではないか……従前の定式を維持しつつ，可能な範囲で表現をより分かりやすくするという方向がよい[33]」，「法律行為の内容であるかどうかというのは，当該場面での当事者の意思だけではなくて，その他の定型的な事情も参酌して判断されるというのが従来の考え方だったのではないか[34]」との指摘である。

　これらとは全く別の観点からの指摘であるが，特に不実表示による意思表示の重要性を意識して，「2の不実表示による意思表示を動機錯誤構成で救済しようという提案とセットで考えないと，よくないのではないか……契約内容になっている，なっていないというレベルで考えていいのではないか[35]」，「相手方として正しい情報を与えるべき義務があるようなシチュエーションの場合には，動機錯誤として，錯誤の一タイプとして保護されるべきだろう……情報提供義務が課せられるような場合以外にも，恐らく錯誤取消しを認めるべき場合があるのだろうと思いますから，……法律行為の内容になるかならないかというだけでは恐らく答えにはならない[36]。」というものがある。

---

(31)　審議会「第76回　議事録」（内田委員）9頁。
(32)　審議会「第76回　議事録」（中田委員）12頁。
(33)　審議会「第76回　議事録」（大村幹事）3頁。
(34)　審議会「第76回　議事録」（大村幹事）10頁。
(35)　審議会「第76回　議事録」（松本委員）7頁。
(36)　審議会「第76回　議事録」（松本委員）13頁。

いずれにせよ，判例が提示する「法律行為の内容」をより明確なものとしたいという点では共通しており，「明文化したときにすっと入ってくるような，ないしはダイレクトに解釈ができなくても少し努力をすれば理解できるようにより分かりやすく整理」[37]することができれば，一般市民にとっても使いやすいものとなろう。

　以上の見解とは全く対極的に，法律行為の内容という表現を完全に否定するか，それに関する規定を置かないことを主張する見解がある。「動機が内容になっていたというのは，表現としては適切ではないという気がしていまして，むしろ，動機の錯誤についての規定は置かないというのも一つあり得る……既存の民法でいえば95条のところで要素の錯誤という要件が掛かってきますので，重要な錯誤でなければ動機の錯誤は考慮されず，……法律行為を無効にしないということではないか[38]」，あるいは「もう一つの意見は，……アはとってしまう意見です。……『法律行為の内容』というのを条文化するのに対するかなり大きな心配がある[39]」，さらには「中間試案の本文のところで出てきます表現，すなわち，当該錯誤がなければ表意者はその意思表示をせず，かつ，通常人であってもその意思表示をしなかったであろうと認められるときと，こう書き下すことによってより分かりやすくなったという面があると思いますが，分かりやすくなっただけではなくて，……この表現というのは，いわゆる動機の錯誤もそこに含まれるといいますか，一定の動機の錯誤については，この要件に当たる場合として取り込める表現になっているのではないか……アのところをなくしてしまっても，一定の範囲では動機の錯誤も取り込んだ……新しい錯誤という規律になるのではないか[40]」とする。

　これまで判例は，「法律行為の内容になる」という文言を用いて，具体的事案の妥当な解決を導いてきたと思われ，その点では，判例にとって便宜な言葉ではあるが，その内容・基準は明確とはいい難い。ここで，比較法的視点から，その内容に対し，一つのアプローチを試みたい。現在，改正法が向かおうとしている方向にもっとも近似する構造を有する統一法秩序は，ユニドロワ国際商

---

(37)　審議会「第76回　議事録」（岡田委員）7頁。
(38)　審議会「第76回　議事録」（野村豊弘委員）4頁。
(39)　審議会「第76回　議事録」（岡委員）4頁。
(40)　審議会「第76回　議事録」（深山幹事）6頁。

事契約原則[41]である。その第1項柱書の部分で、日本法の要素の錯誤に対応する要件が示されており、(a)号では、次のように規定される。すなわち、「相手方が、同じ錯誤に陥っていた場合、錯誤当事者の錯誤を生じさせた場合またはその錯誤を知りもしくは知るべき場合であって、錯誤当事者を錯誤に陥ったままにすることが公正な取引についての合理的な基準に反するとき。」と。ここには、共通錯誤、不実表示に相当する部分に続いて、「法律行為の内容」に相当する部分が規定されていると思われる。そして、その内容は「相手方がその錯誤を知りもしくは知るべき場合」という相手方の「認識可能性」という要件が示されている。ここには相手方の「態様」が入っているが、単なる「認識」ではなく、「認識可能性」ということで、規範的要素、客観的側面から捉えられるものであるという点が重要である。さらに加えて、「公正な取引についての商取引上の合理的な基準」という純客観的観点が介入する。

　日本法で「法律行為の内容」というものを、両当事者の「合意内容」と把握しようという見解は、基本的には当事者の主観的側面に重きを置いた立場だといえよう。これに対して、ユニドロワ国際商事契約原則に示された「相手方の認識可能性」および「公正な取引についての商取引上の合理的な基準」という基準は、それよりも客観的規範的な評価を可能とするものである。

　判例がいう「法律行為の内容になる」という表現で示された内容も、実際は、このような客観的・規範的な評価がなされた結果に相当するものだと考えられるのではないだろうか。したがって、「法律行為の内容」というものをさらに明確にするとしたら、その中に「相手方の認識可能性」と「一般取引上の社会通念」という客観的・規範的な要素を盛り込むような方向が適当ではないかと考える。

三　審議会の議論(2)

第1　錯　　誤
 1　錯誤によって意思表示の効力を否定するための要件
　民法第95条本文の規律を次のように改めるものとする。
　意思表示に錯誤があった場合において、その錯誤がなかったとすれば表

---

[41]　UP：3.2.2.

> 意者はその意思表示をせず、かつ、それが取引通念上相当と認められるときは、表意者は、その意思表示を取り消すことができる。
>
> ○中間試案第3、2「錯誤（民法第95条関係）」
> 　民法第95条の規律を次のように改めるものとする。
> 　(1) 意思表示に錯誤があった場合において、表意者がその真意と異なることを知っていたとすれば表意者はその意思表示をせず、かつ、通常人であってもその意思表示をしなかったであろうと認められるときは、表意者は、その意思表示を取り消すことができるものとする。
> 　(2)〜(4)　（略）
>
> 　　　　　　　　　　　　　　　　　　　　　　　部会資料76A（1頁）

○要素の錯誤について

① 錯誤による取消しの基本的要件として、「取引通念」ではなく、「社会通念」とすべきだとする見解

岡委員：第1の1について通常人であればという言葉が取引通念上相当と変わりました、……民法総則における規定ですので、取引通念という言葉で大丈夫でしょうか。遺言とかもありますので……社会通念という言葉を提案させていただきたい（第86回2頁）。

中井委員：「錯誤」に関しては、……民法総則に入るわけで、必ずしも契約の面だけではなく、意思表示一般に関する事柄だとすれば、中間試案の、「通常人であってもその意思表示をしなかったであろう」に代わる言葉として取引通念という言葉より、社会通念という言葉のほうが適切ではないか（第86回2頁）。

岡崎幹事：最高裁平成8年6月18日というものがございまして、……その判文の中で社会通念に照らしてうんぬんというような文言が採られています（第86回3頁）。

松本委員：取引通念というのは、恐らく取引社会の通念というのを縮めて取引通念といっているんだと思います。したがって、錯誤というのが取引社会にのみ適用されるルールではなくて、一般社会に適用されるルールであれば取引社会の通念では狭すぎて、一般社会の通念、略すとすれば恐らく社会通念のほうが適切なんだろう（第86回3頁）。

山川幹事：労働関係も含めていわゆる狭い意味での取引ではない事例も結構ありますので、……個人的には社会通念のほうがいい（第86回3頁）。

② 「社会通念」とすることに反対の見解
山野目幹事：社会通念という言葉にすることは，極めて慎重にしていただきたい……取引という言葉が無償行為について使われている例は，現在，法制上も存在しておりますから，そういうところもにらんでいただいて，更に御検討いただければ有り難い（第86回3頁）。

> 2　動機の錯誤
> 　動機の錯誤に関して次のような規定を新たに設けるものとする。
> 　意思表示の動機に錯誤があり，かつ，次のいずれかに該当する場合において，その錯誤がなかったとすれば表意者はその意思表示をせず，かつ，それが取引通念上相当と認められるときは，表意者は，その意思表示を取り消すことができる。
> 　(1)　動機が法律行為の内容になっているとき。
> 　(2)　動機の錯誤が相手方によって惹起されたとき。【P】
>
> ○中間試案第3,2「錯誤（民法第95条関係）」
> 　民法第95条の規律を次のように改めるものとする。
> 　(1)　（略）
> 　(2)　目的物の性質，状態その他の意思表示の前提となる事項に錯誤があり，かつ，次のいずれかに該当する場合において，当該錯誤がなければ表意者はその意思表示をせず，かつ，通常人であってもその意思表示をしなかったであろうと認められるときは，表意者は，その意思表示を取り消すことができるものとする。
> 　　ア　意思表示の前提となる当該事項に関する表意者の認識が法律行為の内容になっているとき。
> 　　イ　表意者の錯誤が，相手方が事実と異なることを表示したために生じたものであるとき。
> 　(3)・(4)　（略）
> 　（注）　上記(2)イ（不実表示）については，規定を設けないという考え方がある。
> 　　　　　　　　　　　　　　　　　　　　　　部会資料76A（2-3頁）

○動機の錯誤の規定について

①　動機の錯誤が法律行為の内容になっている，という表現を支持する見解
山本（敬）幹事：動機の錯誤の判例について……動機が法律行為の内容になったかどうかによって錯誤無効の成否が判断されていると考えられる場合のほか

に，相手方の態様によって錯誤無効の成否が判断されると考えられる場合に分類できる……後者は更に，相手方が表意者の動機の錯誤を惹起した場合と利用した場合に分かれる……動機が相手方に表示されて法律行為の内容になるという点については，……動機が法律行為の内容になったと評価できる場合に，そのことを表現するために動機が明示又は黙示に表示されたと判示されていると見ることができます。……全体としては，締結過程におけるやり取りや対価の定め，あるいは契約中の関連する定めなどから，これらの前提が当事者の共通の理解になっていると見られる場合に，法律行為の内容とされていると見ることができる（第86回4-6頁）。基準をこのように法律行為の内容として，……従来の議論はそのまま正当化することができ，しかし，理由は明確になるのではないか（第86回6頁）。

② 法律行為の内容になっている，という表現に懸念を呈する見解

岡委員：この条文にすると大変不安である……法律行為の内容になっているというのは，動機の錯誤の表示の有無，程度，相手方の認識可能性，当該法律行為の内容等を勘案して判断するものとすると，……普通の法律行為の内容とは違う従来の判例で用いられてきた，相手方と表意者とのバランスをとって，判断する概念であるということを条文上も残す最後の工夫といいますか，検討というのを是非，お願いしたい（第86回4頁）。

永野委員：「法律行為の内容になっている」というところが，今後解釈される際に，今，現実に動機の錯誤として救済されているものよりも，狭く解釈されていくのではないか……「法律行為の内容になっている」という，判例が用いている一般的な文言の一部分だけを使う形にしますと，判例法理をそのまま整理して明文化するというのとは違ったメッセージを与える危険があるのではないか……動機が表示されて意思表示の内容になったという場合と，動機が表示されて法律行為の内容になったという場合を比較しますと，広めにとっているのは前者のほうだと思うのですが，そういう意味では前者のほうで文言を書いてみるというのも，一つの考え方かもしれません（第86回9頁）。

③ 動機の錯誤に関して，動機という文言を排除することを支持する見解

山本（敬）幹事：動機という言葉をそのまま使い続けるのがよいのかどうかということを含めて，表現に関してはさらに詰める必要がある（第86回7頁）。

動機というのは，元々，効果意思に入らないものを動機と呼ぶということであるにもかかわらず，その動機が法律行為の内容になるというのは，一般の方々だけでなくて，法律家にとってもすっきりと入りにくいところがある……動機という表現をそのまま使い続けることは，適当ではないのではないか（第86回8頁）。

中井委員：中間試案においては動機という言葉は使わずに，それをかみ砕こうと，目的物の性状その他意思表示の前提となる事実に誤認がある，その事実に関する表意者の認識が法律行為の内容になると，……したわけですが，今回の素案では，それが全く元に戻っている……動機の中身がもう一つ明らかでないままに動機が法律行為の内容になると，……一体，何なんだという素朴な疑問を国民にもたらさないか（第86回7-8頁）。

④ 動機という言葉を使う意味はあるとする見解

中田委員：動機という言葉がいいのかどうかというのは，……更に検討する必要はあると思いますが，これはこれで意味はある（第86回9頁）。

四　考察(2)（錯誤）

1　錯　　誤

　錯誤を規律する現行民法第95条は，「意思表示は，法律行為の要素に錯誤があったときは，無効とする。」という簡単な規定であることから，この「要素の錯誤」の解釈によって問題を解決することになる。そこで，判例[42]法理として，「表意者は錯誤をしていなければ意思表示をしていなかったと認められ，かつ，通常人も意思表示をしていなかったと認められる場合に要素の錯誤が認められる」とする考え方が確立し，この問題はいわゆる要素の錯誤の主観的因果性と客観的重要性とによって判断されてきた。

　中間試案では，この判例法理を明文化するような規律が採用されていたが，素案では，通常人の客観的重要性に該当する部分が，「それが取引通念上相当と認められるとき」との表現に代えられている。ここの取引通念上という文言に対しては，多数の委員・幹事が取引通念ではなく，社会通念とすべきだ[43]

---

(42) 大判大正7年10月3日民録24輯1852頁。
(43) 審議会「第86回　議事録」（平成26年3月18日）（岡委員）2頁，（中井委員）2頁，（岡崎

とする意見であった。

　本質的な部分に関しては，判例法理の内実はそのままにして，通常人という専門用語の内容を敷衍した内容として示そうという努力の表れであり，評価できるが，さらに要綱仮案においては，「その錯誤が法律行為の目的及び取引上の社会通念に照らして重要なものであるとき」というように具体化されており，より改善がみられる。

　ところが，その過程で，表意者の錯誤の主観的因果性を表現する部分が，要綱仮案では脱落している。もっとも，「ア　意思表示に対応する意思を欠くもの」というところでこれをカバーできるという判断であろうが，客観的重要性の部分がより具体化されてわかりやすくなったのに対し，主観的因果性の部分が「意思表示に対応する意思を欠く」というように逆に抽象化されてしまっている。

2　動機の錯誤

　動機の錯誤に関して，判例[44]では基本的には，動機が相手方に表示されて，それが法律行為の内容となった場合に，民法95条の錯誤となり得るとされる。判例の中には「法律行為の内容」とするのではなく「意思表示の内容」とする[45]ものもあるが，最近は，どちらかというと法律行為の内容となったとの言辞が多いように見受けられる。判例が「法律行為の内容になった」というのは，動機が明示または黙示に表示されて，契約締結過程における交渉や対価の定めなどから，これらの前提が当事者の共通の理解となっている場合[46]や動機の錯誤の表示の有無，程度，相手方の認識可能性，当該法律行為の内容等を勘案して[47]の判断を示したものだと思われる。その意味では，「法律行為の内容になる」という文言は，解釈に委ねられるところが大きく，より明確化・具体化することが必要であろう。

　中間試案では，「動機」という言葉を用いずに，その内容を具体化した提言がなされていたが，素案では，「動機」という用語が使われていることから，

　　　幹事）3頁，（松本委員）3頁，（山川隆一幹事）3頁。
[44]　最判平成元年9月14日判時1336号93頁。
[45]　最判昭和29年11月26日民集8巻11号2087頁ほかがある。
[46]　審議会「第86回　議事録」（山本(敬)幹事）4-6頁。
[47]　審議会「第86回　議事録」（岡委員）4頁。

第3章 意思表示

それに反対する意見が出された。すなわち、「動機というのは、元々、効果意思に入らないものを動機と呼ぶということであるにもかかわらず、その動機が法律行為の内容になるというのは、一般の方々だけではなくて、法律家にとってもすっきりと入りにくいところがある……動機という表現をそのまま使い続けることは、適当ではないのではないか[48]」、「中間試案においては動機という言葉は使わずに、それをかみ砕こうと、目的物の性状その他意思表示の前提となる事実に誤認がある、その事実に関する表意者の認識が法律行為の内容になると、……したわけですが、今回の素案では、それが全く元に戻っている……動機の中身がもう一つ明らかでないままに動機が法律行為の内容になると、……一体、何なんだという素朴な疑問を国民にもたらさないか[49]。」とされる。

こうした批判を受けてか、要綱仮案では、動機の錯誤を規律する部分として「イ　表意者が法律行為の基礎とした事情についてのその認識が真実に反するもの」との規定が置かれた。そして、(2)において、「(1)イの錯誤による意思表示の取消しは、当該事情が法律行為の基礎とされていることが表示されていたときに限り、することができる。」とされている。これにより、動機の錯誤の場合に、法律行為の基礎とした事情が表示されたことが錯誤の要件とされた。しかし、これでは、狭義の動機の錯誤（主観的理由の錯誤）のケースで、たとえば、本屋での本の売買契約で、「本をなくしたのでその同じ本を購入する」ということを表示して購入した場合に、文言上からはこの規定に該当しかねない。また、「表示されていたときに限り」とされたことによって、「表示されていない多くのケースがここから漏れてしまうことになるのではないか。それを救済するために、結局ここでは「黙示の表示」構成を採用してカバーせざるを得ないことになる。そして、これまで判例で「法律行為の内容となった」という規範的評価を可能とした概念が、落とされてしまったことにより、この「表示」に加重な負担が課されることになるのではないかということが懸念される。

---

(48) 審議会「第86回　議事録」（山本(敬)幹事）8頁。
(49) 審議会「第86回　議事録」（中井委員）7-8頁。

五 審議会の議論(3)

第1 錯　誤
　民法第 95 条の改正に関して次のような考え方があるが，どのように考えるか。
【甲案】
　民法第 95 条の規律を次のように改めるものとする。
　1　意思表示に錯誤があり，その錯誤がなければ表意者は意思表示をしていなかった場合において，その錯誤が意思表示をするか否かの判断に通常影響を及ぼすべきものであるときは，表意者は，その意思表示を取り消すことができる。
　2　ある事項の存否又はその内容について錯誤があり，その錯誤がなければ表意者は意思表示をしていなかった場合において，次のいずれかに該当し，その錯誤が意思表示をするか否かの判断に通常影響を及ぼすべきものであるときは，表意者は，その意思表示を取り消すことができる。
　　ア　表意者が法律行為の効力を当該事項の存否又はその内容に係らしめる意思を表示していたこと。
　　イ　相手方の行為によって当該事項の存否又はその内容について錯誤が生じたこと。
　3　1 又は 2 の錯誤が表意者の重大な過失によるものであった場合には，表意者は，次のいずれかに該当するときを除き，1 又は 2 による意思表示の取消しをすることができない。
　　ア　相手方が，1 又は 2 の錯誤があることを知り，又は知らなかったことについて重大な過失があるとき。
　　イ　相手方が表意者と同一の錯誤に陥っていたとき。
　4　1 又は 2 による意思表示の取消しは，善意でかつ過失がない第三者に対抗することができない。
【乙案】
　民法第 95 条については，現状を維持する。

○中間試案第 3，2「錯誤」
　民法第 95 条の規律を次のように改めるものとする。
　(1)　意思表示に錯誤があった場合において，表意者がその真意と異なることを知っていたとすれば表意者はその意思表示をせず，かつ，通常人であってもその意思表示をしなかったであろうと認められるときは，表意者は，その意思表示を取り消すことができるものとする。
　(2)　目的物の性質，状態その他の意思表示の前提となる事項に錯誤があり，

かつ，次のいずれかに該当する場合において，当該錯誤がなければ表意者はその意思表示をせず，かつ，通常人であってもその意思表示をしなかったであろうと認められるときは，表意者は，その意思表示を取り消すことができるものとする。
　ア　意思表示の前提となる当該事項に関する表意者の認識が法律行為の内容になっているとき。
　イ　表意者の錯誤が，相手方が事実と異なることを表示したために生じたものであるとき。
　(3)　上記(1)又は(2)の意思表示をしたことについて表意者に重大な過失があった場合には，次のいずれかに該当するときを除き，上記(1)又は(2)による意思表示の取消しをすることができないものとする。
　ア　相手方が，表意者が上記(1)又は(2)の意思表示をしたことを知り，又は知らなかったことについて重大な過失があるとき。
　イ　相手方が表意者と同一の錯誤に陥っていたとき。
　(4)　上記(1)又は(2)による意思表示の取消しは，善意でかつ過失がない第三者に対抗することができないものとする。
　（注）　上記(2)イ（不実表示）については，規定を設けないという考え方がある。
【第3ステージ：第76回会議（部会資料66B）
第86回会議（部会資料76A）
第88回会議（部会資料78A）で審議】

○部会資料78A　第1「錯誤」
　民法第95条本文を次のように改めるものとする。
　1　意思表示に錯誤があり，その錯誤がなければ表意者は意思表示をしていなかった場合において，その錯誤が意思表示をするか否かの判断に通常影響を及ぼすべきものであるときは，表意者は，その意思表示を取り消すことができる。
　2　ある事項の存否又はその内容について錯誤があり，その錯誤がなければ表意者は意思表示をしていなかった場合において，次のいずれかに該当し，その錯誤が意思表示をするか否かの判断に通常影響を及ぼすべきものであるときは，表意者は，その意思表示を取り消すことができる。
　ア　表意者が法律行為の効力を当該事項の存否又はその内容に係らしめる意思を表示していたこと。
　イ　相手方の行為によって当該事項の存否又はその内容について錯誤が生じたこと。
　　　　　　　　　　　　　　　　　　　　部会資料79B（1-2頁）

1 【甲案】の2，特にアについての議論
① このままでも解釈の工夫によることが可能として，一応支持する見解
山本（敬）幹事：甲案の2のアは，実質的には「法律行為の内容になったとき」と定めているのと変わりはないと解釈することが可能である。……甲案でコンセンサスが得られるのであれば，これを支持したい（第90回13頁）。

山野目幹事：山本敬三幹事が……甲案についてこのような説明をしてほしい，あるいはこういう説明を避けてほしいとおっしゃったところについて全くの同感であります（第90回14頁）。

② 甲案を支持して，その若干の修正の提案をする見解
中田委員：通常影響を及ぼすという，この通常という言葉にも規範的な評価が入っているのではないか，……通常という言葉について工夫できるかどうか，もう一度検討していただければと思います（第90回13頁）。

岡委員：弁護士会は甲案賛成が多数でございます。ただ，第一東京弁護士会はこの2のアの表現になお疑念を持っております。これはちょっと狭すぎるのではないか（第90回15頁）。

山本（敬）幹事：甲案の2のいわゆる動機の錯誤をどう言葉に表すかという部分について……「ある事項の存否又はその内容について錯誤があり」という表現はやはりうまくない……「ある事項に関わる事実の存否又はその内容について」というように，事項についての事実とすればよいのではないか（第90回18頁）。

2 【甲案】の2イについての議論
① イを規定することに反対の見解
大島委員：2のイにあるような規定を設けることは反対です。……2のイのような規定があると，このような協議での解決のプロセスを経ずして取消しが可能となり，契約が白紙に戻される可能性があるため，実情に合っていないうえに，中小企業が著しく不利益を受けることになるのではないか（第90回16頁）。

佐成委員：甲案の2のイは，要綱仮案には載せずに，アだけで何とか合意形成ができないか（第90回16頁）。企業間の取引であっても誤った表示をするということはままあるわけで……こういう形で明文化されますと，機械主義的な行

動が非常に多くなるのではないか（第 90 回 17 頁）。

② アとイはセットにして明文化すべきだとする見解

潮見幹事：アとイをセットで甲案として取り込むということで合意形成をするべきではないでしょうか。（第 90 回 17 頁）。

松本委員：甲案から 2 のイを排除して、2 のアだけで立法化するということであれば、私は反対します。（第 90 回 17 頁）。

山本（敬）幹事：2 のイに当たるものが現在の判例でもたくさんの裁判例によって考慮されているとみることができます。……ア，イをセットにして明文化すべきである（第 90 回 17 頁）。

沖野幹事：甲案について 2 のアとイはセットであると考えております。（第 90 回 18 頁）。

六　審議会の議論(4)

> 2　錯誤（民法第 95 条関係）
> 民法第 95 条の規律を次のように改めるものとする。
> (1)　意思表示は，次のいずれかの錯誤に基づくものであって，その錯誤が法律行為の目的及び取引上の社会通念に照らして重要なものであるときは，取り消すことができる。
> 　ア　意思表示に対応する意思を欠くもの
> 　イ　表意者が法律行為の基礎とした事情についてのその認識が真実に反するもの
> (2)　(1)イの錯誤による意思表示の取消しは，当該事情が法律行為の基礎とされていることが表示されていたときに限り，することができる。
> (3)　(1)の錯誤が表意者の重大な過失によるものであった場合には，次のいずれかに該当するときを除き，(1)による意思表示の取消しをすることができない。
> 　ア　相手方が，(1)の錯誤があることを知り，又は知らなかったことについて重大な過失があるとき。
> 　イ　相手方が表意者と同一の錯誤に陥っていたとき。
> (4)　(1)による錯誤による意思表示の取消しは，善意でかつ過失がない第三者に対抗することができない。
> 　　　　　　　　　　　　　　　部会資料 83-2（1 頁）

○錯誤の新規定案について

① その錯誤が法律行為の目的及び取引上の社会通念に照らして重要なものであるときは，取り消すことができる，と変更されている点および，当該事情が法律行為の基礎とされていることが表示されていたときに限り，取消しができるとされていることに対して，懸念や疑問を示す見解

潮見幹事：「錯誤」の(1)の柱書，これは要素というものを，「その錯誤が法律行為の目的及び取引上の社会通念に照らして重要なものであるとき」というように，変更する……その内容というものは，従来，判例法理が言っていた，……主観的な因果性と客観的な重要性というものを前提としながら，こういう文言をお使いになられているというところについて，正直言って驚がくいたしました。……(2)の「(1)イの錯誤による意思表示の取消しは，当該事情が法律行為の基礎とされていることが表示されていたときに限り，することができる」という，この部分について……そのまま読めば，法律行為の基礎，行為基礎を表示すれば，即，錯誤の取消しが認められると読めます。(第96回1-2頁)。

山本（敬）幹事：(2)について……「当該事情が法律行為の基礎とされていることが表示されていたときに限り」，取消しを認めるとする理由はこうなのであるというものが示されていません……卒然と読めば，表意者の方が表示したことのみをもって取消し可能性を認めている。……表意者が一方的に表示しさえすれば取消しを認めるのはおかしいのであって，表示して，相手方が何も異議を述べないときには，それを行為基礎とすることが了承された。だからもう取り消せないものとする。あるいは，相手方も同じような認識の誤りを持っていたのであって，その意味で両当事者にとって共通の基礎になっている。だから取り消せない。……従来の判例法理を見ても，そのような観点から無効が認められていたとみることができる。それが，これまでの案で意思表示の内容になったという要件が挙げられてきたときに念頭に置かれていたことだ（第96回3-4頁）。判例法は，表示だけではなくて，意思表示の内容ないしは法律行為の内容になっているという要件を付け加えてきました。(第96回8頁)。

中井委員：「表示されていたとき」という事実的な記載よりは，「表示されていたと認められるとき」というような表現ぶりにすることによって，この表示の

中に相手方の認識若しくは相手方が異議を述べなったことまでを読み込む可能性を否定しないことになりませんか。……表示だけでは足りないのではないか。相手方が認知可能で，それを了解することが必要ではないか，それを何らかの形で明らかにすべきという意見もある（第96回9頁）。

② 本提案をその解釈などによることで，結果的には消極的に支持する見解
佐成委員：表示さえすれば要素の錯誤を認めてしまうということは，……従前の判例法理の解釈が，文言の変更によって変わらないというようなところがきちっと説明されていくということが必要であり，そうされていくのであれば，この部分に関しては，懸念もあるとは思いつつも，経済界としては特段異論を現時点では述べてはいない（第96回5頁）。

鹿野幹事：(2)のところで，動機の錯誤の法的顧慮が最終的に表示の有無に依拠することとされ，あたかも表意者が動機を相手方に告げたか否かが基準であるかのようにも見える文言が使われている点で，この新たな定式自体にも疑問があります。従来の判例においても，表意者が自らのいわゆる動機を相手方に告げたという，その告げるという行為だけで，錯誤無効を認めるという判断がされてきたのではないと思いますし，むしろ「表示」という言葉が，判例においては規範的な概念として用いられてきた……その規範的な評価を通して，表意者が自らリスクを負担するべきところの単なる一方的な動機の錯誤にとどまらず，それと区別されてリスクの転嫁を正当化できるようなものをくくり出し，それにつき錯誤無効を認めるという作業がここで行われてきたのではないか……ここでの表示は，単に相手方に告げたという事実を意味するのではなく，評価を要する規範的概念としての意味合いを持つ……「法律行為の基礎とされていることが表示されていたときに限り」という表現ぶりが用いられていますので，これについては，従来，動機が表示されて法律行為の内容になったと判例で言われてきたことを，今回ここにこのような形で書かれたのだと理解できる（第96回5-6頁）。

③ 本提案を支持する見解
筒井幹事：「2　錯誤」(1)の柱書について，従来の主観的因果性と客観的重要性といった2要件について，それを変更するような意図のもとに今回の案文を提示したわけではございません。……要素性においては，2要件以外の規範的評

価を読み込んでいた面もあるのではないかといった御指摘もございました。そういったことを踏まえた上で，……今回このような案文を御提示した……(2)につきましても，……基本的に判例法理を忠実に明文化するという趣旨でこれまで議論がされてきたと思いますし，その方向で案文を考えてきた……議論の到達点を踏まえながら，それを案文として御提示したつもりです。(第96回2-3頁)。
脇村関係官：判例としては，動機を言っただけでは足りないので，そのプラスアルファが何か要るんだということを，何とかそこを表現しつつやっていきたいなということで，このように書かせていただいた（第96回3頁）。
内田委員：表示したときではなく，されていたという受け身的表現になっているのは，表示したという主体的な行為だけではなくて，もう少し客観的に表示されていたと認定できるというようなニュアンスを含めようとしたのだろう……法律行為の基礎ですけれども，この部分は従来は意思表示の内容とか法律行為の内容という表現が使われていて，……基礎という表現を使って，しかし趣旨としては，意思表示の内容としたという言葉で表現されていたことを表そうとした（第96回6-7頁）。
岡委員：表示という言葉について，第一東京弁護士会及び日弁連のバックアップの大勢は好意的な評価でございました。……表示をうまく解釈すれば，今までの判例を基に発展させていけるのではないかと，このような意見が多うございました。(第96回7頁)。
松本委員：法律行為の基礎が表示されていれば錯誤取消しを主張できるということが明確になるので，被害救済のために使える一つのツールを提供するものになるのではないか（第96回9頁）。

七　考察(3)（錯誤）

　新たに提案された錯誤規定案は，これまでのものの内容・文言を一新したものとなっている。すなわち，「錯誤が法律行為の目的及び取引上の社会通念に照らして重要なものであるときは，取り消すことができる。」と全く新たな表現に変更されたが，これは，要素の錯誤に関して判例法理で示されていた「主観的な因果性と客観的な重要性といった2要件」を変更するものではなく，そ

第3章　意思表示

れを新たな文言で表したものである[50]とされる。また，動機の錯誤を「表意者が法律行為の基礎とした事情についてその認識が真実に反するもの」とし，それを「当該事情が法律行為の基礎とされていることが表示されていたときに限り」取り消すことができると変更される。

　このような変更に対しては，表意者が表示しさえすれば取り消せるとも解されかねないところに批判が集中する[51]。これは，判例法理がこれまで，「表示だけではなくて，意思表示の内容ないしは法律行為の内容になっているという要件を付け加えて[52]」きたところが，この文言ではそれが十分には表現されていないということがその理由である。

　そこで，「表示されていた」という文言を解釈等によって判例法理と実質的に同じ内容を導くという方向が考えられる。たとえば，表示されていたという受け身的な表現から，「客観的に表示されていたと認定できる[53]」方向を導こうとしたり，あるいは，「表示されていたと認められる」というように文言の修正を提案する[54]ものもある。さらには，「表示は単に相手方に告げたという事実を意味するのではなく，評価を要する規範的概念としての意味合いを持つ」と解釈する[55]ことが示される。

　要素の錯誤に関し，判例法理ではこれまで，主観的因果性と客観的重要性の要件で捉えられてきており，比較法的にも，類似した表現を採用しているユニドロワ国際商事契約原則では，「錯誤に陥った当事者と同じ状況に置かれた合理的な者が，真の事情を知っていれば，実質的に異なる条項のもとでのみ契約を締結しまたは契約を全く締結しなかったであろうほどに，錯誤が契約締結時において重要なもの[56]」であることが要件とされている。

　今回の提案である要素の錯誤を表すものとしての「法律行為の目的及び取引上の社会通念に照らして重要なもの」との表現は，より抽象化されたものだと

---

(50) Web資料，法制審議会　民法（債権関係）部会「第96回会議　議事録」（平成26年8月26日）（筒井健夫幹事）2-3頁，以下，審議会「第96回　議事録」として引用する。
(51) 審議会「第96回　議事録」（潮見佳男幹事）1-2頁，（山本（敬）幹事）3，4頁。
(52) 審議会「第96回　議事録」（山本（敬）幹事）8頁。
(53) 審議会「第96回　議事録」（内田委員）6-7頁。
(54) 審議会「第96回　議事録」（中井委員）9頁。
(55) 審議会「第96回　議事録」（鹿野菜穂子幹事）5-6頁。
(56) UP：3.2.2(1).

はいえるが，判例法理の内容を変更することなく捉えたものだと解することもできよう。ただ，問題はやはり「法律行為の基礎とされていることが表示されていたときに限り」とする動機の錯誤の部分である。

そもそも民法では，意思表示に関する他の規定とは異なり，民法95条の錯誤は，もっぱら表意者の態様に焦点を当てた規律となっている。条文に「相手方」がそもそも登場していない。この点を判例は苦慮して，動機が表示されて「意思表示の内容になった」という表現から動機が表示されて「法律行為の内容になった」という法理を創造していったものと推測される。つまり，法律行為という契約であれば，相手方の存在が必要不可欠だからである。

多くの統一法秩序では，「相手方が，……その錯誤を知りもしくは知るべき場合であって[57]」とか「相手方が当該錯誤を知り，又は知っていたことを合理的に期待される場合[58]」といったように相手方の認識可能性といった態様が入れられている。

本来は，民法95条の錯誤規定においても，表意者だけではなく相手方の態様が入った規律が望ましいと思われるが，それを欠くものであったために，判例法理は，「法律行為の内容になった」という相手方の態様をも顧慮し得る表現を編み出したのではないかと思われる。そうした観点から捉えると，もし，このままこの規律が採用された場合には，「当該事情が法律行為の基礎とされていることが表示されていた」という文言の中に客観的評価の観点に加え，さらに相手方の主観的態様を読み込むような解釈をしていかねばならないものと考える。

---

(57) UP3.2.2(1)(a).
(58) たとえば，von Bae & Clove, Principles, definitions and model rules of European private law：draft common frame of reference, 2009. 以下，DCFR: Ⅱ.-7：201 (b) (ⅱ) として引用する。なお，この翻訳，窪田充見ほか監訳『ヨーロッパ私法の原則・定義・モデル準則──共通参照枠草案（DCFR）──』（法律文化社，2013年）も参照。

第2節 詐　　欺

一　審議会の議論

> 2　詐欺（民法第96条関係）
> 民法第96条の規律を次のように改めるものとする。
> (1) 詐欺又は強迫による意思表示は，取り消すことができるものとする。
> (2) 相手方に対する意思表示について第三者が詐欺を行った場合においては，相手方がその事実を知り，又は知ることができたときに限り，その意思表示を取り消すことができるものとする。
> (3) 詐欺による意思表示の取消しは，善意でかつ過失がない第三者に対抗することができないものとする。
>
> ○中間試案第3，3「詐欺（民法第96条関係）」
> 民法第96条の規律を次のように改めるものとする。
> (1) 詐欺又は強迫による意思表示は，取り消すことができるものとする。
> (2) 相手方のある意思表示において，相手方から契約の締結について媒介をすることの委託を受けた者又は相手方の代理人が詐欺を行ったときも，上記(1)と同様とする（その意思表示を取り消すことができる）ものとする。
> (3) 相手方のある意思表示について第三者が詐欺を行った場合においては，上記(2)の場合を除き，相手方がその事実を知り，又は知ることができたときに限り，その意思表示を取り消すことができるものとする。
> (4) 詐欺による意思表示の取消しは，善意でかつ過失がない第三者に対抗することができないものとする。
> （注）上記(2)については，媒介受託者及び代理人のほか，その行為について相手方が責任を負うべき者が詐欺を行ったときも上記(1)と同様とする旨の規定を設けるという考えがある。　　　部会資料66A（2-3頁）

○相手方の代理人，媒介受託者等の詐欺の場合の規定を入れるかどうかについて

① 　相手方の代理人，媒介受託者等の詐欺の場合に取り消すことができる旨の規定を置くべきだとする見解

岡田委員：自分が代理権を付与した者とか，媒介を依頼した人間，契約関係にある人間が詐欺を行ったことに関して書かれていないということに関して，消

費者側からするとすごく残念に思う（第76回21頁）。
中井委員：仮に媒介受託者と代理人に限定すると，それだけだと解釈されるおそれがあるのではないかという危惧を表明される。しかし，書かなければ媒介受託者，代理人であっても，その事実を知り，又は知ることができたときに限りという解釈がなされるおそれが他方で残るわけですから，その解釈を排除するという意味で明記するというのは十分意味のあることだろう……（第76回21頁）。
松岡委員：例示列挙プラス受け皿という規律が十分あり得る。（第76回22頁）。
岡委員：少なくとも代理人あるいは（注）も踏まえた代理人その他のというところは，本気で復活の方向で考えていただきたい。（第76回27頁）。
沖野幹事：その他のという形で一般規定を置くことによって，例示されたものも本質はそこにあるということが明らかになりますので，それによる適切な絞りというのが出てくるのではないか（第76回29頁）。

② 相手方の代理人，媒介受託者等の詐欺の場合に取り消すことのできる旨の規定は置くべきでないとする見解

笹井関係官：代理人や媒介受託者による詐欺については，相手方の主観的な事情を問わないで取り消すことができるという考え方については，……この考え方自体を否定しようという趣旨ではないのですけれども，逆に，規定を設けてしまうことによって本人と同視される範囲が限定されてしまうことになるという懸念もあるのではないか（第76回21頁）。

二　考察（詐欺）

　現行民法では，「詐欺又は強迫による意思表示は，取り消すことができる。」（民96条1項）とされており，中間試案では，これを維持したうえで，「(2)相手方のある意思表示において，相手方から契約の締結について媒介をすることの委託を受けた者又は相手方の代理人が詐欺を行ったときも，上記(1)と同様とする（その意思表示を取り消すことができる）ものとする。」（第3．3(2)）規定が加えられていた。素案[59]ではこの部分が落されてしまっており，その理由として「代

---

[59] Web資料，法制審議会　民法（債権関係）部会資料66A「民法（債権関係）の改正に関する要綱案のたたき台(1)～(3)」（2013年）。以下，部会資料66A2頁で引用する。

第3章 意思表示

理人や媒介受託者による詐欺については，相手方の主観的な事情を問わないで取り消すことができるという考え方については，……この考え方自体を否定しようという趣旨ではないのですけれども，逆に，規定を設けてしまうことによって本人と同視される範囲が限定されてしまうことになるという懸念もあるのではないか[60]」という点が挙げられる。

しかし，審議会のすべての意見はこれに反対するものであり，やはり，相手方の代理人，媒介受託者等の詐欺の場合に取り消すことのできる旨の規定を置くべきではないかとする。すなわち，「自分が代理権を付与した者とか，媒介を依頼した人間，契約関係にある人間が詐欺を行ったことに関して書かれていないということに関して，消費者側からするとすごく残念に思う[61]」，「少なくとも代理人あるいは（注）も踏まえた代理人その他のというところは，本気で復活の方向で考えていただきたい[62]。」そして「仮に媒介受託者と代理人に限定すると，それだけだと解釈されるおそれがあるのではないかという危惧を表明される。しかし，書かなければ媒介受託者，代理人であっても，その事実を知り，又は知ることができたときに限りという解釈がなされるおそれが他方で残るわけですから，その解釈を排除するという意味で明記するというのは十分意味のあることだろう[63]」と反論がなされる。

そこで，具体的な案として示されるのが，「例示列挙プラス受皿という規律が十分あり得る[64]。」とか，「その他のという形で一般規定を置くことによって，例示されたものも本質はそこにあるということが明らかになりますので，それによる適切な絞りというのが出てくるのではないか[65]」といったものである。

この問題に関しては，日本法が，詐欺という局面に限定して規律をしようとしているのに対して，統一法秩序は，「有効性」という章の下で，詐欺の他，強迫，不実表示等に関し，「第三者」という包括的規定を置いている[66]が，それらの規定では，「相手方がその第三者の行為につき責任を負う」とか，「その

---

(60) 審議会「第76回 議事録」（笹井関係官）21頁。
(61) 審議会「第76回 議事録」（岡田委員）21頁。
(62) 審議会「第76回 議事録」（岡委員）27頁。
(63) 審議会「第76回 議事録」（中井委員）21頁。
(64) 審議会「第76回 議事録」（松岡委員）22頁。
(65) 審議会「第76回 議事録」（沖野眞已幹事）29頁。
(66) たとえば，UP：3.2.8, EP：4：111参照。

行為につき責任を負う第三者」というように抽象的な規定にとどまっており，日本において立法化するためには，より明確化が必要である。

　そこで，相手方が，どのような場合に第三者の詐欺行為に対して責任を負わねばならないかという実質としては，その第三者が，相手方の利益のために行為した場合であり，これを「例示列挙プラス受け皿規定」という形での規定とすることが考えられよう。したがって，相手方の「被用者，代理人，媒介受託者等相手方と実質的に同視できる者」の行為による場合に，本人はその意思表示を取り消すことができる旨の規定とする方向が考えられよう。

第4章　債務不履行

第1節　履行不能と履行請求権

一　審議会の議論(1)

> 第1　履行請求権等
> 　1　債権の請求力
> 　債権者は，債務者に対し，その債務の履行を請求することができるものとする。
>
> ○中間試案第9，1「債権の請求力」
> 　債権者は，債務者に対して，その債務の履行を請求することができるものとする。
> 　2　履行の不能（履行請求権の限界事由）
> 　(1)　債務の履行が不能（その債務が契約によって生じたものである場合にあっては，当該契約の趣旨に照らして不能であることをいう。以下同じ。）であるときは，債権者は，その債務の履行を請求することができないものとする。
> 　(2)　金銭の給付を目的とする債務については，上記(1)は，適用しないものとする。
>
> ○中間試案第9，2「契約による債権の履行請求権の限界事由」
> 　契約による債権（金銭債権を除く。）につき次に掲げるいずれかの事由（以下「履行請求権の限界事由」という。）があるときは，債権者は，債務者に

対してその履行を請求することができないものとする。
　　ア　履行が物理的に不可能であること。
　　イ　履行に要する費用が，債権者が履行により得る利益と比べて著しく過大なものであること。
　　ウ　その他，当該契約の趣旨に照らして，債務者に債務の履行を請求することが相当でないと認められる事由　　部会資料68 A（1-2頁）

1　履行不能に一本化することの是非について
①　履行不能に一本化することに反対の見解
松岡委員：「履行費用が著しく過大になったこと」という部分が脱落しております。……これは不能か否かという問題ではなく，……不能という概念では位置付けにくいのではないか（第78回2頁）。

山本（敬）幹事：費用を掛ければ履行はできるけれども，そこまでの要求はできないという場合を不能に含めるのは，従来の不能より広げるという意味合いを持ってしまうのではないか……中間試案でイに当たるものが，結局落ちることになって，解釈に委ねられることになる。それは余り適当ではないのではないか……仮に不能という言葉を(1)で用いるとするならば，それに吸収できないものとして別に定める必要があるのではないか（第78回3頁）。

中井委員：物理的不能の場合，社会経済的に見て不能な場合，……過大な費用が掛かる場合についても履行請求できない……このイのような場面を含むということが合意されるのであれば，それを表現される方向で検討するのが筋ではないか（第78回4頁）。契約で定めた内容，目的，性質だけではなくて，社会通念と最初は使ったと思いますけれども，一般的な，社会的な規範，そういう外在的な要因も加味して，その契約内容については，例えば履行不能かどうかを考えるべきである（第78回5頁）。

2　「契約の趣旨に照らして」という文言だけで十分か
①　「契約の趣旨」という文言に対して懸念を抱く見解
岡委員：契約の趣旨という言葉だけからは，取引通念考慮，あるいは勘案というのは，やはり出てこない……取引通念をも勘案というのは，是非条文の中に入れるべきである（第78回5頁）。

中井委員：契約の趣旨という言葉を民法に取り込むとすれば，……そこに取引通念，取引観念が含まれることを明らかにするようにすべきである（第78回5頁）。

岡崎幹事：世間一般の人にとっては，契約の趣旨という文言の中に，社会通念や取引通念を読み取るのは，容易ではないのではないか……裁判で判断する際の基準として何が用いられているかというと，契約の趣旨ももちろん大きな要素ではあると思いますが，同様に，社会通念，あるいは取引通念も，重要な考慮要素になっている……契約以外の場合にはどういう基準で行くのかということになったときに，何か文言を補おうとすれば，社会通念や取引通念といった言葉を入れざるを得ないのではないか（第78回6頁）。

佐成委員：経済界，取引界としては，「契約の趣旨」がこれからいろいろな場面で出てくることになると，主観的な形で解釈されてしまうのではないかということが一番懸念されるところです。（第78回6頁）。

② 社会通念を入れる必要はないとする見解

道垣内幹事：社会通念は契約の解釈を通して，契約の目的の解釈に組み入れられる（第78回5頁）。

二　考察（履行不能と履行請求権）

現行民法では，債務の履行が不能であるときは，債権者はその債務の履行を請求することができないと解されている（なお，民415・536・543条も参照）が，それを明示する規定を欠いている。そこで「素案」では，「(1)債務の履行が不能（その債務が契約によって生じたものである場合にあっては，当該契約の趣旨に照らして不能であることをいう。以下同じ。）であるときは，債権者は，その債務の履行を請求することができないものとする。」[67]との規定が置かれる。

もっとも，これまで履行不能は，物理的不能に限らず，事実的不能，法律的不能，経済的不能等，社会通念上の不能といわれるものにまで拡大して解釈適用されてきたという実態があって，これを受けて，審議会でも，履行不能として拡大解釈されてきた部分を類型化して明示すべく議論が重ねられてきた。そして，その成果として，中間試案（第9．2）において，ア　物理的な不可能

---

[67]　部会資料68 A・前掲注(59)1頁。

イ　履行に要する費用の著しい過大性　に加えて，ウ　その他，当該契約の趣旨に照らして，債務者に履行を請求することが相当でないと認められる事由，という一般規定を置き，その一応の類型化が示されていた。これと比較し，「素案」は類型化がきわめて不十分で，中間試案よりも後退してしまった内容となっており，審議会でもこの点が批判の対象となる。

　たとえば，「『履行費用が著しく過大になったこと』という部分が脱落しております。……これは不能か否かという問題ではなく，……不能という概念では位置付けにくいのではないか[68]」，また「費用を掛ければ履行はできるけれども，そこまでの要求はできないという場合を不能に含めるのは，従来の不能より広げるという意味合いを持ってしまうのではないか……中間試案でイに当たるものが，結局落ちることになって，解釈に委ねられることになる。それは余り適当ではないのではないか……仮に不能という言葉を(1)で用いるとするならば，それに吸収できないものとして別に定める必要があるのではないか[69]」，さらに「物理的不能の場合，社会経済的に見て不能な場合，……過大な費用が掛かる場合についても履行請求できない……このイのような場面を含むということが合意されるのであれば，それを表現される方向で検討するのが筋ではないか[70]」と，「不能」とは別に類型化された条文規定を置くべきだとの主張がみられる。

　また，「契約の趣旨」という文言との関連で，不能概念が拡大して用いられる場合の「社会通念上の不能」という視点の「社会通念」という観点を，条文に明示すべきかという点に関して，「社会通念は契約の解釈を通して，契約の目的の解釈に組み入れられる[71]」ものではあるが，やはり，条文上明記することの重要性が指摘される。すなわち，「世間一般の人にとっては，契約の趣旨という文言の中に，社会通念や取引通念を読み取るのは，容易ではないのではないか……裁判で判断する際の基準として何が用いられているかというと，契約の趣旨ももちろん大きな要素ではあると思いますが，同様に，社会通念，あるいは取引通念も，重要な考慮要素になっている……契約以外の場合にはどう

---

[68]　審議会「第78回　議事録」（平成25年10月9日）（松岡委員）2頁。
[69]　審議会「第78回　議事録」（山本(敬)幹事）3頁。
[70]　審議会「第78回　議事録」（中井委員）4頁。
[71]　審議会「第78回　議事録」（道垣内幹事）5頁。

いう基準で行くのかということになったときに，何か文言を補おうとすれば，社会通念や取引通念といった言葉を入れざるを得ないのではないか[72]」，また「経済界，取引界としては，『契約の趣旨』がこれからいろいろな場面で出てくることになると，主観的な形で解釈されてしまうのではないかということが一番懸念されるところです[73]。」と，「契約の趣旨」のみに集約させてしまうことの懸念が示される。他にも，この「契約の趣旨」に対しては，「契約の趣旨という言葉だけからは，取引通念考慮，あるいは勘案というのは，やはり出てこない……取引通念をも勘案というのは，是非条文の中に入れるべきである[74]」とか，「契約の趣旨という言葉を民法に取り込むとすれば，そこに取引通念，取引観念が含まれることを明らかにするようにすべきである[75]」と批判され，結局「契約で定めた内容，目的，性質だけではなくて，社会通念と最初は使ったかと思いますけれども，一般的な，社会的な規範，そういう外在的な要因も加味して，その契約内容については，例えば履行不能かどうかを考えるべきである[76]」と，客観的な観点からの規範的な評価の重要性が指摘される。

　ここで，統一法秩序の規定を瞥見すると，ユニドロワ国際商事契約原則では，非金銭債務の履行請求ができない場合（第7.2.2条）が，類型的に列挙されている。すなわち，「(a)履行が法律上，または事実上不可能であるとき。(b)履行または履行の強制が，不合理なほどに困難であるか，費用のかかるものであるとき。(c)債権者が，他から履行を得ることが合理的にみて可能であるとき。(d)履行が，当該債務者のみがなし得る性格のものであるとき。(e)債権者が，不履行を知りまたは知るべきであった時から合理的な期間内に履行を請求しないとき。」とされている。またヨーロッパ契約法原則では，非金銭債務において同様に「(a)履行することが，違法または不可能である場合(b)履行することが，債務者に不合理な努力または費用をもたらす場合(c)履行の内容が，一身専属的な役務の提供である場合，または人的関係に依存するものである場合(d)被害当事者が，他から履行を得ることが合理的にみて可能である場合」（第9：102(2)）

---

[72] 審議会「第78回　議事録」（岡崎幹事）6頁。
[73] 審議会「第78回　議事録」（佐成委員）6頁。
[74] 審議会「第78回　議事録」（岡委員）5頁。
[75] 審議会「第78回　議事録」（中井委員）5頁。
[76] 審議会「第78回　議事録」（中井委員）5頁。

と列挙されている。また，共通参照枠草案（DCFR：Ⅲ-3：302）でもほぼ同様の規律となっている。

そこで，改正民法としては，「履行不能」を物理的不能を意味するものとして捉え，その他の社会通念上の不能のうち，少なくとも，実際にもしばしば問題とされてきた「法律的不能」や「過分の費用を要する場合」は類型化して示し，「その他当該契約の趣旨に照らして社会通念上履行を請求することが相当でない場合」を受け皿規定として置くといった形にするのが，一般市民にとってもわかりやすく便宜であると思われる。

三　審議会の議論(2)

> 第7　履行請求権等
> 　1　履行請求権と履行の不能
> 　履行請求権と履行の不能について，次のような規律を設けるものとする。
> 　債権者は，債務者に対し，その債務の履行を請求することができる。ただし，債務の履行が契約その他の当該債務の発生原因及び取引上の社会通念に照らして不能であるときは，この限りでない。　部会資料79-1（7頁）

> 第10　履行請求権等
> 　1　履行の不能
> 　履行の不能について，次のような規律を設けるものとする。
> 　債務の履行が契約その他の当該債務の発生原因及び取引上の社会通念に照らして不能であるときは，債権者は，その債務の履行を請求することができない。　部会資料83-1（11頁）

1　履行不能と社会通念に関して
① 　履行不能の外側に社会通念上の不能のケースを類型化して示すという方法ではなく，「契約その他……社会通念に照らして不能」という中に一元化する方法を採用したことの説明

金関係官：契約その他の当該債務の発生原因及び取引上の社会通念に照らして不能という表現を用いております。いわゆる社会通念上の不能などと呼ばれてきたものを想定した表現です。……過分の費用を要する場合などを履行不能の中に取り込む趣旨で契約その他の当該債務の発生原因及び取引上の社会通念に

照らして不能という表現を使っておきながら，さらにその隣に過分の費用を要する場合という表現を置きますと，その両者の関係を説明することが困難になる（第 90 回 45 頁）。

2　履行請求権との関係について
①　履行請求権を明確に規定しないことに反対の見解
中田委員：履行請求権の存在は，履行不能について規定すれば，そこから読み取れるから書かないということなんですけれども，債権の効力として履行請求権があるというのは，最も重要な事柄であって，これはやはり明示すべきであろう（第 96 回 14 頁）。
中井委員：第 10 の 1 の意見については，同意見です。（第 96 回 14 頁）。
山本（敬）幹事：私も同意見だ（第 96 回 14 頁）。

第 2 節　債務不履行による損害賠償とその免責

一　審議会の議論

> 第 6　債権の目的（法定利率を除く。）
> 　1　特定物の引渡しの場合の注意義務（民法第 400 条関係）
> 　民法第 400 条の規律を次のように改めるものとする。
> 　債権の目的が特定物の引渡しであるときは，債務者は，その引渡しをするまで，契約その他の当該債権の発生原因及び取引上の社会通念に照らして定まる善良な管理者の注意をもって，その物を保存しなければならない。
> 　　　　　　　　　　　　　　　　　　　　部会資料 79-1（6 頁）
>
> 第 8　債権の目的（法定利率を除く。）
> 　1　特定物の引渡しの場合の注意義務（民法第 400 条関係）
> 　民法第 400 条の規律を次のように改めるものとする。
> 　債権の目的が特定物の引渡しであるときは，債務者は，その引渡しをするまで，契約その他の当該債権の発生原因及び取引上の社会通念に照らして定まる善良な管理者の注意をもって，その物を保存しなければならない。
> 　　　　　　　　　　　　　　　　　　　　部会資料 82-1（9 頁）
>
> 第 9　債務不履行による損害賠償
> 　1　債務不履行による損害賠償とその免責事由（民法第 415 条関係）

第4章　債務不履行

　民法第415条の規律を次のように改めるものとする。
　⑴　債務者がその債務の本旨に従った履行をしないとき（債務の履行が不能であるときを含む。）は，債権者は，これによって生じた損害の賠償を請求することができる。
　⑵　⑴の債務の不履行が，契約その他の当該債務の発生原因及び取引上の社会通念に照らして債務者の責めに帰することができない事由によるものであるときは，債権者は，その債務の不履行によって生じた損害の賠償を請求することができる。　　　　　　　部会資料 79-1（7-8 頁）
第11　債務不履行による損害賠償
　1　債務不履行による損害賠償とその免責事由（民法第415条関係）
　民法第415条の規律を次のように改めるものとする。
　債務者がその債務の本旨に従った履行をしないとき又は債務の履行が不能であるときは，債権者は，これによって生じた損害の賠償を請求することができる。ただし，その債務の不履行が，契約その他の当該債務の発生原因及び取引上の社会通念に照らして債務者の責めに帰することができない事由によるものであるときは，この限りでない。　部会資料 83-1（12頁）

1　取引上の社会通念に関する意見

①　取引上の社会通念という言葉に関して反対または懸念を示す見解

山本（敬）幹事：「取引上の社会通念」に関しては再考をお願いしたい……この表現を用いる場合には，「契約その他の当該債権の発生原因及び取引上の社会通念に照らして」とあるのを，「取引上の社会通念を考慮し契約その他の債務の発生原因の趣旨に照らして」に修正していただきたい……契約の目的，契約締結に至る経緯その他の事情を基礎に据えて，そして取引上の社会通念を考慮に入れて導かれる契約その他の当該債権の発生原因の趣旨に照らして判断されるというのが正確だ……契約その他の当該債権の発生原因と取引上の社会通念とを「及び」でつなぐことによって両者を同格のものとして位置付けますと，契約で明確に定めている場合でも，取引上の社会通念を重視して，それと実質的に異なる解決が導かれるおそれを払しょくすることができません。（第90回 38-39頁）。「及び」でつなぐことは，……前段の「契約その他の当該債権の発生原因」によって決まっている場合であっても，後段の「取引上の社会通念」に照らして，それが変更される可能性というのが出てくる。そのような意味合いでこの場での議論が進んでいたわけではないにもかかわらず，このような文

言にすると，そのような文言解釈の可能性が生まれてくる。それを止めることはなかなか難しい……「及び」でつなぐという方法は，この場での議論を十分反映していないし，危険性もあるという点で問題である（第95回10頁）。

潮見幹事：ここの部会で形成されてきたものを表現するものとして「及び」という形でつなぐというものはやや行き過ぎではないのか。（第90回42頁）。

山野目幹事：「及び」という接続詞でつながれたような，運用の仕方によっては全社会的な価値の方が当事者の自治に優越するような運用もあるかもしれない社会であると見えたときに，そのことの影響というものは計り知れないのではないか……社会通念という言葉を用いること自体に大いな心配を抱きますし，「及び」という接続詞を用いることについてもやはり大いな心配を抱く（第90回42頁）。

② 取引上の社会通念という言葉を用いることに対してこれを支持する見解

佐成委員：内部で見た限りではよろしいのではないかというような意見は相当強かった（第90回43頁）。

筒井幹事：取引通念ないし社会通念という言葉を法文に書こうとすればこのような照らすべきものの一つとして書くという方法が，狭いながらも選択肢としてあり得るのではないか（第90回43頁）。

永野委員：この及びということでつないでいるということが一定の方向を示唆しているのではないかというような御懸念も表明されているのですけれども，そこは必ずしもそうと決め付けることもできないのではないか……現状のこの提案のままであっても，これはこれまでの議論の過程を踏まえたものを表現しているものとして受け入れ可能だ（第90回44頁）。

中井委員：現実に裁判例を見ましても，もちろん契約の内容，契約の目的，締結の過程等を十分審理した上で，そこへなお社会通念ないし取引通念等によってその内容を明らかにしていくという作業が行われてきた，それは判例上の言葉でも相当数が社会通念によって判断されている，こういう認識もあって，契約の内容若しくは合意に行き過ぎた過度な負担といいますか，依拠することなくそこに規範的な考え方として取引通念なり社会通念で枠をかぶせることにより，合理的な帰結を導くことができる，そういう考え方から社会通念を取り込むよう主張してまいりました。……その後この審議の経過の中で契約の趣旨と

いうある意味で一元的な考え方の中に取引通念ないし社会通念をむしろ盛り込むという理解をした……事務当局の方でその審議の経過を十分理解した上で、ここでの共通の理解がそうであることを前提に法文として取りまとめが今回の御提案になった……共通認識がこの言葉になっているのであれば弁護士会としては受け入れる予定です。(第90回41頁)。

金関係官:「及び」でつないでいるのは、契約その他の債権発生原因と、取引上の社会通念との双方を考慮して定まるという趣旨でありまして、……先に契約その他の債権の発生原因に照らして定まったものが、取引上の社会通念によってゆがめられるというイメージではなく、初めから双方を総合的に考慮して定まるというイメージをしております。(第95回11頁)。

2 債務の本旨に従った履行という表現について

① 債務不履行による損害賠償のところで、「債務の本旨に従った履行」という言葉が復活して用いられている理由についての説明

金関係官:債務の本旨に従った履行という表現については、従来、例えば瑕疵ある物を引き渡しても種類債権の特定は生じないといったことを説明する際の一つの根拠として、債務の履行は債務の本旨に従ったものでなければならないということが言われたりしてきた……そのようなことを踏まえながら、今回の案では現行法の文言を維持しております。(第90回45頁)。

② これに対する反対意見

道垣内幹事:「債務の本旨」というのも、ほかのところに合わせるのならば、「契約その他当該債権の発生原因及び取引上の社会通念に従って履行しないとき」となるのではないか(第90回46頁)。

3 債務の本旨に従った履行と履行不能の関係性について

① 債務の本旨に従った履行をしないときと債務の履行が不能であるときとを「又は」でつなぐことへの懸念を示す見解

沖野幹事:「又は」でつなぎますと、これは表現上、独立というだけではなくて、概念としても独立というように読まれかねず、……「その債務の不履行が」の中に「本旨に従った履行をしないとき」と不能の2類型があるというふうに読

むのがむしろ素直な解釈になってまいります（第96回13-14頁）。
山本（敬）幹事：「又は」でつなぐというのは，非常にまずい……概念の混乱を今以上にもたらす可能性がある……少なくとも元の案のような括弧書き程度にとどめなければならないのではないか（第96回14頁）。

二　考察（損害賠償とその免責）

　ここに新たに，「契約その他の当該債権（債務）の発生原因及び取引上の社会通念に照らして」という文言が，特定物の引渡しの場合の注意義務，履行の不能，債務不履行による損害賠償とその免責事由，催告解除の要件などにおいて採用された。

　そこで，ここではこの表現が最も先鋭的な意味を持つ「損害賠償とその免責」との関係において，検討することにする。これまでの審議会の議論では，「契約の趣旨に照らして」という方向へと集約されつつあった。そのような中でこの文言の提案が示されたことは，「ここの部会で形成されてきたものを表現するものとして『及び』という形でつなぐというものはやや行き過ぎではないのか[77]。」，「『及び』でつなぐことによって両者を同格のものとして位置付けますと，契約で明確に定めている場合でも，取引上の社会通念を重視して，それと実質的に異なる解決が導かれるおそれを払しょくすることができません[78]。」，「『及び』でつなぐことは，……前段の『契約その他の当該債権の発生原因』によって決まっている場合であっても，後段の『取引上の社会通念』に照らして，それが変更される可能性というのが出てくる。そのような意味合いでこの場での議論が進んでいたわけではないにもかかわらず，このような文言にすると，そのような文言解釈の可能性が生まれてくる。それを止めることはなかなか難しい……『及び』でつなぐという方法は，この場での議論を十分反映していないし，危険性もあるという点で問題である[79]」，さらには，「『及び』という接続詞でつながれたような，運用の仕方によっては全社会的な価値の方が当事者の自治に優越するような運用もあるかもしれない社会であると見

---

(77)　審議会「第90回　議事録」（平成26年6月10日）（潮見幹事）42頁。
(78)　審議会「第90回　議事録」（山本(敬)幹事）39頁。
(79)　審議会「第95回　議事録」（山本(敬)幹事）10頁。

えたときに，そのことの影響というものは計り知れないのではないか……社会通念という言葉を用いること自体に大いな心配を抱きますし，『及び』という接続詞を用いることについてもやはり大いな心配を抱く[80]」と懸念が示される。

これに対して，この文言を支持する意見[81]も多い。その中で，これまでの審議会での議論を整理しその経緯を踏まえた上で支持を表明する次の意見が注目される。すなわち，「現実に裁判例を見ましても，もちろん契約の内容，契約の目的，締結の過程等を十分審理した上で，そこへなお社会通念ないし取引通念等によってその内容を明らかにしていくという作業が行われてきた，それは判例上の言葉でも相当数が社会通念によって判断されている，こういう認識もあって，契約の内容若しくは合意に行き過ぎた過度な負担といいますか，依拠することなくそこに規範的な考え方として取引通念なり社会通念で枠をかぶせることにより，合理的な帰結を導くことができる，そういう考え方から社会通念を取り込むよう主張してまいりました。……その後この審議の経過の中で契約の趣旨というある意味で一元的な考え方の中に取引通念ないし社会通念をむしろ盛り込むという理解をした……事務当局の方でその審議の経過を十分理解した上で，ここでの共通の理解がそうであることを前提に法文として取りまとめが今回の御提案になった……共通認識がこの言葉になっているのであれば弁護士会としては受け入れる予定です[82]。」と。

また，この表現の趣旨説明として「『及び』でつないでいるのは，契約その他の債権発生原因と，取引上の社会通念の双方を考慮して定まるという趣旨でありまして，……先に契約その他の債権の発生原因に照らして定まったものが，取引上の社会通念によってゆがめられるというイメージではなく，初めから双方を総合的に考慮して定まるというイメージをしております[83]。」と全体の要素を総合的に考慮するものであるとされる。

比較法的に興味深いものとして，共通参照枠草案（DCFR）に債務の内容を明らかにするための規定として，「契約その他の法律行為，法令若しくは法的

---

(80) 審議会「第90回　議事録」(山野目幹事) 42頁。
(81) 審議会「第90回　議事録」(佐成委員) 43頁，(筒井幹事) 43頁，(永野委員) 44頁。
(82) 審議会「第90回　議事録」(中井委員) 41頁。
(83) 審議会「第95回　議事録」(平成26年8月5日) (金洪周関係官) 11頁。

拘束力を有する慣習若しくは慣行又は裁判所の命令」[84]があげられている。さらに債務の履行等に際し、「信義誠実及び取引の公正に従う義務を負う」[85]ことが規定される。また、契約を解釈するにあたって、考慮するべき事情として、「契約が締結されたときの事情、当事者の行為、当事者双方がその契約で用いたものと同一又は類似の条項又は表現に対して既に与えていた解釈及び当事者間で確立した慣行、当該活動分野においてそのような条項又は表現に対して一般に与えられている意味およびそのような条項又は表現に対して一般に与えられている意味及びそのような条項又は表現について既に行われていた解釈、契約の性質及び目的、慣習、信義誠実及び取引の公正」が挙げられている。これは改正提案の「契約その他の当該債務の発生原因及び取引上の社会通念」にほぼ対応するものである。そしてこれらが総合的に考慮されて、債務の内容が明らかにされ、債権者の行為が判断・評価されるのである。

中間試案で「当該契約の趣旨に照らして債務者の責めに帰することのできない事由によるものであるときは」債務者が免責される旨の規律だったものが、「契約その他の当該債務の発生原因及び取引上の社会通念に照らして債務者の責めに帰することができない事由によるものであるとき」に免責されるものへと変更されているが、事務当局の説明では、内容の変更を意図したものではないといわれる。

しかし、「契約の趣旨」では、もちろん規範的評価も入ってはくるが、どちらかというと両当事者の主観的意思がその根本に存すると思われるのに対し、「取引上の社会通念」の方は、この部分においてはより客観的規範的評価の介入の意味合いが強まるものといえよう。さらに、「債務の本旨に従った履行」という客観的規範的要素が導入されていることと相まって、その方向はより強まるものと思われる。

かつて示した[86]ように統一法秩序における損害賠償責任の免責の構造は、基本的には(1)債務者の支配を越えた障害(2)損害発生に関する債務者の①予見の合理的期待不可能性②結果回避の合理的期待不可能性という客観的要件と主観

---

(84) DCFR：Ⅲ.-1：102(5)
(85) DCFR：Ⅲ.-1：103.
(86) 石崎泰雄『契約不履行の基本構造——民法典の制定とその改正への道——』(成文堂, 2009年) 8頁以下。

第4章　債務不履行

的要件の二重構造となっている。「契約その他の債務の発生原因及び取引上の社会通念に照らして」帰責事由が判断されるということは，主観的・客観的要素を総合考慮した規範的評価を可能とするものであり，世界基準にも合致するのと同時に，結果としてこれまでの判例の蓄積とも連続性あるものとして，その成果を今後とも引き継いでいけるものとなるのではないかと考える。

第3節　損害賠償の範囲

一　審議会の議論(1)

> 6　損害賠償の範囲（民法第416条関係）
> 民法第416条の規律を次のように改めるものとする。
> 　債務の不履行に対する損害賠償の請求は，その不履行によって生じた損害のうち次に掲げるものの賠償をさせることをその目的とするものとする。
> (1)　その不履行によって通常生ずべき損害
> (2)　上記(1)に該当しない損害であって，その不履行の時点において債務者が予見すべきであった損害（その債務が契約によって生じたものである場合にあっては，当該契約の趣旨に照らして債務者が予見すべきであった損害）

○中間試案第10，6「契約による債務の不履行における損害賠償の範囲（民法第416条関係）」
> 民法第416条の規律を次のように改めるものとする。
> (1)　契約による債務の不履行に対する損害賠償の請求は，当該不履行によって生じた損害のうち，次に掲げるものの賠償をさせることをその目的とするものとする。
> 　ア　通常生ずべき損害
> 　イ　その他，当該不履行の時に，当該不履行から生ずべき結果として債務者が予見し，又は契約の趣旨に照らして予見すべきであった損害
> (2)　上記(1)に掲げる損害が，債務者が契約を締結した後に初めて当該不履行から生ずべき結果として予見し，又は予見すべきものとなったものである場合において，債務者がその損害を回避するために当該契約の趣旨に照らして相当と認められる措置を講じたときは，債務者は，その損害を賠償する責任を負わないものとする。
> 　（注1）　上記(1)アの通常生ずべき損害という要件を削除するという考え方がある。

> （注2）　上記(1)イについては、民法第416条第2項を基本的に維持した上で、同項の「予見」の主体が債務者であり、「予見」の基準時が不履行の時であることのみを明記するという考え方がある。
>
> 部会資料68A（13-14頁）

○損害賠償の範囲の規定について

① 「素案」に疑問を呈する見解

潮見幹事：素案の(2)のようなものを置いたことによって、一体どういう事態が生じるのかということを考えたときに、これは解釈上、相当の混乱をもたらすのではないか……むしろ現行の規定というものを、そのまま維持した上で、しかし、今回のこの3年間の議論の成果というものを、さらに将来にいかしていくという方向で今後につなげていったほうがよいのではないか（第78回16-17頁）。

中田委員：「予見すべき」というのは、……ここでは現に予見していたとしても、予見する必要がなかったと、制限する方向で用いているのではないか……全てを「予見すべき」に盛り込もうとした結果、かえって不明確になったのではないか（第78回17頁）。

山本（敬）幹事：予見可能性の基準時を(2)では「不履行の時点」と書いているわけですけれども、この「不履行の時点」の意味は、……履行期における不履行の時点ではないか（第78回18頁）。債務者のほうが損害を軽減する措置をとることができたのにとらなかったとか、といったような事情は、……履行期における不履行の時点ではなく、その後の時点での債務者の行動を評価している。(78回19頁)(2)の冒頭にわざわざ「上記(1)に該当しない損害であって」と書くのが後ろの説明と整合的かというと、どうだろうか……「その不履行によって通常生ずべき損害その他その不履行の時点において債務者が予見すべきであった損害」というように続けるのが趣旨に即した書き方かと思います(78回23頁)。

中井委員：「契約の趣旨に照らして当該不履行から生ずべき結果として債務者が予見し、又は予見すべきであった損害」とするのが素直ではないか（78回21頁）。「生ずべき結果」と「予見すべき」というのは二重にあっていい。（78回26頁）。

山野目幹事：(1)に該当しない損害であって，という文言は，恐らく有害無益で……何も入れないという解釈もある……(2)の括弧の中は，……中間試案の(1)のイの文言を基本にした，もう少し書き込んだ形のものを御工夫いただく必要がある……中間試案の(2)のこの相当な措置を講じてうんぬんという規律に相当するものは，復活を御検討いただけないものか（第78回24頁）。

鹿野幹事：中間試案の(2)を削除することには，問題がある……基本的には，契約の時点において予見しまたは予見すべきであった損害がまず賠償の範囲に含まれること，ただ，契約締結時には予見せずかつ予見可能性もなかったものでも，契約締結後，履行期までの間に予見し得るものとなった損害があれば，債務者は契約の趣旨に従って何らかの回避措置をとることが求められ得るのであり，その回避措置をとれば回避できたのに債務者がそれをせず損害が生じたのであれば，その損害も賠償の範囲に含まれるべきであること，そういう考え方が中間試案ではとられていたのではないか……現在の素案のような形にしてしまうと，……外見上は中間試案までの議論とは随分異なる理解を導きそうであり，問題だ（第78回25-26頁）。

② 素案に対して比較的好意的な見解

佐成委員：賠償の範囲の部分について，現状の実務と変わりないということであれば，受け入れられるのではないかというのが経済界の基本的な考え方であります。（第78回20頁）。

道垣内幹事：「予見し」という，あたかも現実的な予見というものがあれば賠償の範囲に入ると読める現行法よりも，素案のほうが優れている（第78回26頁）。

松本委員：契約の趣旨を強調するのであれば，契約締結時点における両当事者の予見可能性を基準にすべきだ（第78回20頁）。素案の(2)の契約上の債務の場合，括弧内の当該契約の趣旨に照らして債務者が予見すべきであった損害，これも契約締結時点における契約の趣旨に照らしてどうだという読み方をすれば，契約締結時基準説にかなり近くなるのではないか（第78回22頁）。

二　考察(1)（損害賠償の範囲）

素案では，「(1)不履行によって通常生ずべき損害　(2)不履行時における債務

者が予見すべきであった損害」[87]を損害賠償の範囲として規律しており，基本的には，通常損害と特別損害の構造を維持し，予見の主体および時期として，不履行時における債務者による予見可能性を採用している。

　中間試案からの重要な変更点として，(2)の部分で「債務者が予見し」というところを落としたところと，結果回避のための相当な措置により損害賠償の範囲を制限する規律を削除した点である。

　審議会では，素案に賛成する意見はきわめて少なく，「『予見し』という，あたかも現実的な予見というものがあれば賠償の範囲に入ると読める現行法よりも，素案のほうが優れている[88]」と部分的な支持をするものや「現状の実務と変わらないということであれば，受け入れられる[89]」とするものがあるが，ほとんどが素案に反対する。この「予見可能性」に関しては次のような見解が示される。「『予見すべき』というのは，……ここでは現に予見していたとしても，予見する必要がなかったと，制限する方向で用いているのではないか……全てを『予見すべき』に盛り込もうとした結果，かえって不明確になったのではないか[90]」，とか「(2)の冒頭にわざわざ『上記(1)に該当しない損害であって』と書くのが後ろの説明と整合的かというと，どうだろうか……『その不履行によって通常生ずべき損害その他その不履行の時点において債務者が予見すべきであった損害』というように続けるのが趣旨に即した書き方かと思います[91]」，あるいは「『契約の趣旨に照らして当該不履行から生ずべき結果として債務者が予見し，又は予見すべきであった損害』とするのが素直ではないか[92]」，「『生ずべき結果』と『予見すべき』というのは二重にあっていい[93]」といった見解である。

　また，素案に対する絶望的な評価からか，「素案の(2)のようなものを置いたことによって，一体どういう事態が生じるのかということを考えたときに，これは解釈上，相当の混乱をもたらすのではないか……むしろ現行の規定という

---

[87]　部会資料68A・前掲注(59)13頁。
[88]　審議会「第78回　議事録」（道垣内幹事）26頁。
[89]　審議会「第78回　議事録」（佐成委員）20頁。
[90]　審議会「第78回　議事録」（中田委員）17頁。
[91]　審議会「第78回　議事録」（山本(敬)幹事）23頁。
[92]　審議会「第78回　議事録」（中井委員）21頁。
[93]　審議会「第78回　議事録」（中井委員）26頁。

ものを，そのまま維持した上で，しかし，今回のこの3年間の議論の成果というものを，更に将来にいかしていくという方向で今後につなげていったほうがよいのではないか[94]」と，現行法のほうがまだましだとするものもある。

逆に，これまでの審議会の議論の過程で葬り去られた「契約締結時における予見可能性の基準」を採用すべきだ[95]とする異論もあるが，基本的には，判例・実務の現状を尊重し，現行民法416条の規定の充実を図る方向が求められている。そこで，「(1)に該当しない損害であって，という文言は，恐らく有害無益で……何も入れないという解釈もある……(2)の括弧の中は，……中間試案の(1)イの文言を基本にした，もう少し書き込んだ形のものを御工夫いただく必要がある……中間試案の(2)のこの相当な措置を講じてうんぬんという規律に相当するものは，復活を御検討いただけないものか[96]」とか，「中間試案の(2)を削除することには，問題がある……基本的には，契約の時点において予見しまたは予見すべきであった損害がまず賠償の範囲に含まれること，ただ，契約締結時には予見せずかつ予見可能性もなかったものでも，契約締結後，履行期までの間に予見し得るものとなった損害があれば，債務者は契約の趣旨に従って何らかの回避措置をとることが求められ得るのであり，その回避措置をとれば回避できたのに債務者がそれをせず損害が生じたのであれば，その損害も賠償の範囲に含まれるべきであること，そういう考え方が中間試案ではとられていたのではないか……現在の素案のような形にしてしまうと，……外見上は中間試案までの議論とは随分異なる理解を導きそうであり，問題だ[97]」と批判される。

債務者は，債権者と契約関係に入ることにより，債権者の契約利益を実現すべく少なくともその債務を完了するまでは，信頼関係の渦中に身をおいているわけであるから，契約締結時における予見可能性に限定するのではなく，もし，契約締結時から債務不履行時までの間に，債務者に損害発生・拡大の予見可能性があれば，それも債務者の損害賠償の範囲に含まれるとすべきである。ただそうすると損害賠償の範囲が広がりすぎるので，債務者の損害回避義務の範囲

---

(94) 審議会「第78回 議事録」(潮見幹事) 16-17頁。
(95) 審議会「第78回 議事録」(松本委員) 22頁。
(96) 審議会「第78回 議事録」(山野目幹事) 24頁。
(97) 審議会「第78回 議事録」(鹿野幹事) 25-26頁。

を相当な範囲に限定するのが適当である[98]。したがって，審議会の議論を尊重し，中間試案の構成を基本に据えた規定の整備が望ましいと考える。

三　審議会の議論(2)

> 6　損害賠償の範囲（民法第416条関係）
> 民法第416条の規律を次のように改めるものとする。
> (1) 債務の不履行に対する損害賠償の請求は，これによって通常生ずべき損害の賠償をさせることをその目的とする。（民法第416条第1項と同文）。
> (2) 特別の事情によって生じた損害であっても，債務者がその事情を予見すべきであったときは，債権者は，その賠償を請求することができる。
> 部会資料79-1（8-9頁）

〇損害賠償の範囲の規定について

① 契約に基づく損害リスクの分配という観点から提案を修正すべきだとする見解

潮見幹事：(2)の債務者がその事情を予見すべきであったときはというこの前に，契約その他の当該債権の発生原因及び取引上の社会通念に照らして又は，……取引上の社会通念を考慮し契約その他の債務の発生原因の趣旨に照らしてという文言を追加することを検討していただきたい。この文言の追加がないのであれば，むしろ現在の民法416条は現状維持とした方がよいのではないか……単に当事者を債務者に，予見し，又は予見すべきであったというところを予見すべきであったに改めるという改正を提案しています。……これでは，この規定が契約に基づく損害リスクの分配の考え方に裏付けられたものであるということが不透明になる……当事者が債務者へと改められる結果，契約上の債務の不履行を理由とする損害賠償の範囲が当該契約の下での評価から切り離されて，事情に関する債務者の予見義務によって律せられるという解釈を生むおそれがある（第90回54-55頁）。

山本（敬）幹事：「当事者」を「債務者」に変えて，その上に債務不履行時を入れるのは，この意見書の趣旨からみますと，現在の原案よりも一層隔たる可

---

[98] 石崎・前掲注(24)131-132頁。

第 4 章　債務不履行

能性があります……「契約その他の債務発生原因の趣旨」に照らして賠償範囲が決まる可能性があるということは一致をみている（第 90 回 58 頁）。契約時に予見可能性を，あるいは予見すべきであるという判断を固定するという意味合いを持っていません。また，債務不履行時にでは契約の趣旨に当たるものが意味をなさないかというと，私は当然意味を持つのだろうと思います。……契約の趣旨というのは……契約時以降についての判断基準としても利用可能なものとして規定されている。（第 90 回 64 頁）。

②　契約締結時のリスク分配を基本としながらも，契約締結後の認識についての規範的な評価を加えたものを不履行時に判断するという方向を支持する見解

中田委員：時期が明示されなくなったために，それが契約締結時なのか不履行時なのかという議論が再燃することになるのではないか……「債務者が不履行の時において予見すべき」とすることは考えられます。つまり，契約締結時のリスク分配を基本としながら，契約締結後の認識についての規範的評価を加えたものを不履行時に判断すると，こういう方法もある（第 90 回 56 頁）。

中井委員：締結時だけではなくて，締結後知り得た事情も含めて契約の趣旨としてその範囲を画することは何ら妨げられない（第 90 回 63 頁）。

③　提案の規律を支持する見解

内田委員：予見時期について不履行時という判例があるのですけれども，これはある事件を解決するために出た一つの判決で，これを一般化して不履行時のみを予見の時期として書きますと，仮に予見すべきという規範的表現を使うにしても，国際的にみるとかなり異例で，非常に損害賠償の範囲が広くなる印象を与える規律になります。……予見の時期について不履行時という言葉だけが入ること……これに対しては，契約締結時のリスク分配が反映されないのではないかという意見が，確か経済界の方から出ていたと思いますし，国際的にも非常に異例です……他方で，契約締結時と書くのもコンセンサスの形成が難しいですので，時期については解釈に委ねるというのが現在の案なのだと思います。……予見すべきかどうかの判断に際しては，契約上の債務不履行であれば当然契約の趣旨は考慮されるのだろう……現在の案は入れなくても当然それは考慮されるであろうという趣旨だ（第 90 回 61-62 頁）。

四　考察(2)（損害賠償の範囲）

今回の提案は，(1)は現行法の民法416条1項と全く同様の文言であり，(2)においては，「特別の事情によって生じた損害であっても，債務者がその事情を予見すべきであったときは，債権者は，その賠償を請求することができる。」と現行法の字句の一部修正をしたものとなっている。

これに対する批判的意見としては，「この規定が契約に基づく損害リスクの分配の考え方に裏付けられたものであるということが不透明になる……当事者が債務者へと改められる結果，契約上の債務の不履行を理由とする損害賠償の範囲が当該契約の下での評価から切り離されて，事情に関する債務者の予見義務によって律せられるという解釈を生むおそれがある[99]」，あるいは，「『当事者』を『債務者』に変えて，その上に債務不履行時を入れるのは，この意見書の趣旨からみますと，現在の原案よりも一層隔たる可能性があります……『契約その他の債務発生原因の趣旨』に照らして賠償範囲が決まる可能性があるということは一致を見ている[100]」。さらに「契約時に予見可能性を，あるいは予見すべきであるという判断を固定するという意味合いを持っていません。また債務不履行時にでは契約の趣旨に当たるものが意味をなさないかというと，私は当然意味を持つのだろうと思います。……契約の趣旨というのは……契約時以降についての判断基準としても利用可能なもの[101]」であると，契約の趣旨を前面に出した損害リスクの分担という観点から提案への批判が加えられる。

一方，契約締結時のリスク分配を基本としながらも，契約締結後の認識についての規範的な評価を加えたものを不履行時に判断するという方向からの意見が出される。すなわち，「時期が明示されなくなったために，それが契約締結時なのか不履行時なのかという議論が再燃することになるのではないか……『債務者が不履行の時において予見すべき』とすることは考えられます。つまり，契約締結時のリスク分配を基本としながら，契約締結後の認識についての規範的評価を加えたものを不履行時に判断する[102]」という方向の主張であったり，

---

(99)　審議会「第90回　議事録」（潮見幹事）54-55頁。
(100)　審議会「第90回　議事録」（山本(敬)幹事）58頁。
(101)　審議会「第90回　議事録」（山本(敬)幹事）64頁。
(102)　審議会「第90回　議事録」（中田委員）56頁。

第 4 章　債務不履行

「締結時だけではなくて，締結後知り得た事情も含めて契約の趣旨としてその範囲を画することは何ら妨げられない(103)」とするものであり，判例に則した見解である。

　また，判例の立場を尊重しつつ，国際的基準をも考慮した観点から本提案を支持する見解が示される。すなわち，「予見時期について不履行時という判例があるのですけれども，これはある事件を解決するために出た一つの判決で，これを一般化して不履行時のみを予見の時期として書きますと，仮に予見すべきという規範的表現を使うにしても，国際的にみるとかなり異例で，非常に損害賠償の範囲が広くなる印象を与える規律になります。……予見時期について不履行時という言葉が入ること……これに対しては，契約締結時のリスク分配が反映されないのではないかという意見が，確か経済界の方から出ていたと思いますし，国際的にも非常に異例です……他方で，契約締結時と書くのもコンセンサスの形成が難しいですので，時期については解釈に委ねるというのが現在の案なのだと思います。……予見すべきかどうかの判断に際しては，契約上の債務不履行であれば当然契約の趣旨は考慮される(104)」と，部会での諸見解を踏まえた上での提案であることの説明がなされる。

　指摘のように，あらゆる統一法秩序では，「債務者の契約締結時における予見可能性」が採用されているのに対して日本判例法では，不履行時における債務者の予見可能性が問題とされている。審議会では，かなり充実した議論が闘わされ，それはきわめて高いレベルの到達点に至っていた(105)。それが結局は，現行法の字句をわずかに修正した提案となったが，議論では依然として多様な異論が提起されていること，また，国際的基準とあまりに隔たった規律となることは避けたいとの配慮，そして，現行法の改正という枠に沿ったものとすべきだといった諸見解を総合的に考慮して，予見の時期を契約締結時か不履行時かと決めずにおいて解釈に委ね，かつ国際的動向にも対応可能なものとしておき，さらに「債務者」を「当事者」とすることにより，両当事者の規範的評価をも可能とする規律とすることで，このような規律となったことも致し方ない

---

(103)　審議会「第 90 回　議事録」（中井委員）63 頁。
(104)　審議会「第 90 回　議事録」（内田委員）61-62 頁。
(105)　石崎・前掲注(24)122 頁以下。

のではないかと思われる。

第4節　代償請求権

一　審議会の議論

> **5　代償請求権**
> 代償請求権について，次のような規律を設けるものとする。
> 　債務の履行が不能となったのと同一の原因により債務者がその債務の目的物の代償である権利又は利益を取得したときは，債権者は，その受けた損害の額の限度で，債務者に対し，当該権利の移転又は当該利益の償還を請求することができる。
> 　　　　　　　　　　　　　　　　　　　　　　部会資料79-1（8頁）

〇代償請求権の規定について

① 代償請求権を提案のように規定することに異論を呈する見解

中田委員：元々代償請求権が大きな意味を持つのは危険負担において債権者主義が採られる場面であった……買主には履行拒絶権がありますので代償請求権を行使する必要はないのではないか……他方で，債務者に帰責事由がある場合には買主は損害賠償請求権がありますので代償請求権を行使する必要はない。つまり今回の改正は全体としては代償請求権の必要な場面を小さくするというかなくす方向のものなのに，あえて新設するという意味はよく分からない……填補賠償請求権と代償請求権を併存させて，債権者に選択を認めるという場合の問題点はやはり随分あるのではないか……その併存させることの根拠が明確ではない……特に，債権者が損害賠償請求権に加えて債務者の持っている権利をよこせということを認めるためには，債務者の財産や営業に介入するための積極的な根拠が必要だ……昭和41年の最高裁判決……原審が債務者に帰責事由のない不能の場合について代償請求権を認めるとしたのに対し，最高裁ではそのような限定を付さなかったということを重視しておられる……事案としては債務者に帰責事由のない事案でしたので，最高裁の判示のうち帰責事由がある場合についてはいわば傍論であるのではないか……また，このケースは損害賠償請求権と代償請求権の並立を認めた事案でもありません。（第90回 58-59

第4章 債務不履行

② 代償請求権のこのような規律を正当だとする見解

金関係官：債務者に帰責事由がない場合に限って代償請求権を認めるという解釈を否定したものではなくて，そこは引き続き解釈が可能である（第90回59頁）。

二 考察（代償請求権）

現行法においては代償請求権の規定はないが，民法422条及び536条2項後段の法意から，判例において認められているとみることができる。提案では，「債務の履行が不能となったのと同一の原因により債務者がその債務の目的物の代償である権利又は利益を取得したときは，債権者は，その受けた損害の額の限度で，債務者に対し，当該権利の移転又は当該利益の償還を請求することができる。」とされ，債務者の帰責事由のない不能に限定する文言は入っていない。

代償請求権は，現行法では特定物の設定・移転に関し危険負担債権者主義が採用されている（民法534条1項）ことから大きな意味を持ったが，今回の改正では危険負担債権者主義の規定は削除される予定であるため，「全体としては代償請求権の必要な場面を小さくするというかなくす方向のものなのに，あえて新設するという意味はよくわからない[106]」とされ，さらに「填補賠償請求権と代償請求権を併存させて，債権者に選択を認めるという場合の問題点はやはり随分あるのではないか……その併存させることの根拠が明確ではない……特に，債権者が損害賠償請求権に加えて債務者の持っている権利をよこせということを認めるためには，債務者の財産や営業に介入するための積極的根拠が必要だ……昭和41年の最高裁判決……原審が債務者に帰責事由のない不能の場合について代償請求権を認めるとしたのに対し，最高裁ではそのような限定を付さなかったということを重視しておられる……事案としては債務者に帰責事由のない事案でしたので，最高裁の判示のうち帰責事由がある場合についてはいわば傍論であるのではないか……また，このケースは損害賠償請求権と代償請求権の並立を認めた事案でもありません[107]。」と疑問が示される。

---

(106) 審議会「第90回 審議録」（中田委員）38頁。
(107) 審議会「第90回 審議録」（中田委員）38-39頁。

これに対しては,「債務者に帰責事由がない場合に限って代償請求権を認めるという解釈を否定したものではなくて,そこは引き続き解釈が可能である(108)」と提案の趣旨が説明される。

代償請求権が認められた最判(109)の原審(110)では,次のように述べられていた。すなわち,「一般に履行請求権を生ぜしめたと同一の原因によって債務者が履行の目的物の代償となるべき利益(例えば賠償又は賠償請求権或は保険金又は保険金請求権等)を取得した場合には,右履行請求権につき債務者の責に帰すべき事由の存しない限り,公平の観念に基づき,債権者において債務者に対し右履行不能により蒙りたる損害の限度において,代償請求をなすべき権利を認めるのが相当である。」と。

つまり,債務者に帰責事由のない場合には,債権者には債務者に対する損害賠償請求権がない。そこで,条文上明示された根拠規定がないが,債権者・債務者間の公平の観念に基づき,このような代償請求権が認められるとの趣旨である。これを最判は,「一般に履行不能を生ぜしめたと同一の原因によって,債務者が履行の目的物の代償と考えられる利益を取得した場合には,公平の観念にもとづき,債権者において債務者に対し,右履行不能により債権者が蒙りたる損害の限度において,その利益の償還を請求する権利を認めるのが相当であり」として,「履行不能につき債務者の責に帰すべき事由の存しない限り」を落としてしまっている。これにより,債権者に損害賠償請求権が存しないから,公平の観念から代償請求権を認めるという論理が成り立たず,その意味で最判の判旨は説得力を欠くものとなっていると評価せざるを得ない。

そこで,債務者に帰責事由がない場合(債権者に損害賠償請求権が認められない場合)に限って代償請求権を認めるべきだとする有力説(111)と帰責事由のある場合にも認める旧通説(112)とがあるため,このように解釈に任せるような規律となってしまったものである。

---

(108) 審議会「第90回 審議録」(金関係官)59頁。
(109) 最判昭和41年12月23日民集20巻10号2211頁。
(110) 福岡高判昭和38年5月30日下民集14巻5号106頁。
(111) 前田達明『口述債権総論(第3版)』(成文堂1993年)221頁,奥田昌道編『新版注釈民法(10)Ⅱ』(有斐閣,2011年)96頁(潮見佳男),中田裕康『債権総論(第3版)』(岩波書店,2013年)191頁。
(112) 奥田昌道『債権総論(増補版)』(悠々社,1992年)151頁。

第5節 過失相殺

一 審議会の議論

> 7 過失相殺（民法第418条関係）
> 民法第418条の規律を次のように改めるものとする。
> 債務の不履行又はこれによる損害の発生若しくは拡大に関して債権者に過失があったときは，裁判所は，これを考慮して，損害賠償の責任及びその額を定めるものとする。
> ○中間試案第10，7「過失相殺の要件・効果（民法第418条関係）」
> 民法第418条の規律を次のように改めるものとする。
> 債務の不履行に関して，又はこれによる損害の発生若しくは拡大に関して，それらを防止するために状況に応じて債権者に求めるのが相当と認められる措置を債権者が講じなかったときは，裁判所は，これを考慮して，損害賠償の額を定めることができるものとする。　部会資料68A（17頁）

○過失相殺の規定について

① 中間試案のように，「損害賠償の額を定めることができるものとする」という文言を支持する見解

深山幹事：前段の要件を拡大しているところは，これは中間試案と変わらないところですし，それについてはこのような形でよろしい……後段の効果について，中間試案では損害賠償の額を定めることができるものとするとされていたところが，……今回「定めるものとする」と必要的に相殺すると変更した点については，……妥当でもないのではないか……ここは「損害賠償の責任及びその額を定めることができるものとする」という規律にすべきではないか（第78回7-28頁）。

加納関係官：債務者の落ち度と，債権者の落ち度と比較考慮するといいますか，そういった観点を書き込むと，なお，よいのではないか……中間試案の括弧書きであったように，そういうのを書いていくのがよいのではないか……それを前提として，そういった契約の趣旨，あるいは信義則に照らすというような形

で書き込むと。(第78回28頁)。
岡委員：パブコメの結果の速報版を見ても，その「できるものとする」ということについて，ほとんど賛成の意見が多いようで，元に戻せ，現行法に戻せという意見は見当たらない（第78回29頁）。

二　考察（過失相殺）

　いわゆる「過失相殺」の規定といえる現行民法418条の規律に関して，中間試案では「債務の不履行に関して，又はこれによる損害の発生若しくは拡大に関して，それらを防止するために状況に応じて債権者に求めるのが相当と認められる措置を債権者が講じなかったときは，裁判所は，これを考慮して，損害賠償の額を定めることができるものとする。」（中間試案　第10.7）との規律が示されていた。これに対し，素案では，「債務の不履行又はこれによる損害の発生若しくは拡大に関して債権者に過失があったときは，裁判所は，これを考慮して，損害賠償の責任及びその額を定めるものとする。」[113]と変更された。

　審議会の議論では，残念ながら本質的な議論はほとんどなされず，「定めるものとする」より「定めることができるものとする」としたほうがよい[114]との意見が出されたにすぎず，一関係官が，「債務者の落ち度と比較考慮するといいますか，そういった観点を書き込むと，なお，よいのではないか……中間試案の括弧書きであったように，契約の目的でありますとか，契約の締結に足る事情とか，そういうのを書いていくのがよいのではないか[115]」との提言をするにとどまる。

　「過失相殺」と類似する統一法秩序の規定においては，ユニドロワ国際商事契約原則では，「損害が，債権者の作為もしくは不作為，または債権者がそのリスクを負担する他の出来事に部分的に起因するときには，損害賠償の額は，各当事者の行為を考慮し，それらの要素が当該損害に寄与した限りで減額される。」（第7.4.7条）とされ，ヨーロッパ契約法原則では，「不履行当事者は，被害当事者が被った損害につき，被害当事者が不履行またはその結果に寄与し

---

(113)　部会資料68A・前掲注(59)17頁。
(114)　審議会「第78回　議事録」（深山幹事）27-28頁，同（岡委員）29頁。
(115)　審議会「第78回　議事録」（加納克利関係官）28頁。

た限度において，責任を負わない。」（第 9 : 504 条）とされている。これらの規定からうかがえるように，統一法秩序では，債権者の「過失」を考慮するのではなく，債権者の「行為」や損害への「寄与度」といったものに焦点を当てている。つまり，債権者が生じさせた損害という「原因主義」を採用している。

現行民法の本規定の解釈では，債権者の「過失」に限定されず，実際には「債権者側の事情」といったものにまで拡大して適用されている。この意味で，素案が依然として「過失」という文言に限定するのはいかにも狭い。また，中間試案でも，「債権者に求めるのが相当と認められる措置を債権者が講じなかったとき」とされているが，それでは，損害の発生・拡大に債権者の寄与度が認められるもののうちのごく一部しか捕捉できない。ここでは，債権者側に起因する損害の範囲をより拡大して規律すべきである。

第 6 節　損害賠償額の予定

一　審議会の議論(1)

> 8　賠償額の予定（民法第 420 条第 1 項関係）
> 　民法第 420 条第 1 項の規律を次のように改めるものとする。
> 　当事者は，債務の不履行について損害賠償の額を予定することができるものとする。この場合において，その予定した賠償額が，現に生じた損害の額及び当事者が賠償額の予定をした目的に照らして著しく過大であると認められるときは，その賠償額の予定のうち著しく過大であると認められる部分は，その効力を有しないものとする。
>
> ○中間試案第 10，10「賠償額の予定（民法第 420 条関係）」
> 　(1)　民法第 420 条第 1 項後段を削除するものとする。
> 　(2)　賠償額の予定をした場合において，予定した賠償額が，債権者に現に生じた損害の額，当事者が賠償額の予定をした目的その他の事情に照らして著しく過大であるときは，債権者は，相当な部分を超える部分につき，債務者にその履行を請求することができないものとする。
> 　（注 1）　上記(1)については，民法第 420 条第 1 項後段を維持するという考え方がある。
> 　（注 2）　上記(2)については，規定を設けないという考え方がある。
> 　　　　　　　　　　　　　　　　　　　　　　部会資料 68 A（19 頁）

○損害賠償額の予定の規定について

① 素案に対して疑問を呈する見解

野村委員：中間試案で，注の1に「1項後段を維持する」という考え方が書かれておりまして，パブコメでも支持する意見がかなり多い……今回の案では後段を削除するということになっています。……後段を残した上で，裁判所が変更できるというほうがいいのではないか（第78回29頁）。

佐成委員：「著しく過大であると認められるとき」という文言……この文言を入れることによって，現状よりも当事者が合意した賠償額の予定の範囲が否定される方向がかなり広くなってしまうのではないか……当事者間のいろいろな要素や事情を裁判所が後から本当に適切に判断できるのか（第78回29頁）。

岡委員：その他の事情というのも考慮して，総合考慮する場合が多いですので，これは残すのが相当ではないか……著しく過大な場合に，一部無効しかないと読まれかねない表現で……全部無効もあり得ると……それを否定するものではないということを明記していただきたい（第78回30頁）。

岡崎幹事：賠償額の予定が過大でないというために，現に生じた損害額を主張・立証しなければならないとすると，賠償額の予定をした趣旨が損なわれる……賠償額の予定をした目的が賠償額の予定を制約する要素になるのかというと，なかなかなりにくいのではないか……それを制約しようと思うのであれば，……当事者の合意に内在する要素ではない，外的な基準が入ってくるのではないか……その他の事情という文言，または，これに類するような，考慮要素が合意の目的だけに制約されないような，もう少し広い概念が要るのではないか（第78回30頁）。

村上委員：考慮要素として，ここに書いてあるものだけで本当にいいのでしょうか。恐らく裁判官は，これ以上のことも考えて判断するのが普通だと思いますので，考慮要素がこれだけに絞られるというのはいかがなものか（第78回31頁）。

② 素案に比較的好意的な見解

大村幹事：90条との関係をどう位置付けるのか……ここに挙げられているような要素を考慮に入れただけで著しく過大であると認められる。……依然とし

て90条から派生するという形で置かれることになる暴利行為の規律で対応するということになるものが残る（第78回31頁）。

岡田委員：裁判所でも増減できないというのがすごくプレッシャーというか一方的としか思えません。だから，今回こういう案が出てきた。しかも，効力を有しないという形に対しては大変前進だと思います。（第78回31頁）。

二　考察（損害賠償額の予定）

現行民法では，損害賠償の額を予定することができるとしながらも，裁判所は，その額を増減することができないとされる（民420条1項）。素案では，これを「当事者は，債務の不履行について損害賠償の額を予定することができるものとする。この場合において，その予定した賠償額が，現に生じた損害の額及び当事者が賠償額の予定をした目的に照らして著しく過大であると認められるときは，その賠償額の予定のうち著しく過大であると認められる部分は，その効力を有しないものとする。」[116]として，減額の可能性を明記しており，この部分については，「裁判所でも増減できないというのがすごくプレッシャーというか一方的としか思えません。だから，今回こういう案が出てきた。しかも，効力を有しないという形に対しては大変前進だと思います[117]。」と評価される。また，民法90条との関係で，「ここに挙げられているような要素を考慮に入れただけで著しく過大であると認められる。……依然として90条から派生するという形で置かれることになる暴利行為の規律で対応するということになるものが残る[118]」と指摘されるが，これらの意見は，比較的素案に好意的なものである。

しかし，他の意見は，素案に対して疑問を呈するものである。たとえば，民法420条1項後段を維持する形をとって，「後段を残した上で，裁判所が変更できるというほうがいいのではないか[119]」とするものと，それとは逆に，「当事者間のいろいろな要素や事情を裁判所が後から本当に適切に判断できるの

---

(116)　部会資料68A・前掲注(59)19頁。
(117)　審議会「第78回　議事録」（岡田委員）31頁。
(118)　審議会「第78回　議事録」（大村幹事）31頁。
(119)　審議会「第78回　議事録」（野村委員）29頁。

か$^{(120)}$」と，裁判所による額の減額に疑念を示すものがある。

　より重要なのは，中間試案で「当事者が賠償額の予定をした目的その他の事情に照らして著しく過大であるときは」(第10．10) としていた部分を「予定した賠償額が，現に生じた損害の額及び当事者が賠償額の予定をした目的に照らして著しく過大であると認められるときは」$^{(121)}$と変更された点をめぐる議論である。「その他の事情というのも考慮して，総合考慮する場合が多いですので，これは残すのが相当ではないか$^{(122)}$」とか，「考慮要素として，ここに書いてあるものだけで本当にいいのでしょうか。恐らく裁判官は，これ以上のことも考えて判断するのが普通だと思いますので，考慮要素がこれだけに絞られるというのはいかがなものか$^{(123)}$」と，「目的」だけに限定することへの疑問が示されるが，次の意見が殊に注目される。「賠償額の予定が過大でないというために，現に生じた損害額を主張・立証しなければならないとすると，賠償額の予定をした趣旨が損なわれる……賠償額の予定をした目的が賠償額の予定を制約する要素になるのかというと，なかなかなりにくいのではないか……それを制約しようと思うのであれば，……当事者の合意に内在する要素ではない，外的な基準が入ってくるのではないか……その他の事情という文言，またはこれに類するような，考慮要素が合意の目的だけに制約されないような，もう少し広い概念が要るのではないか$^{(124)}$」と鋭い分析が示される。

　元来，裁判所による減額を認めるべき根拠は，契約当事者が契約締結時に定める損害賠償額の予定が濫用されるおそれがある$^{(125)}$からである。本来は，両当事者の合意があるから，その意思を優先すべきところではあるが，その額が著しく過剰な場合には，契約正義という客観的観点から，裁判所による減額が認められるべきである。したがって，そのためには両当事者の主観的な「目的」に限定することは制約要素としては弱いといえ，「その他の事情に照らし」といった客観的規範的判断を可能とするような規律とすべきものと考える。

　たとえば，ユニドロワ国際商事契約原則では，「不履行の結果生じた損害お

---

(120) 審議会「第78回　議事録」(佐成委員) 29頁。
(121) 部会資料68A・前掲注(2)19頁。
(122) 審議会「第78回　議事録」(岡委員) 30頁。
(123) 審議会「第78回　議事録」(村上正敏委員) 31頁。
(124) 審議会「第78回　議事録」(岡崎幹事) 30頁。
(125) 内田ほか訳・前掲注(20)196頁，潮見ほか監訳・前掲注(20)481頁。

よびその他の事情に照らし，指定の金額が著しく過剰であるときは，……」（第7.4.13条(2)項）とされ，ヨーロッパ契約法原則でも，「不履行によって生じた損害およびその他の事情に照らして著しく過大なものであるときは，……」（第9：509条(2)項）とされていることも参考となろう。

三　審議会の議論(2)

8　賠償額の予定（民法第420条第1項関係）
民法第420条第1項後段を削除するものとする。　部会資料79-1（9頁）

〇民法420条1項で，当事者が債務不履行の場合に損害賠償額の予定をしていたときに「裁判所は，その額を増減することができない」としている後段の規定の削除について

①　単純削除に反対する見解

松岡委員：今まで増減できないという規定があったのをあえて削除したことは，裁判所が介入できるという解釈を強く示唆すると受け取られがちだと思います。しかし，そういう議論は今までほとんどしたことがないので，……単純削除はおかしく，意見の一致が残念ながらみられなかった場合には，現行規定を維持して420条1項の後段は改正しないという結論になるべきではないか（第90回60頁）。

潮見幹事：後段だけを削除するということでこの部会で意見の一致があったのかということについては，私は強い疑問を感じます。（第90回61頁）。

佐成委員：1項後段だけ削除ということですが，……裁判所の公序良俗の審査が非常に甘くなるのではないか（第90回61頁）。

②　単純削除で問題ないとする見解

内田委員：420条後段というのは，これも比較法的に極めて珍しい規定で，損害賠償額について一切裁判所は増減できないということをわざわざ書くというのは異例なうえに，判例実務にも合致していませんので，それは削除して，原則は合意に対して介入はできないけれども，例外的な場合には裁判所は介入するという現在の実務が繁栄するような文言にするというのは，この部会での議

論を反映した提案になっているのではないか（第90回62頁）。
金関係官：420条1項後段は現在の実務とそごしていると言っても過言でない状況になっていると考えております。その観点から，少なくともここを削除することの必要性は比較的高いのではないか……賠償額の予定以外の合意については，420条1項後段のような裁判所が介入できない旨の規定がなくても当然に裁判所は介入できない，介入できないけれども公序良俗違反などの規定の適用がある場合に限り例外的に介入できる，このことには全く争いがないわけですけれども，今回の提案は，賠償額の予定の合意についてもこれと同じ状態にするというだけのことでありまして，420条1項後段を削除することにはなお合理性があるのではないか（第90回62頁）。

第5章　契約の解除

第1節　契約の解除

一　審議会の議論(1)

> 第3　契約の解除
> 1　履行遅滞等による解除の要件（民法第541条・第542条関係）
> 民法第541条及び第542条の規律を次のように改めるものとする。
> (1)　当事者の一方がその債務を履行しない場合において，相手方が相当の期間を定めてその履行の催告をし，その期間を経過したときは，相手方は，契約の解除をすることができるものとする。ただし，その期間の経過時までに履行された部分のみであっても相手方が契約をした目的を達することができるときは，この限りでないものとする。
> (2)　契約の性質又は当事者の意思表示により，特定の日時又は一定の期間内に履行をしなければ契約をした目的を達することができない場合において，当事者の一方が履行をしないでその時期を経過したときは，相手方は，上記(1)の催告をすることなく，直ちにその契約の解除をすることができるものとする。
> (3)　当事者の一方がその債務を履行しない場合において，相手方が上記(1)の催告をしても契約をした目的を達するのに足りる履行を受ける見込みがないことが明らかであるときは，相手方は，上記(1)の催告をすることなく，

直ちにその契約の解除をすることができるものとする。
　(4)　上記(1)から(3)までの債務の不履行が契約の趣旨に照らして相手方の責めに帰すべき事由によるものであるときは，相手方は，契約の解除をすることができないものとする。

○中間試案第11，1「債務不履行による契約の解除の要件（民法第541条ほか関係）」
　民法第541条から第543条までの規律を次のように改めるものとする。
　(1)　当事者の一方がその債務を履行しない場合において，相手方が相当の期間を定めて履行の催告をし，その期間内に履行がないときは，相手方は，契約の解除をすることができるものとする。ただし，その期間が経過した時の不履行が契約をした目的の達成を妨げるものでないときは，この限りでないものとする。
　(2)　当事者の一方がその債務を履行しない場合において，その不履行が次に掲げるいずれかの要件に該当するときは，相手方は，上記(1)の催告をすることなく，契約の解除をすることができるものとする。
　　ア　契約の性質又は当事者の意思表示により，特定の日時又は一定の期間内に履行をしなければ契約をした目的を達することができない場合において，当事者の一方が履行をしないでその時期を経過したこと。
　　イ　その債務の全部につき，履行請求権の限界事由があること。
　　ウ　上記ア又はイに掲げるもののほか，当事者の一方が上記(1)の催告を受けても契約をした目的を達するのに足りる履行をする見込みがないことが明白であること。
　(3)　当事者の一方が履行期の前にその債務の履行をする意思がない旨を表示したことその他の事由により，その当事者の一方が履行期に契約をした目的を達するのに足りる履行をする見込みがないことが明白であるときも，上記(2)と同様とするものとする。
　(注)　解除の原因となる債務不履行が「債務者の責めに帰することができない事由」（民法第543条参照）による場合には，上記(1)から(3)までのいずれかに該当するときであっても，契約の解除をすることができないものとするという考え方がある。

○中間試案第12，2「債権者の責めに帰すべき事由による不履行の場合の解除権の制限（民法第536条第2項関係）」
　(1)　債務者がその債務を履行しない場合において，その不履行が契約の趣旨に照らして債権者の責めに帰すべき事由によるものであるときは，債権者は，契約の解除をすることができないものとする。
　(2)　（略）

部会資料68Ａ（20-22頁）

○催告解除の規定，特にただし書について

① 催告解除におけるただし書の「契約をした目的を達することができるときは，この限りでないものとする」との規定に反対の見解

佐成委員：ただし書そのものを設けることに反対をしている……契約をした目的を達することができるときには，解除ができないと，直ちに言い切ってしまって，実務上も本当によいのだろうか……解除ができる範囲が現状よりも狭まるのではないか……この条文自体にも賛同できないということになりかねない（第78回33-34頁）。

永野委員：昭和43年2月23日の最高裁の判決……は，外形上は契約の付随的な約款にすぎず，契約締結の目的に不可欠なものでなくても，当該約款の不履行が契約締結の目的に重大な影響を与える場合には，当該約款の債務は契約の要素たる債務に入り，その不履行を理由として契約を解除できると判示しております。……(1)のただし書の部分で，……昭和43年最判がいう契約締結の目的達成に重大な影響を与える場合が含まれないことになってしまって，判例が認めるよりも解除できる場面が狭くなるのではないか……素案は，付随義務の不履行と主たる給付義務の一部不履行という二つの場面を取り込んで，このただし書を設けているわけですが，契約をした目的を達成することができるかどうかという現在提案されている文言が，今の判例の下での実務の運用をうまく書き表せているかどうかという点については，若干懸念が残る（第78回34-35頁）。

中井委員：(1)のただし書の表現については，……「契約をした目的を達することができる」という表現について，疑問を持っています。……契約をした目的を達することができる，できない基準があるんですが，いずれも契約をした目的を達することができないから，解除できるという方向で使われている。……契約の目的を達することができるときは，常に解除できないのかというと，その論理は成り立たないのではないか……「その期間を経過したときの不履行が契約の趣旨に照らして軽微なときはこの限りではない，解除できない」……「契約の趣旨に照らして，軽微なとき」という表現で十分カバーできるのではないか（第78回35-36頁）。弁護士会が従来から言っているように一つは催告解除

という制度，もう一つは催告しても意味がない，無催告解除というという形の二本立てと基本的には考えている……その催告しても意味がないという実質がこの契約目的達成不能によって解除できる場合と実質的には一致する。……(1)について，契約目的概念を持ってくると混乱する（第78回40頁）。

中田委員：素案では，「相手方が」という，主体を入れているという部分がどうか……逆に不明確になっている……「相手方が契約をした目的」と書くことによって，比較的，主観的な目的に近付けて理解されてしまうという恐れがある（第78回36-37頁）。

山野目幹事：(1)のその期間を経過したときは，ということについて，……「履行がないときは」と書いていただくほうがよろしい……(1)のただし書のところは，……中間試案のように達することを妨げるといったような文言にしていただいたほうが……即応していく（第78回37頁）。

潮見幹事：契約目的達成不能を理由とする解除と，催告解除という二本立てで枠組みを組んだほうが明確ではないか……例えば「第3　契約の解除」の1の(1)のみを切り離して，催告解除の規定として考える。……場合によればただし書が削除されるということもあり得る。……その1の(2)以下の部分は，次の履行不能も含めて，これは契約目的達成不能を理由とする解除についての様々な類型を挙げている（第78回38頁）。

山本（敬）幹事：契約目的達成不能を理由とする解除がこの(2)(3)で示され，……次の履行不能で書かれていることもその一つの類型だと思いますので，これらはひとまとめにすべきだろう……催告解除については，……特に弁護士会のほうからは，これがやはり重要なのだという御指摘があったところですので，もうこの段階では，これを独立の規定として設けることを前提にするべきなのだろう……ただし書で，……「契約目的を達成することができる」と書きますと，……目的達成不能を理由とする解除との関係が分かりにくくなりますし，混乱の元になりそうです。……契約の趣旨に照らして軽微なというかささいなというかは別として，そのような形で抗弁事由を書き込み，要するに主たる債務に当たらないような債務の不履行については，催告をしても解除できないということが明確に伝わるようにすべきではないか……催告解除について，催告をし，その期間を経過したときはという書き方は絶対に避けるべきだろう（第

78回38頁)。

村上委員：(1)のただし書について、……何も書かないで、あとは解釈に委ねるというのも、一つの選択肢としてあり得る……(1)の本文で、「相当の期間を定めてその履行を催告し」というところですが、催告する際に相当の期間を定める必要はないというのは、判例法理で固まっているところですので、「催告をして相当期間が経過したときは」と書いてもいいのではないでしょうか。(第78回39頁)。

岡委員：不完全履行が催告後も治癒されない場合でも、一定の場合には解除を許さない、その表現として、……「契約の趣旨に照らして、軽微な不履行」では表現できないのでしょうか。……(1)のただし書として……軽微な不履行という例示をしないと、この目的を達成という言葉だけでは、国民及び実務家に分かりにくいのではないか（第78回43頁）。

② 催告解除（ただし書を含む）についてのその他の個別的見解

松本委員：当事者の意図を離れて、目的の達成を考えるというのはおかしい……契約の目的の前に、契約の趣旨から導かれる契約の目的という表現にする（第78回39頁）。

高須幹事：国民にこういう制度で解除ができるんだということを分かってもらう規定なんだということであれば、……ただし書はやはり設けるべきではないか。(第78回41頁)。

山本(敬)幹事：不完全履行については、基本的には(3)で契約をした目的を達することができない場合に、解除を認める。(第78回41頁) 不完全履行の場合に、不完全履行があり、催告すれば、それだけで解除できるとはならないような文言を選ぶ必要が出てくる。(第78回42頁)「不履行」に「軽微な」を掛けてきますと、……契約目的が達成できないというのと「軽微な」との関係について、解釈上議論の余地が出てきます。(第78回43頁)。

二　考察(1)（契約の解除）

現行民法典では、「第三款　契約の解除」において、定期行為（民542条）や履行不能（民543条）の規定に先んじて、履行遅滞等による解除権（民541条）の催告解除の規定が置かれていることもあり、日本民法は、催告解除を原則と

していると評価できよう。そして，この原則は中間試案および素案においても継承されている。ただ，それらの催告解除を規律する本文にただし書が挿入されるが，その内容が問題である。中間試案では，「ただし，その期間が経過した時の不履行が契約をした目的の達成を妨げるものでないときは，この限りでないものとする。」（第11, 1(1)）とされており，素案では「ただし，その期間の経過時までに履行された部分のみであっても相手方が契約をした目的を達することができるときは，この限りでないものとする。」[126]と修正されている。

審議会の議論は，もっぱらこのただし書をめぐって議論が繰り広げられる。すなわち，「ただし書そのものを設けることに反対している……契約をした目的を達することができるときには，解除ができないと，直ちに言い切ってしまって，実際上も本当によいのだろうか……解除ができる範囲が現状よりも狭まるのではないか……この条文自体にも賛同できないということになりかねない[127]」，あるいは「(1)のただし書について，……何も書かないで，あとは解釈に委ねるというのも，一つの選択肢としてあり得る[128]」と，ただし書を設けること自体への厳しい反対もみられる。

ただ，「国民にこういう制度で解除ができるんだということを分かってもらう規定なんだということであれば，……ただし書はやはり設けるべきではないか[129]」といわれるように，その修正を図ろうというのが一般的な意見である。細かな文言・法技術上の修正意見としては，「素案では，『相手方が』という，主体を入れているという部分がどうか……逆に不明確になっている……『相手方が契約をした目的』と書くことによって，比較的，主観的な目的に近付けて理解されてしまうという恐れがある[130]」，また「(1)のその期間を経過したときは，ということについて，……『履行がないときは』と書いていただくほうがよろしい……(1)のただし書のところは，……中間試案のように達することを妨げるといったような文言にしていただいたほうが……即応していく[131]」とか，「当事者の意図を離れて，目的の達成を考えるというのはおかしい……契

---

(126) 部会資料68 A・前掲注(59)21頁。
(127) 審議会「第78回　議事録」（佐成委員）33-34頁。
(128) 審議会「第78回　議事録」（村上委員）39頁。
(129) 審議会「第78回　議事録」（高須幹事）41頁。
(130) 審議会「第78回　議事録」（中田委員）36-37頁。
(131) 審議会「第78回　議事録」（山野目幹事）37頁。

約の目的の前に，契約の趣旨から導かれる契約の目的という表現にする[132]」といったものがある。

より本質的な内容についての議論は，以下のようなものである。すなわち，「昭和43年2月23日の最高裁の判決……は，外形上は契約の付随的な約款にすぎず，契約締結の目的に不可欠なものでなくても，当該約款の不履行が契約締結の目的達成に重大な影響を与える場合には，当該約款の債務は契約の要素たる債務に入り，その不履行を理由として契約を解除できると判示しております。……(1)のただし書の部分で，……昭和43年最判がいう契約締結の目的達成に重大な影響を与える場合が含まれないことになってしまって，判例が認めるよりも解除できる場面が狭くなるのではないか……素案は，付随義務の不履行と主たる給付義務の一部不履行という二つの場面を取り込んで，このただし書を設けているわけですが，契約をした目的を達成することができるかどうかという現在提案されている文言が，今の判例の下での実務の運用をうまく書き表せているかどうかという点については，若干懸念が残る[133]」と。また「(1)のただし書の表現については，……『契約をした目的を達することができる』という表現について，疑問を持っています。……契約をした目的を達することができる，できない基準があるんですが，いずれも契約をした目的を達することができないから，解除できるという方向で使われている。……契約の目的を達することができるときは，常に解除できないのかというと，その論理は成り立たないのではないか……『その期間を経過したときの不履行が契約の趣旨に照らして軽微なときはこの限りではない，解除できない』……『契約の趣旨に照らして，軽微なとき』という表現で十分カバーできるのではないか[134]」といった指摘がなされる。

これを受けて，これまで「重大な不履行（目的達成不能）」への解除一元化を主張してきた幹事たちも，ついに「一元化」への拘泥を放棄し，重大な不履行解除（無催告解除）からの催告解除の独立，つまり解除要件の「二元的構成」の支持に転じる。すなわち，「契約目的達成不能を理由とする解除と，催告解

---

(132) 審議会「第78回　議事録」（松本委員）39頁。
(133) 審議会「第78回　議事録」（永野委員）34-35頁。
(134) 審議会「第78回　議事録」（中井委員）35-36頁。

第 5 章　契約の解除

除という二本立てで枠組みを組んだほうが明確ではないか……例えば『第 3 契約の解除』の 1 の(1)のみを切り離して，催告解除の規定として考える。……場合によればただし書が削除されるということもあり得る。……その 1 の(2)以下の部分は，次の履行不能も含めて，これは契約目的達成不能を理由とする解除についての様々な類型を挙げている[135]」，また「契約目的達成不能を理由とする解除がこの(2)(3)で示され，……次の履行不能で書かれていることもその一つの類型だと思いますので，これらはひとまとめにすべきだろう……催告解除については，特に弁護士会のほうから，これがやはり重要なのだという御指摘があったところですので，もうこの段階では，これを独立の規定として設けることを前提にするべきなのだろう……ただし書で，……『契約目的を達成することができる』と書きますと，……目的達成不能を理由とする解除との関係が分かりにくくなりますし，混乱の元になりそうです。……契約の趣旨に照らして軽微なというかささいなというかは別として，そのような形で抗弁事由を書き込み，要するに主たる債務に当たらないような債務の不履行については，催告をしても解除できないということが明確に伝わるようにすべきではないか[136]」といった見解である。

　これにより，これまで弁護士会などから強く主張されてきた「一つは催告解除という制度，もう一つは催告しても意味がない，無催告解除という制度という形の二本立て[137]」が確認され，「催告しても意味がないという実質が，この契約目的達成不能によって解除できる場合と実質的には一致する。……(1)について，契約目的概念を持ってくると混乱する[138]」との指摘がなされる。したがって，最終要綱案の基本的構成としては，筆者もいろいろなところで何度も述べてきた[139]ところではあるが，現行民法で規定される「履行遅滞等による解除の要件」（民541条）のところで，催告解除の原則が維持され，それに加

---

(135)　審議会「第78回　議事録」（潮見幹事）38頁。
(136)　審議会「第78回　議事録」（山本(敬)幹事）38頁。
(137)　審議会「第78回　議事録」（中井委員）40頁。
(138)　審議会「第78回　議事録」（中井委員）40頁。
(139)　石崎泰雄「『債権法改正の基本方針』——解除要件の『国際的標準化』における誤解——」ビジネス法務9巻11号（2009年）106頁以下，同「『債権法改正の基本方針』の検討——契約の不履行の基本構造——」法学会雑誌50巻2号（2010年）118頁以下，同「契約の解除・危険負担・弁済の提供・受領遅滞——法制審議会の議論および中間試案の検討——」法学会雑誌54巻1号（2013年）292頁以下等参照。

83

えて，定期行為，履行不能その他の無催告解除の規律が置かれるという「二元的構成」の方向となろう。

残された問題としては，催告解除が認められないような「軽微な不履行」，特に不完全履行の場合をいかに規律するかということがある。これに関して，「不完全履行が催告後も治癒されない場合でも，一定の場合には解除を許さない，その表現として，……『契約の趣旨に照らして，軽微な不履行』では表現できないのでしょうか。……(1)のただし書として……軽微な不履行という例示をしないと，この目的を達成という言葉だけでは，国民及び実務家に分かりにくいのではないか[140]」，という見解に対して，「不完全履行については，基本的には(3)で契約をした目的を達することができない場合に，解除を認める[141]。」，「不完全履行の場合に，不完全履行があり，催告すれば，それだけで解除できるとはならないような文言を選ぶ必要が出てくる[142]。」，「『不履行』に『軽微な』を掛けてきますと，……契約目的が達成できないというのと『軽微な』との関係について，解釈上議論の余地が出てきます[143]。」と指摘される。

確かに，現行民法でも，瑕疵物給付の場合には，基本的には目的達成不能の場合にしか解除が認められない（民570・566条1項）。比較法的には，たとえばユニドロワ国際商事契約原則では，「不適合」の場合にも，付加期間を定めることができる（第7.1.5条1項）が，催告解除はできないとされる。一般的な場合にもその不履行が契約上の債務の軽微な部分にすぎないときは，第7.1.5条3項の催告（付加期間）解除は認められない[144]。また，EU消費者動産売買指令で「不適合が軽微なときは，債権者は契約を解除することができない」（第3条6項）とされていたのを受けて，改正されたドイツ民法では，不適合の場合に「その義務違反が軽微なときは，債権者は，契約を解除することができない。」（323条5項）とされている[145]。したがって，不適合の場合には，やはりこうした特別の規律が必要となってこよう。

---

(140) 審議会「第78回 議事録」（岡委員）43頁。
(141) 審議会「第78回 議事録」（山本(敬)幹事）41頁。
(142) 審議会「第78回 議事録」（山本(敬)幹事）42頁。
(143) 審議会「第78回 議事録」（山本(敬)幹事）43頁。
(144) 石崎・前掲注(24)214頁。
(145) 石崎・前掲注(86)191頁。

三　審議会の議論(2)

第9　契約の解除
　1　催告解除の要件（民法第541条関係）
　民法第541条の規律を次のように改めるものとする。
　当事者の一方がその債務を履行しない場合において，相手方が相当の期間を定めてその履行の催告をし，その期間内に履行がないときは，相手方は，契約の解除をすることができる。ただし，その期間を経過した時における債務の不履行が当該契約及び取引上の社会通念に照らして軽微であるときは，この限りでない。
　2　無催告解除の要件（民法第542条・第543条関係）
　民法第542条及び第543条の規律を次のように改めるものとする。
　次のいずれかに該当するときは，債権者は，1の催告をすることなく，直ちに契約の解除をすることができる。
　(1)　履行の全部又は一部が不能であるとき。
　(2)　履行の一部が不能である場合において，残存する部分のみでは契約をした目的を達することができないとき。
　(3)　債務者がその債務の履行をする意思がない旨を明らかにしたとき。
　(4)　契約の性質又は当事者の意思表示により，特定の日時又は一定の期間内に履行をしなければ契約をした目的を達することができない場合において，債務者が履行をしないでその時期を経過したとき。
　(5)　(1)から(4)までの場合のほか，債務者がその債務の履行をせず，債権者がその履行の催告をしても契約をした目的を達するのに足りる履行がされる見込みがないことが明らかであるとき。
　3　債権者に帰責事由がある場合の解除
　債権者に帰責事由がある場合の解除について，次のような規律を設けるものとする。
　債務の不履行が債権者の責めに帰すべき事由によるものであるときは，債権者は，1及び2による契約の解除をすることができない。
　4　契約の解除の効果（民法第545条第2項関係）
　民法第545条第2項の規律を次のように改めるものとする。
　(1)　民法第545条第1項本文の場合において，金銭を返還するときは，その受領の時から利息を付さなければならない。（民法第545条第2項と同文）
　(2)　民法第545条第1項本文の場合において，金銭以外の物を返還するときは，その受領の時以後にその物から生じた果実を返還しなければならない。

> 5 解除権者の故意等による解除権の消滅（民法第548条第1項関係）
> 　民法第548条第1項の規律を次のように改めるものとする。
> 　解除権を有する者が故意若しくは過失によって契約の目的物を著しく損傷し，若しくは返還することができなくなったとき，又は加工若しくは改造によってこれを他の種類の物に変えたときは，解除権は，消滅する。ただし，解除権を有する者がその解除権を有することを知らなかったときは，この限りでない。
> 　　　　　　　　　　　　　　　　　　　部会資料79-1（9-10頁）
>
> 第12　契約の解除
> 1　催告解除の要件（民法第541条関係）
> 　民法第541条の規律を次のように改めるものとする。
> 　当事者の一方がその債務を履行しない場合において，相手方が相当の期間を定めてその履行の催告をし，その期間内に履行がないときは，相手方は，契約の解除をすることができる。ただし，その期間を経過した時における債務の不履行が当該契約及び取引上の社会通念に照らして軽微であるときは，この限りでない。
> 　　　　　　　　　　　　　　　　　　　部会資料83-1（13頁）

1　催告解除の要件について
① 提案を支持する見解

福田幹事：前回の素案では相手方が契約をした目的を達することができるときはこの限りではないという表現ぶりになっていたかと思います。その表現ぶりでは，判例が認めるよりも解除ができる範囲が狭くなるように読めはしないか，……今回の御提案は昭和43年の最判も踏まえまして，債務の不履行が軽微であるときはこの限りではないという形にしていただいて，実務的な観点からの懸念という点も払拭されている……この案に賛成をしたい（第91回2頁）。

佐成委員：中間試案の段階ではこのただし書を設けることそのものについて我々の方は反対であって，信義則に委ねるべきだと，そういうことを主張しておりました。それで，今回は「軽微」という形に変わって，前回の「目的不達成」というのでは現行の判例の範囲とかなりギャップがあるのではないかという問題があったと思うのですが，この「軽微」についてどうかということで更に内部で議論しております。……収束する可能性も高い（第91回12頁）。

金関係官：瑕疵担保責任の場合についても，催告解除については第12の1のただし書の債務不履行が軽微かどうかで解除の可否が判断されるという案であ

ると理解しております。すなわち，瑕疵はあるけれども契約をした目的を達することができるという場合であっても，その瑕疵が軽微でないと判断される限り，買主は催告の手続きをとれば契約をした目的を達することができるというルールがこの部会では採用されたと理解しております。……実務上の処理としては，……当該契約及び取引上の社会通念に照らして瑕疵が軽微かどうかの判断がされる，……各事案における実務上の妥当な解決がどのようなものかという観点から瑕疵が軽微かどうかが柔軟に判断されるということでもありますので，その意味では，実務上の処理自体が現行法から大きく変わるということは結果的にはないのではないか（第96回19頁）。第12の1のただし書のところで，その期間を経過した時における債務不履行が軽微かどうかという表現を用いておりますので，催告期間の経過時，つまり解除権の発生時における債務不履行が軽微かどうかという判断がされる（第96回20頁）。

② 提案に反対の見解

潮見幹事：昭和43年判決はご案内のとおり，催告解除を扱ったケースではございません。特別の契約条項があって，その特別の契約条項に対する違反ということを理由として解除が認められるかどうかということが問題になったケースです。その意味では，このケースは催告解除という枠組みからは外れます。（第91回13頁）

山本（敬）幹事：昭和43年判決の指摘については，私も全くそのとおりだと思いますので，御留意いただければと思います。（第91回14頁）現行法で言いますと，目的物に瑕疵があった場合に解除が認められるのは，570条で，契約をした目的を達することができない場合に限られています。……瑕疵が契約をした目的を達することができないとまでは言えないものであるときに，改正法によるならば，売買でも修補請求を認めることになりますので，催告解除の可能性が生まれてくる。（第96回18-19頁）従前の売買に関する瑕疵担保責任の理解は，法定責任説で，修補請求はできないという前提に立っていますので，……理論上は，実務の変更に当たるのではないか……瑕疵担保責任に当たるものについて催告解除を認めるのは，比較法的に見ると，必ずしも主流とはいえない方向ではないか（第96回20頁）。

2 無催告解除について
① 無催告解除のうち一部が不能であるときについての修正意見
深山幹事：もし(2)のような形で一部不能であっても残存する部分のみではその契約の目的を達成できないときに全部解除を認めるということを明文化するのであれば，(1)は「全部又は一部」というのを省いてしまって，単純に履行が不能であるときというようにするともう少し分かりやすくなる（第91回9頁）。

道垣内幹事：(1)は「履行が不能であるとき」と単純に書いた方が全体としては平仄がとれている（第91回12頁）。

② 拒絶する意思を明確に表示した場合という表現の修正意見
深山幹事：「意思がない旨を明らかにしたとき」という緩やかな表現では従前の考え方からもズレてきます。……「確定的な意思が表示されたとき」という表現にすべきではないか（第91回10頁）。

3 解除権の消滅（民法548条1項関係）について
① 解除権の消滅の規定を置くことに反対の見解
松岡委員：原物返還が不能になってしまった場合でも，解除権を否定する理由はなく，……むしろ解除権を認めて簡略に処理する方がよいのではないか……解除権を認めて，……その価値返還義務を課すという解決の方がいいのではないか（第91回3頁）。

鹿野幹事：目的物自体を返還できないときには価値の返還がなされるという考え方を一般的に採るとすれば，解除をこのような形で制限する必要性があるのか……少なくとも過失によって目的物を損傷したりあるいは返還できなくしたというような場合についてまで解除権を否定することには反対です。（第91回7頁）。

潮見幹事：548条をこのような形で残すことによるデメリットと，それからそうではない形で……ルールを立てることによるメリットあるいはデメリットを検討していただければ有り難い（第91回7頁）。

山本（敬）幹事：548条で，1項については松岡委員がおっしゃっている意見に私も賛成なのです（第91回8頁）。

4 売買・請負における催告解除の要件について

① 売買・請負においては，解除要件の特則を設けるべきだとする見解

中井委員：現行法は541条ないし543条での解除の規律とは別に売買及び請負のところでは一旦目的物を引き渡した，その後の修補請求，つまり追完請求に関しては契約目的不達成という概念を持ち込んでいた。……一旦履行，給付はしたが，そこに瑕疵等があるために追完請求する場面，取り分け修補の請求があってその催告に対して応じないから解除というのは，……果たしてそれでいいのか。現行法が売買若しくは請負に関して瑕疵がある場合の規律として契約目的不達成としたのは，やはりこの段階での解除を認めるのは全く履行していない場面での解除よりは要件を厳しくしたのだろうと思う（第94回45頁）。売買若しくは請負のところで……追完請求をした場合にも解除の規定の適用はあるという形で記載されるのですが，そこにただしというところで契約目的不達成の場合に限る，つまり原則論は軽微な場合を除くわけですけれども，ここでは契約目的不達成のときに解除できるという特則を設ける。それは現行法の規律の仕方と整合しているのではないかとも思う（第94回46頁）。

② 特則を設けることに反対か若しくは特則は置かずに解釈で対応するべきだとする見解

松岡委員：契約目的の不達成が要件として必要になる……この規律でも恐らくそういう解釈論がなお可能なのではないか……一般規定とは別に契約類型毎に多様な変形が出てくるという解釈の余地がある（第94回46頁）。

道垣内委員：「軽微な」というのはある種の規範的な解釈要素であって，現在の条文であっても，つまり，請負に関する634条1項の「瑕疵が重要でない」という文言についても，その契約目的が達成できるかどうかというのが非常に重要な意味を持つという解釈論だから，それで解釈できる……請負の特則として契約目的が不達成か否かという基準の特則を置こうということになりますと，他のところでは軽微性の判断について契約目的との関係で考えることを否定するという反対解釈を生みうるわけで，……賛成できない（第94回46-47頁）。契約目的の不達成という概念が軽微性の解釈等において重要な意味を持ってくるということは今後の解釈論としては十分あり得る（第94回47頁）。

潮見幹事：催告解除という枠組みを維持しながら，その上で契約目的達成不能

というような形でただし書を変えようという御趣旨かもしれませんが，そのように捉えることには，個人的には賛成はできません。(第94回47頁)。
内田委員：催告解除のところで軽微という言葉で意味しようとしていたのは，本当の文字通り軽微，軽いという意味ではなくて，付随義務違反などで簡単に解除できるわけではないという判例法を明文化するために，……軽微という言葉が選ばれた……その経緯を踏まえて軽微を解釈する必要がある……例えば，引渡債務について，売買契約で物を引き渡さない，催告してなお引き渡さないというとき，これは軽微ではない……これに対して本当に軽い付随義務違反については，催告をしても，それはなお軽微なので解除できないと，元々そういう趣旨で使われたのだと思います。……修補を請求するというのは……その時点で契約目的の達成がなお見込める場合です……修補することによって不適合の度合いがより小さくなる。……その時点では修補請求をする最初の時点よりも不適合の状態は小さくなっている場合が多いと思われますが，小さくなっているにもかかわらずなお契約を維持できないという場合のことを軽微でないというふうに表現している。それは契約目的が達成ができないということとイコールではないかもしれないけれどもかなり近く，少なくとも，文字通り軽い場合以外のことではなくて，元々修補可能であって直るだろう，契約目的を達成する見込みはなおあるだろうということで催告をして修補してもらい，ある程度修補はされたけれども，催告期間経過後にこの状態ではやはり駄目だというのを軽微でないというふうに表現している。それは通常の引渡債務の催告解除，つまり催告期間を経過したのに目的物を引き渡していないという状態を軽微でないと表現するのと同じような重さのものを意味している。そう理解するしかないのではないか（第94回48頁）。

四　考察(2)（契約の解除）

1　催告解除と無催告解除

(1)　付随的債務の違反

今回の提案において，催告解除のただし書が「その期間が経過した時の不履行が契約をした目的の達成を妨げるものでないときは，この限りでないものとする。」から「その期間を経過した時における債務の不履行が当該契約及び取

第5章　契約の解除

引上の社会通念に照らして軽微であるときは、この限りでない。」と変更された。

　この見解を支持する見解は次のようにいう。すなわち、「前回の素案では相手方が契約をした目的を達することができるときはこの限りではないという表現ぶりになっていたかと思います。その表現ぶりでは、判例が認めるよりも解除ができる範囲が狭くなるように読めはしないか、……今回の御提案は昭和43年の最判も踏まえまして、債務の不履行が軽微であるときはこの限りでないという形にしていただいて、実務的な観点からの懸念という点も払拭されている[146]」、「中間試案の段階ではこのただし書を設けることそのものについて我々の方は反対であって、信義則に委ねるべきだと、そういうことを主張しておりました。それで、今回は『軽微』という形に代わって、前回の『目的不達成』というのでは現行の範囲とかなりギャップがあるのではないかという問題があったと思うのですが、この『軽微』についてどうかということで更に内部で議論しております。……収束する可能性も高い[147]」と。また、「瑕疵担保の場合についても、催告解除については第12の1のただし書の債務不履行が軽微かどうかで解除の可否が判断される案であると理解しております。すなわち、瑕疵はあるけれども契約をした目的を達することができるという場合であっても、その瑕疵が軽微でないと判断される限り、買主は催告の手続きをとれば契約をした目的を達することができるというルールがこの部会では採用されたと理解しております。……実務上の処理としては、……当該契約及び取引上の社会通念に照らして瑕疵が軽微かどうかの判断がされる、……各事案における実務上の妥当な解決がどのようなものかという観点から瑕疵が軽微かどうかが柔軟に判断されるということでもありますので、その意味では、実務上の処理自体が現行法から大きく変わるということは結果的にはないのではないか[148]」と関係官から提案内容の趣旨説明がなされる。

　この提案に反対の見解は、いずれも昭和43年の付随的債務の違反において解除が認められた最判[149]を挙げ、これが催告解除のケースではないという。すなわち、「昭和43年判決はご案内のとおり、催告解除を扱ったケースではご

---

(146)　審議会「第91回　議事録」（福田千恵子幹事）2頁。
(147)　審議会「第91回　議事録」（平成26年6月17日）（佐成委員）12頁。
(148)　審議会「第96回　議事録」（金関係官）20頁。
(149)　最判昭和43年2月23日民集22巻2号281頁。

ざいません。特別の契約条項があって，その特別の契約条項に対する違反ということを理由として解除が認められるかどうかということが問題になったケースです。その意味では，このケースは催告解除という枠組みから外れます(150)。」，「昭和43年判決の指摘については，私も全くそのとおりだと思いますので，御留意いただければと思います(151)。」，「現行法で言いますと，目的物に瑕疵があった場合に解除が認められるのは，570条で，契約をした目的を達することができない場合に限られています。……瑕疵が契約をした目的を達することができないとまでは言えないものであるときに，改正法によるならば，売買でも修補請求を認めることになりますので，催告解除の可能性が生まれてくる(152)。」と批判される。

　日本判例法においては，付随的債務の違反の場合，その付随的債務が契約の要素たる債務と認められ，この違反により契約の目的を達することができないかまたは重大な影響を及ぼす場合に，催告解除が認められる(153)。ここで問題とされている最判昭和43年2月23日のケースでも，原審(154)において「工事をなし，家屋建築に着手したこと，一審原告は間もなく右登記及び工事の事実を知り，人を介して右登記を抹消し，改めて仮登記をなすことおよび右工事を中止することを一審被告に申し入れたが理由なく拒絶されたこと，そこで一審原告は昭和三十七年八月二日到達の書面により一審被告に対し右約定違背を理由に本件売買契約解除の意思表示をしたこと」が認定されており，催告に相当するものがなされており，無催告解除とはいえまい。このように付随的債務の違反のケースでは，要件を満たしたものとして解除が認められたものもそうでないものも全てのケースで，催告解除が問題とされている。つまり，付随的債務の違反であるために，それが契約目的達成を不能とするかそれに重大な影響を与える場合に契約の要素たる債務の違反であるとされ，そこで初めて催告解除の俎上に乗ることが可能とされるのである。その理由は付随的債務の違反は

---

(150)　審議会「第91回　議事録」(潮見幹事) 13頁。
(151)　審議会「第91回　議事録」(山本(敬)幹事) 14頁。
(152)　審議会「第96回　議事録」(山本(敬)幹事) 18-19頁。
(153)　この要件を充たすとして，実際に催告解除が認められた最判としては，最判昭和42年4月6日民集21巻3号533頁，最判昭和43年2月23日民集22巻2号281頁，最判昭和47年11月28日集民107号265頁，最判平成11年11月30日判時1701号69頁がある。
(154)　福岡高判昭和40年9月20日金商98号12頁。

決して無催告解除が認められるほどの重大な義務違反ではないからである。この意味で付随的債務の違反を催告解除の範疇で捉えることは，判例法理に則したものといえよう。

(2) **不適合な履行**

現行法では，売買の目的物に隠れた瑕疵があったときに，そのために契約をした目的を達することができない場合に契約の解除が認められる（民法570・566条1項）。

つまり，ここでは解除の要件が契約目的達成不能の場合というように厳しく設定されている。本提案によると，瑕疵物給付のような契約に不適合なものの履行の場合にも，催告解除が認められることになる。そこで，当然のことながら次のような指摘がなされる。「現行法は541条ないし543条での解除の規律とは別に売買及び請負のところでは一旦目的物を引き渡した，その後の修補請求，つまり追完請求に関しては契約目的不達成という概念を持ち込んでいた。……一旦履行，給付はしたが，そこに瑕疵等があるために追完請求する場面，取り分け修補の請求があってその催告に対して応じないから解除というのは，……果たしてそれでいいのか。現行法が売買若しくは請負に関して瑕疵がある場合の規律として契約目的不達成としたのは，やはりこの段階での解除を認めるのは全く履行していない場面での解除よりは要件を厳しくしたのだろう[155]」，あるいは「従前の売買に関する瑕疵担保責任の理解は，法定責任説で，修補請求はできないという前提に立っていますので，……理論上は実務の変更に当たるのではないか……瑕疵担保責任に当たるものについて催告解除を認めるのは，比較法的に見ると，必ずしも主流とはいえない方向ではないか[156]」と。

そこで，こうした問題意識から，売買・請負においては，解除要件の特則を設けるべきではないかとの意見が提起される。すなわち，「売買若しくは請負のところで……追完請求をした場合にも解除の規定の適用はあるという形で記載されるのですが，そこにただしというところで契約目的不達成のときに解除できるという特則を設ける。それは現行法の規律の仕方と整合しているのでは

---

[155] 審議会「第94回　議事録」（平成26年7月15日）（中井委員）45頁。
[156] 審議会「第96回　議事録」（山本(敬)幹事）20頁。

ないか⁽¹⁵⁷⁾」と。

　この見解に対しては，多くの委員・幹事は反対する。すなわち，「契約目的の不達成が要件として必要になる……この規律でも恐らくそういう解釈論がなお可能なのではないか……一般規定とは別に契約類型毎に多様な変形が出てくるという解釈の余地がある⁽¹⁵⁸⁾」，「『軽微な』というのはある種の規範的な解釈要素であって，現在の条文であっても，つまり，請負に関する634条1項の『瑕疵が重要でない』という文言についても，その契約目的が達成できるかどうかというのが非常に重要な意味を持つという解釈論だから，それで解釈できる……請負の特則として契約目的が不達成か否かという基準の特則を置こうということになりますと，他のところでは軽微性の判断について契約目的との関係で考えることを否定するという反対解釈を生みうるわけで，……賛成できない……契約目的の不達成という概念が軽微性の解釈等においても重要な意味を持ってくるということは今後の解釈論としては十分あり得る⁽¹⁵⁹⁾」，「催告解除という枠組みを維持しながら，その上で契約目的達成不能というような形でただし書を変えようという御趣旨かもしれませんが，そのように捉えることは，個人的には賛成しません⁽¹⁶⁰⁾。」，さらに「催告解除のところで軽微という言葉で意味しようとしていたのは，本当の文字通り軽微，軽いという意味でなくて，付随義務違反などで簡単に解除できるわけではないという判例法を明文化するために，……軽微という言葉が選ばれた……その経緯を踏まえて軽微を解釈する必要がある……例えば，引渡債務について，売買契約で物を引き渡さない，催告してなお引き渡さないというとき，これは軽微ではない……これに対して本当に軽い付随義務違反については，催告をしても，それはなお軽微なので解除できないと，元々そういう趣旨で使われたのだと思います。……修補を請求するというのは……その時点で契約の目的達成がなお見込める場合です……修補することによって不適合の度合いがより小さくなる。……その時点では修補請求をする最初の時点よりも不適合の状態は小さくなっている場合が多いと思われますが，小さくなっているにもかかわらずなお契約を維持できないという

---

(157)　審議会「第94回　議事録」(中井委員) 46頁。
(158)　審議会「第94回　議事録」(松岡委員) 46頁。
(159)　審議会「第94回　議事録」(道垣内幹事) 46-47頁。
(160)　審議会「第94回　議事録」(潮見幹事) 47頁。

場合のことを軽微でないというふうに表現している。それは契約目的が達成できないということとイコールではないかもしれないけれどもかなり近く、少なくとも、文字通り軽い場合以外のことではなくて、元々修補可能であって直るだろう、契約目的を達成する見込みはなおあるだろうということで催告をして修補してもらい、ある程度修補はされたけれども、催告期間経過後にこの状態ではやはり駄目だというのを軽微でないというふうに表現している。それは通常の引渡債務の催告解除、つまり催告期間を経過したのに目的物を引き渡していないという状態を軽微でないと表現するのと同じような重さのものを意味している。そう理解するしかないのではないか[161]」と、本提案を維持する上での究極の解釈論が示される。

(3) 催告解除と無催告解除の問題の解決策

比較法的には、統一法秩序では重大な不履行一元論を採用するものはなく、重大な不履行の場合に無催告解除を認め、履行の遅延の場合に催告解除で補完するという重大な不履行解除を原則とする解除二元論を採用する[162]。またドイツ法や日本法では催告解除を原則とし[163]個別に重大な不履行（目的達成不能）に相当する場合に無催告解除を認める二元論を採用する。不適合な履行（瑕疵物給付等）の場合は、多くの統一法秩序は催告解除の範疇から除いている。つまり、不適合の場合には、重大な不履行（目的達成不能）の場合にしか解除は認められないとの構成が採用されている。これに対して、不適合な履行の場合にも、催告解除を認めるのが1999年のEC指令[164]（3条5項）およびドイツ民法、さらには共通欧州売買法草案（消費者売買等）、共通参照枠草案（消費者売買）であるが、これらの場合には、不適合が軽微な場合に解除が認められない[165]ものとなっている。

そこで、改正の方向としては、重大な不履行一元論の主張もあったが、これ

---

(161) 審議会「第94回 議事録」（内田委員）48頁。
(162) UP：7.3.1・7.1.5, EP：9：301・8：106, CESL：114(1.)・115(1.)・134・135(1.), DCFR：Ⅲ.-3：502・Ⅲ.-3：503・Ⅲ.-3：103. この他、ウィーン国連売買条約（United Nations Convention of Contracts for the International Sales of Goods, 1980. 以下、CISG：49・64として引用する。）もこれを採用する。
(163) BGB：323(1)(5), 日民541.
(164) DIRECTIVE 1999/44/EC OF THE EUROPEAN PARLIAMENT AND OF THE COUNCIL of 25 May 1999.
(165) EC指令3条6項, BGB：323(5), CESL：114(2.), DCFR：Ⅳ.A.-4：201.

は比較法的には妥当なものではないので，二元論ということになった。そして現行法が催告解除を原則としていることもあってか催告解除を原則とした二元論が採用された。ただ，ドイツ法型の催告解除に倣って不適合の場合をも催告解除に取り込んだため，ただし書が設けられ，ここで上述の問題が生じてくる。

　こうした問題が生じないための法制としては，履行の遅延と付随的債務の場合に限って，催告解除を採用し，不適合な給付は不能や定期行為等と並べて，目的達成不能（重大な不履行）を要件とした無催告解除に服させるといった「完全二元論」を採用することである。著者としても反省されるのは，重大な不履行一元論の非妥当性を意識するあまり，比較法的な主流の認識を誤り，こうした方向を十分には示唆できなかった点である。

　もはや，修正が難しいとすれば，あとは解釈を工夫することしかないが，注目されるのは，ただし書で，相当の期間を経過した時の不履行で解除の可否を判断するとしているところである。これはきわめて異例な法制ではあるが，逆にここに解釈を持ち込む余地が出てくる。催告解除では，一般的には相当期間が経過すれば解除がそのまま認められてしまう。そこで，不適合な履行の場合には，相当期間経過時の不履行の軽微性の解釈を工夫することによって現行の実務との乖離を防ぐことが可能となるのではないかと思われる。

完全二元論（催告解除と無催告解除）
(1)　催告解除
　　①履行の遅延
　　②付随的債務の違反が，契約の目的達成不能かまたは重大な影響を及ぼし，要素たる債務の違反といえる場合
(2)　無催告解除
　　①履行の不能
　　②履行の拒絶
　　③定期行為
　　④不適合な履行等で契約をした目的が達成できない場合

2　解除権の消滅

　現行民法548条では，一定の要件のもとで解除権が消滅する旨の規定が置かれているが，改正案ではその字句に修正が施されている。「行為若しくは過失」

が「故意若しくは過失」に修正され，2項の解除権が消滅しない場合の例外規定を1項ただし書にして，その内容を「解除権を有する者がその解除権を有することを知らなかったとき」と変更されている。

これに対しては，解除権の消滅の規定を置くことに反対の意見が出される。すなわち，「原物返還が不能になってしまった場合でも，解除権を否定する理由はなく，……むしろ解除権を認めて簡略に処理する方がよいのではないか……解除権を認めて，……その価値返還義務を課すという解決の方がいいのではないか[166]」，「目的物自体を返還できないときには価値の返還がなされるという考え方を一般的に採るとすれば，解除をこのような形で制限する必要性があるのか……少なくとも過失によって目的物を損傷したりあるいは返還できなくしたというような場合についてまで解除権を否定することには反対です[167]。」，「548条をこのような形で残すことによるデメリットと，それからそうではない形で……ルールを立てることによるメリットあるいはデメリットを検討していただければ有り難い[168]」，「548条で，1項については松岡委員がおっしゃっている意見に私も賛成なのです[169]」とこぞって反対される。

この解除権の消滅に関しては，1980年のCISG形成の時代においては，一定の場合に解除権を失うという規定（82条）が置かれた。しかし，その後の進展により，契約解除の効果として原状回復の内容について，原物返還が不可能な場合に価値の償還に関する詳細な規定が置かれる[170]ようになり，もはや解除権の消滅の規定は置かれないのが国際的な趨勢である

そこで，解除権消滅の規定が置かれてしまった場合には，解除権が消滅するとの規定に従ったうえで，日本も加盟するCISGの82条以下の規定をも参考としながら，価値返還に関する詳細な解釈でこれに応ずるという方法が考えられよう。

---

[166] 審議会「第91回 議事録」（松岡委員）3頁。
[167] 審議会「第91回 議事録」（鹿野幹事）7頁。
[168] 審議会「第91回 議事録」（潮見幹事）7頁。
[169] 審議会「第91回 議事録」（山本(敬)幹事）8頁。
[170] たとえば，DCFR：Ⅲ.-3：510.以下参照。

第2節　債権者の帰責事由と解除

一　審議会の議論

(4)　上記(1)から(3)までの債務の不履行が契約の趣旨に照らして相手方の責めに帰すべき事由によるものであるときは，相手方は，契約の解除をすることができないものとする。

2　履行不能による解除の要件（民法第543条関係）
民法第543条の規律を次のように改めるものとする。
(1)　債務の履行が不能であるときは，債権者は，契約の解除をすることができるものとする。
(2)　履行の一部が不能である場合において，残存する部分のみでは債権者が契約をした目的を達することができないときは，債権者は，契約の全部を解除することができるものとする。
(3)　上記(1)又は(2)の履行の不能が契約の趣旨に照らして債権者の責めに帰すべき事由によるものであるときは，債権者は，契約の解除をすることができないものとする。
(4)　債務者がその債務の履行をしない旨の確定的な意思を表示したときは，上記(1)から(3)までを準用するものとする。

○中間試案第11，1「債務不履行による契約の解除の要件（民法第541条ほか関係）」
民法第541条から第543条までの規律を次のように改めるものとする。
(1)　（略）
(2)　当事者の一方がその債務を履行しない場合において，その不履行が次に掲げるいずれかの要件に該当するときは，相手方は，上記(1)の催告をすることなく，契約の解除をすることができるものとする。
ア　（略）
イ　その債務の全部につき，履行請求権の限界事由があること。
ウ　上記ア又はイに掲げるもののほか，当事者の一方が上記(1)の催告を受けても契約をした目的を達するのに足りる履行をする見込みがないことが明白であること。
(3)　当事者の一方が履行期の前にその債務の履行をする意思がない旨を表示したことその他の事由により，その当事者の一方が履行期に契約をした目的を達するのに足りる履行をする見込みがないことが明白であるときも，上記(2)と同様とするものとする。

第5章　契約の解除

　（注）　解除の原因となる債務不履行が「債務者の責めに帰することができない事由」（民法第543条参照）による場合には，上記(1)から(3)までのいずれかに該当するときであっても，契約の解除をすることができないものとするという考え方がある。

○中間試案第12，2「債権者の責めに帰すべき事由による不履行の場合の解除権の制限（民法第536条第2項関係）」
　(1)　債務者がその債務を履行しない場合において，その不履行が契約の趣旨に照らして債権者の責めに帰すべき事由によるものであるときは，債権者は，契約の解除をすることができないものとする。
　(2)　（略）　　　　　　　　　　　　　部会資料68A（21，27-28頁）

○債権者の帰責事由と解除について

① 債務者および債権者の双方に責めに帰すべき事由があるという場合が存在するという見解

岡崎幹事：1の(4)と2の(3)の関係ですけれども，債権者と債務者の双方に帰責事由がある場合があり得るのではないか（第78回43-44頁）。仮に双方に帰責事由がある場合を想定できるとすると，現行法の規律によれば，債務者に帰責事由があるということになりますから，解除ができるということになると思います。それに対して，この素案の規律によりますと，債権者にも帰責事由があるということになりますので，解除できないということになるのではないかと思われます。そうすると，現行の規律と今回の素案の規律とで，結論が異なるのではないか（第78回44頁）。裁判実務において，従前，債務者に帰責事由がある場合に，解除できないと判断されたことはない（第78回45頁）。

村上委員：双方ともに責めに帰すべき事由があるケースというのは，ごく普通にある（第78回46頁）。

② 責めに帰すべき事由は，両当事者の一方にしかないとする見解

金関係官：帰責事由というのは，当該不履行の結果をどちらに帰責すべきか，当該不履行のリスクをどちらが負担すべきかという問題であることから，債権者にあるか，債務者にあるか，どちらにもないかのいずれかに収れんするのではないか（第78回44頁）。

潮見幹事：契約の趣旨に照らした形で債権者に解除権を与えるにふさわしいよ

うな状況があるかどうかというものを判断していきましょうという枠組みではないでしょうか。そうであれば，そのときに債務者側の行為態様をその中に組み込んだ形で，双方に，正に従来の言い方をすれば，帰責事由があるような場合もこの(4)に当たるかどうか，その一点で判断をするという捉え方ではないのでしょうか。(第78回45頁)。

道垣内幹事：ここの責めに帰すべき事由というのは，……さまざまな両当事者の事情を勘案して，これで解除を認めるというのはないのではないというような評価的な概念である。……責めに帰すべき事由という言葉ではない言葉を，何とか探す必要があるのではないか（第78回46頁）。

二　考察（債権者の帰責事由と解除）

　素案では，「第3　契約の解除　1　履行遅滞等による解除の要件（民法第541・第542条関係）」の(4)において「上記(1)から(3)までの債務の不履行が契約の趣旨に照らして相手方の責めに帰すべき事由によるものであるときは，相手方は，契約の解除をすることができないものとする。」[171]とされ，また「2　履行不能による解除の要件（民法第543条関係）」の(3)において「上記(1)又は(2)の履行不能が契約の趣旨に照らして債権者の責めに帰すべき事由によるものであるときは，債権者は，契約の解除をすることができないものとする。」[172]との規定が置かれる。つまり，債務者の不履行が債権者の帰責事由あるものによる場合には，債権者は解除権を行使することができないという規律である。

　これに関して，「債権者と債務者の双方に帰責事由がある場合があり得るのではないか[173]」とし，「仮に双方に帰責事由がある場合を想定できるとすると，現行法の規律によれば，債務者に帰責事由があるということになりますから，解除ができるということになると思います。それに対して，この素案の規律によりますと，債務者にも帰責事由があるということになりますので，解除できないということになるのではないかと思われます。そうすると，現行の規律と今回の素案の規律とで，結論が異なるのではないか[174]」，「裁判実務において，

---

(171)　部会資料68A・前掲注(59)20-21頁。
(172)　部会資料68A・前掲注(59)27頁。
(173)　審議会「第78回　議事録」（岡崎幹事）43-44頁。
(174)　審議会「第78回　議事録」（岡崎幹事）44頁。

第 5 章　契約の解除

い(175)」と指摘され，これに「双方ともに責めに帰すべき事由があるケースというのはごく普通にある(176)」と同調する意見が出される。

これに対して，帰責事由は，両当事者の一方にしかないとの立場からは，次の主張がなされる。「帰責事由というのは，当該不履行の結果をどちらに帰責すべきか，当該不履行のリスクをどちらが負担すべきかという問題であることから，債権者にあるか，債務者にあるか，どちらにもないかのいずれかに収れんするのではないか(177)」とか，「契約の趣旨に照らした形で債権者に解除権を与えるにふさわしいような状況があるかどうかというものを判断していきましょうという枠組ではないでしょうか。そうであれば，そのときに債務者の側の行為態様をその中に組み込んだ形で，双方に，正に従来の言い方をすれば，帰責事由があるような場合もこの(4)に当たるかどうか，その一点で判断をするという捉え方ではないのでしょうか(178)。」と。こうした帰責事由の用い方に関しては，「ここの責めに帰すべき事由というのは，……様々な両当事者の事情を勘案して，これで解除を認めるというのはないのではないというような評価的な概念である。……責めに帰すべき事由という言葉ではない言葉を，何とか探す必要があるのではないか(179)」と用語としての不適切性が指摘される。

比較法的にみると，統一法秩序では興味深い規律がなされている。まず，ウィーン国連売買条約では，「当事者の一方は，相手方の不履行が自己の作為又は不作為によって生じた限度において，相手方の不履行を援用することができない(180)。」（第80条）と規定される。これにより，債務者の不履行を生じさせた原因が，債権者の行為に起因する場合には，その限度で債権者の帰責事由とは無関係に，債権者の権利行使（履行請求権，契約解除権，損害賠償請求権等）が排除される。ユニドロワ国際商事契約原則では，「当事者は，相手方の不履行が，自己の作為もしくは不作為により生じたとき，または自己がそのリスク

---

(175)　審議会「第78回　議事録」（岡崎幹事）46頁。
(176)　審議会「第78回　議事録」（村上委員）46頁。
(177)　審議会「第78回　議事録」（金関係官）44頁。
(178)　審議会「第78回　議事録」（潮見幹事）45頁。
(179)　審議会「第78回　議事録」（道垣内幹事）46頁。
(180)　CISG：80. なお，甲斐道太郎ほか『注釈国際統一売買法——ウィーン売買条約——』（法律文化社，2003年）233頁以下も参照。

を負担すべきその他の出来事により生じたときは，その限りにおいて，相手方の不履行を主張することができない。」（第7.1.2条）と規定され，ここでも不履行を主張する当事者（債権者）の行為によって生じた債務者の不履行は，もはや「不履行」とはいえず，たとえば，債権者は契約を解除することができない[181]。ヨーロッパ契約法原則では，「当事者の一方は，相手方の不履行が自らの行為により生じたときは，その限りにおいて，第9章に定められたいずれの救済手段も用いることができない。」（第8：101条3項）と規定される。ここでも，債務者の不履行の原因が債権者にある場合に，法的救済権（履行請求権，契約の解除権等）の権利行使が認められない[182]。

このように統一法秩序では，「原因主義」が採用されており，債権者が不履行の原因を与えた範囲で，たとえば契約の解除ができなくなるという構成を採っている。なお，原因主義を採ったとしても，やはり両当事者双方に不履行の原因が存在するケースがあり[183]，その場合には，債権者は，債権者に不履行の原因が存する「その限りにおいて」不履行に対する救済手段の行使ができない。

一方，日本では，民法536条2項に関し，審議会の議論で，「原因主義」はむしろ，労基法に対応するものであり，民法一般ではやはり「帰責事由」を基準とすべきものとするという方向となっている[184]。これに関して，最も参考となる規律が，原因主義を採らずに「帰責事由」に依拠する[185]ドイツ民法である。2001年に改正されたドイツ民法では，「債権者にのみもしくはもっぱら債権者に責任がある事情により解除権を根拠づけるとき，または債権者が受領遅滞に陥ったときに債務者の責めに帰することのできない事由が発生したときは，解除権は行使することができない。」（第323条6項）と規定される。そしてそこでは，債務者の帰責事由と債権者の帰責事由と双方に帰責事由が存する場合は，当然考えられており，その注釈書では，「もっぱら債権者に責任」がある場合に，債権者は解除権を行使できないが，その解釈として，債権者に

---

(181) 内田ほか訳・前掲注(20)154頁も参照。
(182) 潮見ほか監訳・前掲注(20)367頁も参照。
(183) 甲斐ほか・前掲注(169)236頁，潮見ほか監訳・前掲注(20)367頁参照。
(184) 石崎・前掲注(24)226頁以下，特に228頁，231頁を参照。
(185) 石崎・前掲注(86)184頁。

90％，少なくとも80％責任がある場合に解除権は排除される[186]とされている。つまり，日本法でも，原因主義ではなく，帰責事由主義が採用されるのであれば，当然，両当事者に帰責事由が存する場合が考えられ，ドイツ民法におけるような規律，解釈が必要となってくるのではないだろうか。また，責めに帰すべき事由（帰責事由）という用語は，債務不履行に基づく損害賠償請求権を認めるか否かを決すべき概念として用いられており，決して，解除が認められるかどうかを決定する概念ではないということも留意されねばならないと考える。

第6章 危険負担

一 審議会の議論(1)

> 第1 民法第536条第1項の削除の是非
>   民法第536条第1項については，同項を削除するという案が示されているが（中間試案第12，1），同項を維持すべきであるという考え方もある（中間試案第12，1の（注）参照）。同項の削除の是非について，どのように考えるか。
>
> 〇中間試案第12,1「危険負担に関する規定の削除（民法第534条ほか関係）」
>   民法第534条，第535条及び第536条第1項を削除するものとする。
>   （注） 民法第536条第1項を維持するという考え方がある。
>
> 〇参照条文
>   （債務者の危険負担等）
>   民法第536条 前2条に規定する場合を除き，当事者双方の責めに帰することができない事由によって債務を履行することができなくなったときは，債務者は，反対給付を受ける権利を有しない。
>   2 債権者の責めに帰すべき事由によって債務を履行することができなくなったときは，債務者は，反対給付を受ける権利を失わない。この場合において，自己の債務を免れたことによって利益を得たときは，これを債権者に償還しなければならない。   部会資料68B（1頁）

---

[186] Palandt/Heinrichs, Gesetz zur Modernisierung des Schuldrechts, 2002.Rn.29, S.215. なお，石﨑・前掲注(24)の198頁の注(34)も参照。

○民法536条1項の削除について

① 民法536条1項を削除することに反対，若しくは懸念を示す見解

佐成委員：削除には反対というのが多数であった……実務上，履行不能に相当するような事案では，解除の意思表示がそれほど必須的に行われているとは言えない……実務的にはそういう536条1項を当然の前提とする解決が広くなされたのではないか。（第78回49頁）実務界でまたこれらの御批判を持ち帰ったとしても最後まで多分反対というのは残る……完全に削除してしまうというのは，現時点での私の感触ではちょっと厳しい（第78回54-55頁）。理論的にどっちかに一元化しろと言われても，そもそもの出発点で必ずしもここを改正して欲しいという実務的なニーズが果たして本当にあるのか（第78回54頁）。

安永委員：現行民法の下では，当事者双方の責めに帰すことができない事由によって，労務を供給することができなかった場合には，その分については報酬請求権が生じませんが，その法的根拠は536条1項にある……536条1項を削除した場合には，……使用者は契約解除の意思表示をしなければ報酬支払義務を免れないという解釈がなされることも考えられ，解除を誘発するなど，継続的契約である労働契約の不安定化を招く……継続的な契約について，契約自体の効力は引き続き維持する必要があるときは，契約の解除ではなく，民法第536条第1項による消滅を主張するほうが合理的である（第78回49頁）。

松本委員：要件が同じでかつ効果が同じで，間に解除の意思表示が入るか，入らないかだけの違いの制度がもう一組ある……債務不履行の際の填補賠償の請求については，催告をして債務者が履行しなければ，解除して填補賠償を請求してもいいし，解除せずに填補賠償を請求してもどっちでもいいと。つまり，要件が完全に重複していて，債務不履行という状況があって，そして目指す効果は填補賠償の請求と全く同じである。にもかかわらず，解除してもいいし，しなくてもいいということになって，今の危険負担と解除の重複と全く同じなんですね。……一方においては，この新たな条文の新設を主張して，他方においては，既存の制度の消滅を主張するというのは，一貫しない（第78回51頁）。

岡田委員：536条1項というのは，重要な役割をしている……これを削除するということであれば，必ず双方に責めに帰すべき理由がない場合も解除できる

というのが明確に読み取れるような,そういう形にしていただきたい(第78回51-52頁)。

高須幹事:弁護士会は従前から,536条1項を存続すべきだという意見が強かった。……東弁は……536条1項の削除については反対するが,この規定は危険負担制度,履行拒絶権として構成するのが妥当であるという……意見です(第78回52頁)。

山川幹事:継続的契約については,具体的にこういう手当が可能であるということまで詰めておいたほうがいい(第78回52頁)。

岡崎幹事:ドイツ民法では,元々今の中間試案と同じような提案,すなわち,解除で一元化するという原案だったものが,その後の審議の過程で危険負担と解除を併存させるというものに変わった……現行のドイツ民法について,改正の後の施行状況を見ても,債権者に危険負担の主張と,解除の主張の選択権を与えたことによって何らかの問題が生じているのかというと,特に問題は生じていない……そうすると,我が国で解除と危険負担を併存させることによって,実務的にどのような問題が生ずるのかというところについてもよく考えておく必要がある(第78回54頁)。

永野委員:国民の側にあった,請求された場合に解除の意思表示をするまでもなく,請求を拒めるということで今まで守られてきた利益をどのようにくみ上げていったらいいのか,そういう辺りはやはり軽々に無視できないのではないか(第78回55頁)。

深山幹事:東弁の意見である履行拒絶権という構成は,これは反対債権の消滅は認めないで,ただ履行されたときに拒める,あるいは債務不履行の責任を負わない,遅滞の責任を負わないというようなことであり,……効果については,従来の危険負担は反対債権の消滅ですけれども,履行拒絶という抗弁を出せるというのは,債権は消滅させないわけですから,効果が違うという説明ができます。(第78回55-56頁)。

② 民法536条1項を削除することに賛成の見解

山野目幹事:自動的に反対給付の権利が消滅するという制度を存置しておきながら,解除によってそれを消滅させるという制度を併せて入れるということは,どう考えても読み手にとって親切で平明な理解を与える民法の規律であるとは

考えられない（第78回49頁）。

潮見幹事：解除と536条1項の規律を併存させるということに対しては，説明が理論的にはできないのではないか……解除という構成ではまずいという部分については，各論的に対応するような方策が既に提案として出されている（第78回50頁）。理論的におかしいけれども，それが実務の実態に合うから併存させているのだという説明をされるおつもりなのか，その辺りも含めて考えていただきたい（第78回54頁）。履行不能のときに解除は認めるべきではなく，解除制度によらずに危険負担一本に処理をしようというのでは駄目ですか。（第78回55頁）。

山本（敬）幹事：ここで問題になっているのは，履行不能という要件はどちらも一緒である。解除については，更に解除の意思表示が付け加わっているだけであって，一方の要件が他方を完全に包摂しているわけです。この場合は，規範を複数認める必要はない。（第78回50頁）。

松岡委員：一回だけ給付をする債権債務が発生し，それが履行不能になるような場合については，やはり解除と危険負担の規定を重複して置くことは，理論的にはほとんど説明不能だ（第78回53頁）。

二　考察(1)（危険負担の原則規定）

契約の解除の要件として，債務者の帰責事由は必要でないとする規律を採用すると，「当事者双方の責めに帰することができない事由によって債務を履行することができなくなったときは，債務者は，反対給付を受ける権利を有しない」（民536条1項）という危険負担債権者主義の原則と契約解除の規定とが内容的に重複する。そこで，危険負担の一般法理（民536条1項）を削除し，契約の解除へと一元化することが考えられる。基本的には，同じ効果を有する二つの制度を併存させるという意味はないので，当然民法536条1項の削除の意見が出される。すなわち，「自動的に反対給付の権利が消滅するという制度を存置しておきながら，解除によってそれを消滅させるという制度を併せて入れるということは，どう考えても，読み手にとって親切で平明な理解を与える民法の規律であるとは考えられない」[187]。また「ここで問題になっているのは，

---

(187)　審議会「第78回　議事録」（山野目幹事）49頁。

第6章　危険負担

履行不能という要件はどちらも一緒である。解除については，更に解除の意思表示が付け加わっているだけであって，一方の要件が他方を完全に包摂しているわけです。この場合は，規範を複数認める必要はない[188]。」とか「一回だけ給付をする債権債務が発生し，それが履行不能になるような場合については，やはり解除と危険負担の規定を重複して置くことは，理論的にはほとんど説明不能だ[189]」。さらには「解除と536条1項の規律を併存させるということに対しては，説明が理論的にはできないのではないか……解除という構成ではまずいという部分については，各論的に対応するような方策がすでに提案として出されている[190]」，「理論的にはおかしいけれども，それが実務の実態に合うから併存させているのだという説明をされるおつもりなのか，その辺りも含めて考えていただきたい[191]」。そして遂に危険負担への一元化の提言までが示される。「履行不能のときに解除は認めるべきではなく，解除制度によらずに危険負担で1本に処理をしようというのでは駄目ですか[192]。」と。

これに対して，実務家委員を中心として，民法536条1項を削除することに反対，もしくは懸念を示す見解が主張される。「削除には反対というのが多数であった……実務上，履行不能に相当するような事案では，解除の意思表示がそれほど必須的に行われているとは言えない……実務的にはそういう536条1項を当然の前提とする解決が広くなされたのではないか[193]」，「実務界でまたこれらの御批判を持ち帰ったとしても，最後まで多分反対というのは残る……完全に削除してしまうというのは，現時点での私の感触ではちょっと厳しい[194]」，「理論的にどちらかに一元化しろといわれても，そもそも出発点で必ずしもここを改正してほしいという実務的なニーズが果たして本当にあるのか[195]」と。また「536条1項というのは，重要な役割をしている……これを削除するということであれば，必ず双方に責めに帰すべき事由がない場合も解除

---

(188) 審議会「第78回　議事録」（山本(敬)幹事）50頁。
(189) 審議会「第78回　議事録」（松岡委員）53頁。
(190) 審議会「第78回　議事録」（潮見幹事）50頁。
(191) 審議会「第78回　議事録」（潮見幹事）54頁。
(192) 審議会「第78回　議事録」（潮見幹事）55頁。
(193) 審議会「第78回　議事録」（佐成委員）49頁。
(194) 審議会「第78回　議事録」（佐成委員）54-55頁。
(195) 審議会「第78回　議事録」（佐成委員）55頁。

できるというのが明確に読み取れるような，そういう形にしていただきたい(196)」とか，「国民の側にあった，請求された場合に解除の意思表示をするまでもなく，請求を拒めるということで今まで守られてきた利益をどのようにくみ上げていったらいいのか，そういう辺りはやはり軽々に無視できないのではないか(197)」と削除への疑念が示される。

　労働法関係の委員からは，「現行民法の下では，当事者双方の責めに帰すことができない事由によって，労務を供給することができなかった場合には，その分については報酬請求権が生じませんが，その法的根拠は 536 条 1 項にある……536 条 1 項を削除した場合には，……使用者は契約解除の意思表示をしなければ報酬支払義務を免れないという解釈がなされることも考えられ，解除を誘発するなど，継続的契約である労働契約の不安定化を招く……継続的な契約について，契約自体の効力は引き続き維持する必要があるときは，契約の解除ではなく，民法第 536 条第 1 項による消滅を主張するほうが合理的である(198)」とされ，少なくとも「継続的契約については，具体的にこういう手当が可能であるということまで詰めておいたほうがいい(199)」との立場が示される。

　一方，民法 536 条 1 項の削除（契約の解除への一元化）に対する理論的側面からの反論として，次の意見が出される。「要件が同じでかつ効果が同じで，間に解除の意思表示が入るか，入らないかだけの違いの制度がもう一組ある……債務不履行の際の塡補賠償の請求については，催告をして債務者が履行しなければ，解除して塡補賠償を請求してもいいし，解除せずに塡補賠償を請求してもどっちでもいいと。つまり，要件が完全に重複していて，債務不履行という状況があって，そして目指す効果は塡補賠償の請求と全く同じである。にもかかわらず，解除してもいいし，しなくてもいいということになって，今の危険負担と解除の重複と全く同じなんですね。……一方においては，この新たな条文の新設を主張して，他方においては，既存の制度の消滅を主張するとい

---

(196)　審議会「第 78 回　議事録」（岡田委員）51-52 頁。
(197)　審議会「第 78 回　議事録」（永野委員）55 頁。
(198)　審議会「第 78 回　議事録」（安永委員）49 頁。
(199)　審議会「第 78 回　議事録」（山川幹事）52 頁。

うのは，一貫しない$^{(200)}$」と。

　さらに比較法的根拠に基づく反論として，次の意見が出される。「ドイツ民法では，もともと今の中間試案と同じような提案，すなわち，解除で一元化するという原案だったものが，その後の審議の過程で危険負担と解除を併存させるというものに変わった……現行のドイツ民法について，改正の後の施行状況を見ても，債権者に危険負担の主張と，解除の主張の選択権を与えたことによって何らかの問題が生じているかというと，特に問題は生じていない……そうすると，我が国で解除と危険負担を併存させることによって，実務的にどのような問題が生ずるのかというところについてもよく考えておく必要がある$^{(201)}$」と。

　また，実務家サイドから，解除一元化への一種の妥協案として，「履行拒絶の抗弁権構成案」が示される。弁護士会は，536条1項を存続すべきだとする意見が強いということを前提としながらも，「東弁は……536条1項の削除については反対するが，この規定は危険負担制度，履行拒絶権として構成するのが妥当である$^{(202)}$」との意見が示される。これに対しては，「東弁の意見である履行拒絶権という構成は，これは反対債権の消滅は認めないで，ただ履行されたときに拒める，あるいは債務不履行の責任を負わない，遅滞の責任を負わないというようなことであり，……効果については，従来の危険負担は反対債権の消滅ですけれども，履行拒絶という抗弁を出せるというのは，債権は消滅させないわけですから，効果が違うという説明ができます$^{(203)}$。」と支持される。

　これに関する著者の見解については，中間試案の検討において示したように，中間試案（民法536条1項の削除・契約解除への一元化案）に対して，考えられる具体的ケースを当てはめてみて，その適否を探った$^{(204)}$結果，「契約解除への一元化，プラス危険負担の一般規定（民法536条1項）補完案」とでもいうべきものが適当ではないかというものであった。

---

(200)　審議会「第78回　議事録」（松本委員）51頁。
(201)　審議会「第78回　議事録」（岡崎幹事）54頁。
(202)　審議会「第78回　議事録」（高須幹事）52頁。
(203)　審議会「第78回　議事録」（深山幹事）55-56頁。
(204)　石崎・前掲注(24)263頁以下。

三 審議会の議論(2)

> 第10 危険負担
> 1 危険負担に関する規定の削除（民法第534条・第535条関係）
> 民法第534条及び同法第535条を削除するものとする。
> 2 反対給付の履行拒絶（民法第536条関係）
> 民法第536条の規律を次のように改めるものとする。
> (1) 当事者双方の責めに帰することができない事由によって債務を履行することができなくなったときは，債権者は，反対給付の履行を拒むことができる。
> (2) 債権者の責めに帰すべき事由によって債務を履行することができなくなったときは，債権者は，反対給付の履行を拒むことができない。この場合において，債務者は，自己の債務を免れたことによって利益を得たときは，これを債権者に償還しなければならない。　部会資料79-1（10頁）
>
> 第13 危険負担
> 1 危険負担に関する規定の削除（民法第534条・第535条関係）
> 民法第534条及び第535条を削除するものとする。
> 2 反対給付の履行拒絶（民法第536条関係）
> 民法第536条の規律を次のように改めるものとする。
> (1) 当事者双方の責めに帰することができない事由によって債務を履行することができなくなったときは，債権者は，反対給付の履行を拒むことができる。
> (2) 債権者の責めに帰すべき事由によって債務を履行することができなくなったときは，債権者は，反対給付の履行を拒むことができない。この場合において，債務者は，自己の債務を免れたことによって利益を得たときは，これを債権者に償還しなければならない。
> 部会資料82-1（14-15頁）
> 部会資料83-1（14頁）

1 反対給付の履行拒絶（民法536条関係）について

① (1)の当事者双方の責めに帰することができない事由によってという文言を削除すべきだとする見解

潮見幹事：債務者の帰責事由の有無は，この(1)のルールの下での反対債務の履行拒絶権の成否を決する上で，意味を持ちません。債務者に帰責事由のある履行不能であれ，債務者に帰責事由のない履行不能であれ，債務者からの反対債

務の履行請求に対して債権者は履行不能を理由に契約を解除することができますし，履行不能を理由に反対債務の履行を拒絶することができるからです。（第91回16頁）。

山野目幹事：当事者双方の責めに帰することのできない事由によって，という文言を削ることが，提案されている規律の趣旨の簡明な伝達にとっては相当である（第91回17頁）。

山本（敬）幹事：契約の一方からの相手方に対する契約の履行請求，例えば代金の支払請求に対して，請求を受けた者が他方の引渡債務が履行不能になったことを抗弁として主張すると，これで代金の支払請求を拒絶できるという提案のはずです。……それで代金の支払請求が認められるかといいますと，請求を受けた側が払いたくないと思えば，解除すればよいわけです。……とすると，一体何のためにこの場合に履行拒絶を否定するのか。……解除制度とこの新しい危険負担制度との平仄がとれない，何のために履行拒絶を否定するのかという説明がつかない，そのようなことにならないように，両者の要件を整合的に定める必要がある。（第91回20頁）。

中井委員：債務者に帰責事由があるときに何で履行拒絶ができないのだ（第91回29頁）。

② 解除・危険負担単純併存説を主張する見解

松本委員：解除と危険負担の併存についても，一部が履行不能という場合において，一部解除で処理ができないときに全部解除しかできないとなると不都合だから，その一部については反対債務が一部消滅するという危険負担で処理をしましょうとすることに対する実務的なニーズはあるのではないか……この解除と危険負担の問題と解除と填補賠償の請求権の問題というのは同じような性質を持った論点ではないかと考えておりまして，どちらか一方を理論的不透明でも実務的な利益があるから入れて，片一方は実務的な利益があっても理論的に不透明だから採用しないというのはちょっと立法のやり方としてアンバランスかなという感じがいたします。（第91回23頁）。

佐成委員：産業界としましては，従前から危険負担の廃止については消極的な意見を述べております。……単純併存でお願いしたい……抗弁権という形で残るというのは債権管理の面でかなりコスト的に問題があるのではないか（第91

回 24 頁)。

③ 提案を支持する見解

金関係官：危険負担の法理というのは，当事者双方の帰責事由によらないで債務の履行が不能となった場合にはその反対給付債務が消滅する，今回の改正で言えばその反対給付債務の履行を拒絶できるというルールとして，これまでも実体法のルールとしては理解されてきましたので，実体法の規定としては，端的に当事者双方の帰責事由によらないで履行不能となった場合という表現を用いればよいし，用いるべきである（第91回18-19頁）。現行法の危険負担の制度は，536条1項の文言から明らかですけれども，当事者双方の帰責事由によらないで履行不能となった場合にのみ適用されるものですので，債務者に帰責事由がある場合には適用されません。そういった現行法との連続性を意識しながら制度設計をすることも求められる（第91回21頁）。

内田委員：現行法の改正ですので，現在ある危険負担制度をなくさないとするとどう変えるのかという形で議論を立てて立法論をせざるを得ない。（第91回26頁）。

沖野幹事：債務者に責めに帰すべき事由があるようなときには債権者はおよそ拒めないという含意まで含んでいるのか，むしろ仮にこの形で規定ができたときには，これは現行の危険負担制度との関係でこのような表現にはなっているけれども，解釈としては，債務者の責めに帰すべき事由があるときが排除されるわけではないと読む余地はあるのではないか（第91回30頁）。

2 反対給付が履行済みであった場合の問題について

① 返還請求できるということを条文で規律したほうがよいとする見解

中田委員：代金を支払った後で目的物が両当事者の責めに帰すべからざる理由で滅失したけれども解除権を行使できないという場合……例えば544条によって行使できないという場合……履行済みであればその返還をするという内容の規律を置いた方が整合的ではないか（第91回17頁）。

鹿野幹事：先に代金は支払っていたが，その後に目的物が不可抗力等によって滅失等したことにより，引渡しをすることができなくなったというような場合において，その支払った代金を取り戻すことができるかどうかということが，

履行拒絶権ということを書いただけでは必ずしも文言上は明らかではない……解除しなくても返還請求ができるということで考えが一致しているのであれば、それは明確に書くべきであろうし、あるいはその点については解釈に委ねるということであれば、それはそれでそのことを確認した方がいい（第91回23頁）。

② 規律をおかずに解釈でよいのではないかとする見解

金関係官：非債弁済の要件については、債務がないのに弁済した、債務が消滅しているのに弁済したという場合のみならず、債務について抗弁権があるのに弁済をしたという場合も、非債弁済の規律の対象となり得る……危険負担による履行拒絶の抗弁というのは永久に履行を拒絶できるという抗弁で、あたかも当該債務が自然債務になるのと同じようなことである……それにもかかわらず弁済をしてしまっている場合に非債弁済と同様に扱うという解釈があり得る（第91回21-22頁）。解除権の行使あるいは非債弁済の柔軟な解釈によって対応できない場合があるとすれば、それは返還請求できない場合が極論すればあり得る、ある意味ではそれでよいということを考えております。（第91回23-24頁）。

③ 事務当局に検討を委ねるとする見解

山野目幹事：そのこともきちっと書き上げるという規律表現にするか、非債弁済に関する規律の法理を推及などすることにより、非債弁済の場面における解決を参考とした上でその点についての解決を解釈に委ねるか、その点に論議が集約されてきますから、これは今日の議論で論点が浮かび上がってきた事項として、事務当局に引き続き御検討をお願いしなければならない（第91回22頁）。

3 民法536条2項の規定およびその特則を請負・委任・雇用の規定において置くべきかどうかについて

① 「債権者は、反対給付の履行を拒むことができる」との規律に反対する見解

安永委員：今回の案では、……民法536条2項の規律についてその法律効果に関しては、「債務者は、反対給付を受ける権利を失わない。」と規律されている部分を、「債権者は、反対給付の履行を拒むことができない。」と改めるとされております。……労務供給契約において、債権者の責めに帰すべき履行不能の場合は、債務者は報酬請求権を有することをより明確化するために、「債務

者は，債権者に対し反対給付を請求することができる。」との記述に改めるべきだと考えます。……2項の対象とする「債権者の責めに帰すべき事由による履行不能」につきましては，債権者に帰責事由がある場合には債権者に解除権がありません……したがって，1項に平仄を合わせて「債権者が反対給付の履行を拒絶できない」という表現にしなくても，「債務者が反対給付を請求できる」という条文で問題はない（第95回12頁）。報酬請求権を有することをより明確化する観点から，「反対給付を請求することができる」との記述としていただきたい（第96回16頁）。

② 請負・雇用のタイプの契約では，明文の特則を置くべきだとする見解

山本（敬）幹事：請負などのタイプの契約では，一方の債務を履行しないと，報酬請求権が発生しないわけです。実際に不能になっているわけですから，履行できていない。したがって，本来，報酬請求権は発生しないはずである。けれども，債権者の責めに帰すべき事由による場合には，報酬請求権を発生させようというルールを536条から導いていました。しかし，履行拒絶権というのは，債務はあるけれども，履行請求が来れば拒絶できるということを基礎付けるのは，かなり大きな疑問があります。……明文の規定を置かないと，従来と同じような結論を導けない可能性があります。（第94回29-30頁）履行拒絶権構成というのは発生，消滅，存続に関わるルールではなく，飽くまでもある請求に対してそれを拒めるところに趣旨があるということはやはり確認しておきたい……履行拒絶権構成から直ちには，債権者の責めに帰すべき事由による場合に債権・債務が発生しないということが導かれるはずであって，……雇用については，それが余りに問題であるから特別な規定を設けたということは，それとして整合的な説明がついている……ただ，請負に関する従来の解釈として，536条2項によるということが基本的には想定されていたと思います。この点は，現行法の下での確立した解釈の変更を来した，そのような立場決定をここでしたということになっているのではないか（第94回33頁）。

山川幹事：労働の履行不能が使用者の帰責事由による場合の報酬請求権の根拠規定については従来の提案を維持すべきである……536条2項については反対給付の履行拒絶権構成になっているということで，従来の民法536条2項の解釈が維持できるかどうかについての疑義が生じます。……536条2項一般の

第6章 危険負担

規律の仕方として反対給付の履行拒絶権のほかに，契約の類型によっては請求権も発生しうるというふうに読み得るような規定を設けるのであれば疑義がある程度解消するということはあり得るかと思いますけれども，難しいとしたらやはり従来提案されてきたような規律を盛り込むことが求められる……昭和52年の最高裁判決は請負については536条2項で反対給付請求権を認めているところですし。……解釈上あるいは規定上別の規律をするということもあり得る。……雇用の場合は……536条2項で反対給付請求権の発生を根拠付けるというようなことが非常に頻度が高いものですから，分かりやすい民法という点でも規定を盛り込んでいただいてはどうか（第94回30-31頁）。

③ 雇用において明文の特則を置くべきだとする見解

中井委員：雇用の場合は日々労務の提供ができる，日々労務の履行を受けるかどうか，使用者側で事実上コントロールできるものだと思います。にもかかわらず使用者側の責めに帰すべき事由で労務の提供ができない状態があるとすれば，その間の昭和52年の最高裁判決は請負については536条2項で反対給付請求権を認めているところですし。……解釈上あるいは規定上別の規律をするということもあり得る。……雇用の場合は……536条2項で反対給付請求権の発生を根拠付けるというようなことが非常に頻度が高いものですから，分かりやすい民法という点でも規定を盛り込んでいただいてはどうか（第94回30-31頁）。報酬請求が原則536条2項若しくは「73 A」の(2)に基づいてできると思います。ところが，請負にしても委任で一定の期間を定めた委任等が念頭に置かれますけれども，全期間報酬請求ができるとなったらその全ての報酬請求，委任についても全ての期間の報酬請求，それができるがごとくに解される余地のあることに対して懸念を示しています。（第94回31頁）雇用については……請負，委任とは構造が違う。雇用については，日々，労務の提供をすることによって，日々，労働報酬請求権が発生する，それを債権者の事由で履行できないわけですから，日々発生して問題ない。したがって，雇用の場面についてのみ，特則を置くということは理論的にも支障はない（第95回17頁）。

高須幹事：雇用の部分に関してだけということであれば，考える余地はあるのではないか（第94回31頁）。

山野目幹事：雇用に関しては，山川幹事が要望として意見をおっしゃった規律

を設けていただくことを是非今の段階から難儀なことであるかもしれませんけれども御勘案いただければ幸いである……536条2項の現行の規律を履行拒絶権構成に改めたときのその解釈運用に全部投げ出してしまうということは、かなり乱暴な、非常に問題の残る禍根を招く解決ではないかと感ずる（第94回31-32頁）。

山川幹事：624条1項のただし書を設けて、ただし、536条2項による反対給付の請求は妨げられないということも、……一つの選択肢としてはあり得る（第95回13頁）。

潮見幹事：雇用のところに規定を置いて、それで実際に問題だとされている部分についても、それほど問題なく解決ができるということであるのならば、……雇用のところで工夫できないか（第95回14頁）。雇用のところに報酬請求権の発生根拠に係る条文があったほうがいいのではないか（第96回16頁）。

④ 雇用以外の役務提供契約にも規定を置く可能性を考えるべきだとする見解

中田委員：雇用のところに536条2項に相当するような規定を置くという御提案ですが、もし、その方向であれば雇用以外の役務提供契約についても同じ問題が出てくるのではないかと思いますので、併せてご検討いただければと思います（第95回16頁）。

安永委員：民法536条2項に関して、雇用、請負、委任に報酬請求権の発生根拠を明確化する条文を置くことも見送られたままになっておりますが、「役務提供契約の各章に報酬請求権の発生根拠を明確化する条文を置いていただきたい」（第96回16頁）。

⑤ 本提案をそのまま支持するかまたは明文の特則を置くことに反対の見解

金関係官：売買代金債権について言えば、買主は、契約と同時に既に発生している売買代金債権の履行を拒むことができなくなるという読み方になりますし、報酬債権について言えば、使用者や注文者は、契約と同時には発生しない債権が536条2項の適用される場面では発生するから、その報酬債権の履行を拒むことができなくなるという読み方をすることになる……消滅しないという文言を使っている現行法ですら、まだ発生していない債権が発生するという場面で適用されるのであれば、拒むことができないという文言を使っている改正案

第6章　危険負担

でも，まだ発生していない債権が発生するという場面で適用されると説明することは十分に可能ではないか（第94回32-33頁）。契約総則の箇所に536条2項があるだけであれば，それぞれの契約類型に応じて柔軟な解釈，柔軟な実務上の運用がされる余地があるけれども，個別の契約類型の箇所に反対給付の全額請求を常に認めるような規定を設けるのは非常に問題である……今回の536条2項も引き続き現行法と同様に一般論としては請負などにも適用されうる規定であるという説明をして，……御納得いただけるのではないか（第94回34-35頁）。危険負担に関する536条をいわゆる履行拒絶権構成にしたのは，基本的には536条の1項の問題として，反対給付債務の履行を拒むことができるという効果に改めるべきであるという議論がされたところを受けたものですけれども，536条2項の方の債権者の帰責事由による履行不能の場合の反対給付債権の帰すうの問題，……この2項の拒むことができないという表現は，1項が拒むことができるとなっているので，2項も拒むことができないとなっているにすぎないとも言えるところで，……2項は，個々の契約類型ごとの報酬発生のメカニズムに応じて柔軟に読むことが可能なのではないか（第94回36頁）。536条1項の規律としては，当事者双方の帰責事由によらない履行不能の場合には反対給付の履行を拒絶することができるという表現を用いることになりますけれども，それとの関係で，536条2項は，条文上，536条1項の要件を満たさない場合という表現がされているところですので，536条1項の履行を拒むことができるという表現に対して，2項では履行を拒むことができないという表現を用いるのが法制上も自然である……現行法の536条2項は，反対給付の権利を失わないという表現を用いています。……しかし，それでも現在の実務は，雇用のように労働者の債務が履行されて初めて報酬債権が発生するような契約類型についても，536条2項の規定を適用しています。そのこととの関係で言っても，今回の反対給付の履行を拒むことができないという表現は，雇用などの場面で536条2項が労働者の反対給付債権の根拠規定としての機能を果たす上で，現行法の536条2項と比較して何らかの後退をもたらすようなものではない（第95回13頁）。

内田委員：雇用について規定を明記しますと，請負について非常に強く解釈上一定の方向が示されることになるのではないか，そこに少し懸念を持ちます。

……雇用について規定を置くかどうかについては，……置くことによって生ずるリスクについても十分な検討が必要かと思います。（第94回35頁）。
筒井幹事：請負・委任・雇用について報酬請求権に関する規定を設けるかどうかということについては，この部会でも異なる意見があり，そういった議論の結果として，現時点では規定を設けない方向の案になっている……雇用に限ってその点を明記すべきではないかという御意見も，……雇用についてのみ規定を設けることによる弊害を指摘する意見もあります。そういったことを踏まえて，今回はそのような契約各則上の規定は設けないという案を維持した形で御提案申し上げております。……「履行を拒むことができない」という書き方について，……現在の536条2項に基づいて報酬請求権が発生するという説明をしている，その解釈論に何らかの変更を求めるものでは全くない（第96回17頁）。

四　考察(2)（危険負担における履行拒絶権構成）

1　反対給付の履行拒絶

現行民法536条1項では，「当事者双方の責めに帰することができない事由によって債務を履行することができなくなったときは，債務者は反対給付を受ける権利を有しない。」とする危険負担債務者主義の原則が明示されている。これを「……債権者は，反対給付の履行を拒むことができる」と変更される。これが新たに採用される反対給付の履行拒絶権構成である。

これに対しては，「当事者双方の責めに帰することができない事由によって」という文言を削除すべきだとする修正意見[205]のほか，依然として，解除と危険負担単純併存説からの反対がみられる。すなわち，「解除と危険負担の併存についても，一部が履行不能という場合において，一部解除で処理ができないときに全部解除しかできないとなると不都合だから，その一部については反対債務が一部消滅するという危険負担で処理をしましょうとすることに対する実務的なニーズはあるのではないか……この解除と危険負担の問題と解除と填補賠償の請求権の問題というのは同じような性質を持った論点ではないかと考

---

[205]　審議会「第91回　議事録」（潮見幹事）16頁，（山野目幹事）17頁，（山本（敬）幹事）17頁，（中井委員）29頁。

ておりまして，どちらか一方を理論的不透明でも実務的な利益があるから入れて，片一方は実務的な利益があっても理論的に不透明だから採用しないというのはちょっと立法のやり方としてアンバランスかなという感じがいたします(206)。」，また「産業界としましては，従前から危険負担の廃止については消極的な意見を述べております。……単純併存でお願いしたい……抗弁権という形で残るというのは債権管理の面でかなりコスト的に問題があるのではないか(207)」と。

　一方，提案を支持する見解は次のように説明される。「危険負担の法理というのは，当事者双方の帰責事由によらないで債務の履行が不能となった場合にはその反対給付債務が消滅する，今回の改正で言えばその反対給付債務の履行を拒絶できるというルールとして，これまでも実体法のルールとしては理解されてきましたので，実体法の規定としては，端的に当事者双方の帰責事由によらないで履行不能になった場合という表現を用いればよいし，用いるべきである……現行法の危険負担の制度は，536条1項の文言から明らかですけれども，当事者双方の帰責事由によらないで履行不能となった場合にのみ適用されるものですので，債務者に帰責事由がある場合には適用されません。そういった現行法との連続性を意識しながら制度設計をすることも求められる(208)」，「現行法の改正ですので，現在ある危険負担制度をなくさないとするとどう変えるのかという形で議論を立てて立法論をせざるを得ない(209)。」また，本提案の規定を解釈によって妥当な方向へと導こうとする見解として，「債務者に責めに帰すべき事由があるようなときには債権者はおよそ拒めないという含意まで含んでいるのか，むしろ仮にこの形で規定ができたときには，これは現行の危険負担制度との関係でこのような表現にはなっているけれども，解釈としては，債務者の責めに帰すべき事由があるときが排除されるわけではないと読む余地はあるのではないか(210)」との主張がある。

　この反対給付の履行拒絶権構成では，特に反対給付が履行済みであった場合

---

(206)　審議会「第91回　議事録」（松本委員）23頁。
(207)　審議会「第91回　議事録」（佐成委員）24頁。
(208)　審議会「第91回　議事録」（金関係官）18-19頁，21頁。
(209)　審議会「第91回　議事録」（内田委員）26頁。
(210)　審議会「第91回　議事録」（沖野幹事）30頁。

にも問題がある。これに関しては、この場合には返還請求できるということを明文で規律すべきだとする見解がある。すなわち、「代金を支払った後で目的物が両当事者の責めに帰すべからざる理由で滅失したけれども解除権を行使できないという場合……例えば544条によって行使できないという場合……履行済みであればその返還をするという内容の規律を置いたほうが整合的ではないか[211]」、「先に支払っていたが、その後に目的物が不可抗力等によって滅失等したことにより、引渡しをすることができなくなったというような場合において、その支払った代金を取り戻すことができるかどうかということが、履行拒絶権ということを書いただけでは必ずしも文言上は明らかではない……解除しなくても返還請求ができるということで考えが一致しているのであれば、それは明確に書くべきであろうし、あるいはその点については解釈に委ねるということであれば、それはそれでそのことを確認した方がいい[212]」と。

これに対して関係官からは、そのような場合には非債弁済の規定の解釈によって対応できる[213]と回答される。

ここでの問題に関しては、次の「2」の問題と併せて、「3」で述べることにする。

2　現行民法536条2項に対応する規定について（その特則を請負・委任・雇用の規定に置くべきかどうか）

現行民法536条2項では、「債権者の責め帰すべき事由によって債務を履行することができなくなったときは、債務者は、反対給付を受ける権利を失わない。」とされているのを、「債権者の責めに帰すべき事由によって債務を履行することができなくなったときは、債権者は、反対給付の履行を拒むことができない。」と変更するとの提案に対して、反対意見が出される。すなわち、「536条2項一般の規律の仕方として反対給付の履行拒絶権のほかに、契約の類型によっては請求権も発生しうるというふうに読み得るような規定を設けるのであれば疑義がある程度解消するということはあり得るかと思いますけれども、難

---

(211)　審議会「第91回　議事録」（中田委員）17頁。
(212)　審議会「第91回　議事録」（鹿野幹事）23頁。
(213)　審議会「第91回　議事録」（金関係官）21-22頁、23-24頁。

しいとしたらやはり従来提案されてきたような規律を盛り込むことが求められる……昭和52年の最高裁判決は請負については536条2項で反対給付請求権を認めているところですし、解釈上あるいは規定上別の規律をするということもあり得る。……雇用の場合は……536条2項で反対給付請求権の発生を根拠づけるというようなことが非常に頻度が高いものですから、分かりやすい民法という点でも規定を盛り込んでいただいてはどうか[214]」、さらに「労働供給契約において、債権者の責めに帰すべき履行不能の場合は、債務者は報酬請求権を有することをより明確化するために、『債務者は、債権者に対し反対給付を請求することができる。』との記述に改めるべきだと考えます。……2項の対象とする『債権者の責めに帰すべき事由による履行不能』につきましては、債権者に帰責事由がある場合には債権者に解除権がありません……したがって、1項に平仄を合わせて『債権者が反対給付の履行を拒絶できない』という表現にしなくても、『債務者が反対給付を請求できる』という条文で問題はない[215]」と。

　一方、改正提案はそのまま維持しながら、請負・雇用などの規定において特則を設けることで対処すべきではないかとする見解が主張される。すなわち、「請負などのタイプの契約では、一方の債務を履行しないと、報酬請求権が発生しないわけです。……けれども、債権者の責めに帰すべき事由による場合には、報酬請求権を発生させようというルールを536条から導いていました。しかし、履行拒絶権というのは、債務はあるけれども、履行請求が来れば拒絶できるということを基礎付けるのは、かなり大きな疑問があります。……明文の規定を置かないと、従来と同じような結論を導けない可能性があります[216]。」、「雇用のところに536条2項に相当するような規定を置くという御提案ですが、もし、その方向であれば雇用以外の役務提供契約についても同じ問題が出てくるのではないか[217]」、「民法536条2項に関して、雇用、請負、委任に報酬請求権の発生根拠を明確化する条文を置くことも見送られたままになっておりますが、役務提供契約の各章に報酬請求権の発生根拠を明確化する条文を置いて

---

(214)　審議会「第94回　議事録」（山川幹事）30-31頁。
(215)　審議会「第95回　議事録」（安永委員）12頁。
(216)　審議会「第94回　議事録」（山本（敬）幹事）29-30頁。
(217)　審議会「第95回　議事録」（中田委員）16頁。

いただきたい[218]」と。

　他方，雇用においてのみ特則を設けるべきだとする見解は，「雇用については，日々，労務の提供をすることによって，日々，労務報酬請求権が発生する，それを債権者の事由で履行できないわけですから，日々発生して問題ない。したがって，雇用の場面についてのみ，特則を置くということは理論的にも支障はない[219]」とされ，これには多くの委員・幹事が賛成を表明する[220]。

　これに対して，本提案を維持する根拠として次のような説明がなされる。すなわち，「消滅しないという文言を使っている現行法ですら，まだ発生していない債権が発生するという場面で適用されるのであれば，拒むことができないという文言を使っている改正案でも，まだ発生していない債権が発生するという場面で適用されると説明することは十分に可能ではないか[221]」，「契約総則の箇所に536条2項があるだけであれば，それぞれの契約類型の箇所に反対給付の全額請求を常に認めるような規定を設けるのは非常に問題である[222]」，「この2項の拒むことができないという表現は，1項が拒むことができるとなっているので，2項も拒むことができないとなっているにすぎないとも言えるところで，……2項は，個々の契約類型ごとの報酬発生のメカニズムに応じて柔軟に読むことが可能なのではないか[223]」，「現行法の536条2項は，反対給付の権利を失わないという表現を用いています。……しかし，それでも現在の実務は，雇用のように労働者の債務が履行されて初めて報酬債権が発生するような契約類型についても，536条2項の規定を適用しています。そのこととの関係で言っても，今回の反対給付の履行を拒むことができないという表現は，雇用などの場面で536条2項が労働者の反対給付債権の根拠規定としての機能を果たす上で，現行法の536条2項と比較して何らの後退をもたらすようなものではない[224]」と。また「雇用について規定を明記しますと，請負につい

---

(218)　審議会「第96回　議事録」（安永委員）16頁。
(219)　審議会「第95回　議事録」（中井委員）17頁。
(220)　審議会「第94回　議事録」（高須幹事）31頁，（山野目幹事）31-32頁，同「第95回　議事録」（山川幹事）13頁，（潮見幹事）14頁，同「第96回　議事録」（潮見幹事）16頁。
(221)　審議会「第94回　議事録」（金関係官）32-33頁。
(222)　審議会「第94回　議事録」（金関係官）34頁。
(223)　審議会「第94回　議事録」（金関係官）36頁。
(224)　審議会「第95回　議事録」（金関係官）13頁。

第 6 章　危険負担

て非常に強く解釈上一定の方向が示されることになるのではないか，そこに少し懸念を持ちます。……雇用について規定を置くかどうかについては，……置くことによって生ずるリスクについても十分な検討が必要かと思います[225]。」とされ，結局，「請負・委任・雇用について報酬請求権に関する規定を設けるかどうかということについては，この部会でも異なる意見があり，そういった議論の結果として，現時点では規定を設けない方向の案になっている……雇用に限ってその点を明記すべきではないかという御意見も，……雇用についてのみ規定を設けることによる弊害を指摘するご意見もあります。そういったことを踏まえて，今回はそのような契約各則上の規定は設けないという案を維持した形で御提案申し上げております。……『履行を拒むことができない』という書き方について，……現在の 536 条 2 項に基づいて報酬請求権が発生するという説明をしている，その解釈論に何らかの変更を求めるものでは全くない[226]」と提案の趣旨説明がなされる。

　指摘されるように，雇用・請負・委任を同じ規律に服させることは適当ではないことから，契約総則に統一規定を設けるのは困難であろう。また，特に特別規定が存することが望ましい雇用に特則を置くと，他の請負等の解釈を一定方向へと導くおそれがあるため設けるべきではないということになれば，結局労基法等に特則を置くしかなかろう。

3　危険負担問題の解決策

　こうした問題が発生してくる根源は，危険負担債務者主義の原則（当事者双方の責めに帰することができない事由によって債務を履行することができなくなったときは，債務者は，反対給付を受ける権利を有しない。）をなくして，これを履行拒絶権構成（当事者双方の責めに帰することができない事由によって債務を履行することができなくなったときは，債権者は，反対給付の履行を拒むことができる。）へと変更したことにある。今ここに出てきている問題は，反対給付が履行済みであった問題と雇用・請負などにおける反対給付請求権の問題であったが，今後の運用の中でさらなる歪みが表面化する可能性がある。

---

[225]　審議会「第 94 回　議事録」（内田委員）35 頁。
[226]　審議会「第 96 回　議事録」（筒井幹事）17 頁。

著者は旧著[227]において，解除規定優先・危険負担規定補完的併存説とでもいうべきものを主張していたが，ここで改めて解除規定と危険負担法理との関係について再考してみたい。目的物の給付義務を負う者を債務者Aとし，その債権者をBとする。Aの目的物給付義務が，履行の不能の場合，たとえば，給付目的物が債務者の帰責事由なしに海に落ちてしまい，これを引き揚げて給付するには過分の費用を要し，社会通念上「不能」とされた場合を考える。この場合Bの目的物引渡請求権は不能となるので，債権者の履行請求権は存しない。危険負担の法理が存する場合には，債務者は，反対債務である代金給付を受ける権利を有しない，ということになる。A・Bともに履行請求権は有しないが，まだ契約が解除されていない段階では，契約は有効なままなので，債務者であるAが，自己の信用を維持するために過分の費用を賭して，給付を実現することまで妨げられる必要はないであろう。もし，その前にBが契約を解除した場合には，未履行債務は消滅するので，もはやAが過分の費用を賭して給付を実現することはできない。

　つまり，危険負担法理とは，債務者の反対給付請求権の帰趨を決めるにすぎないものであるのに対して，契約の解除は，全債権・債務関係の解消をもたらすものであり，解除と危険負担は論理的にも併存可能なものではないだろうか。

　ただ，もし改正法が履行拒絶権構成を採用した場合には，これを様々な解釈によって克服していくことが課題として残されるであろう。

第7章　受 領 遅 滞

一　審議会の議論

> 第11　受領遅滞
> 　民法第413条の規律を次のように改めるものとする。
> 　(1)　債権者が債務の履行を受けることを拒み，又は受けることができない場合において，その債務の目的が特定物の引渡しであるときは，債務者は，履行の提供があった時からその物の引渡しをするまで，自己の財産に対す

---

[227]　石崎・前掲注(24)262頁。

第7章　受領遅滞

るのと同一の注意をもって，その物を保存しなければならない。
　(2)　債権者が債務の履行を受けることを拒み，又は受けることができないことによって，その履行の費用が増加したときは，その増加額は，債権者の負担とする。
　(3)　債権者が債務の履行を受けることを拒み，又は受けることができない場合において，履行の提供があった時以後に当事者双方の責めに帰することができない事由によって債務の履行が不能となったときは，債権者は，次に掲げる行為をすることができない。
　　ア　第9の2(1)又は(2)による契約の解除
　　イ　第10の2(1)による反対給付の履行の拒絶
　(4)　(3)の場合において，債務者は，債務の履行が不能となったことによって生ずべき一切の責任を負わない。　　　　　部会資料79-1（10-11頁）

○「当事者双方の責めに帰することができない事由」という文言を入れるべきか否かについて

① 受領遅滞中の不能において「当事者双方の責めに帰することができない事由」という要件を入れるべきでないとする見解

潮見幹事：危険負担における主張立証責任の構造の点からも，受領遅滞中の不能において当事者双方の責めに帰することのできない事由という要件を条文中に掲げるというのはよろしくない（第91回31-32頁）。

② 受領遅滞中の不能において「当事者双方の責めに帰することができない事由」という要件を入れておくべきであるとする見解

金関係官：債権者に帰責事由がある履行不能の場合には，契約の解除ができないし危険負担による履行拒絶もできないことが既に明らかです。……この受領遅滞のところでは債権者に帰責事由がある場合を除外する必要がある……たとえ受領遅滞が生じた後のことであっても，売主が自己の財産に対するのと同一の注意すら怠って目的物を滅失させてしまったような場合には，売主は買主からの解除権の行使やその他の請求を免れることができない（第91回32-33頁）。

中井委員：債権者側の何らかの事由で受領しなかった，拒んだか受け取ることができない場合，それであってもその後，……債務者に帰責事由があって履行できなくなるというのはかなりバリエーションがあると思うのです。そのときに常にこのような帰結，契約の解除もできない，履行の拒絶もできないという

ことでいいのかということについては基本的に疑問を持ちます。……(3)をそのまま当事者双方の責めに帰することができない事由を削除して，債務者に帰責事由がある場合に当然こういう帰結になるというのはやはり不安である（第91回33-34頁）。

第8章　契約に関する基本原則

第1節　契約自由の原則

一　審議会の議論(1)

> 第1　契約に関する基本原則
> 　1　契約自由の原則
> 　　契約自由の原則について，次のような規律を設けるものとする。
> 　(1)　当事者は，法令に特別の定めがある場合を除き，契約をするかどうかを自由に決定することができる。
> 　(2)　契約は，法令に特別の定めがある場合及び当事者間に別段の合意がある場合を除き，当事者の合意のみによって，成立する。
> 　(3)　契約の当事者は，法令の制限内において，契約の内容を自由に決定することができる。
> 〇中間試案第26，1「契約内容の自由」
> 　契約の当事者は，法令の制限内において，自由に契約の内容を決定することができるものとする。　　　　　　　　　部会資料75Ａ（1頁）

〇契約自由の原則の規定について

①　素案を支持する見解

山野目幹事：素案のような形でお進めいただくことには反対いたしません。……1の(1)は，その文言のとおり，契約を締結するかしないかの自由をうたうというところに主眼があるのであって，相手方を選択する自由というものは，これそのものの少なくとも中心的な意義を持つものではなくて，それは(1)から副次的に引き出される事柄ではないか……今後の雇用の分野における男女の機

会均等にかかわる政策のようなものについて悪い影響を与えることがないよう，できれば良い影響が生ずるような仕方で解釈・運用がされることを望む（第84回51頁）。

笹井関係官：相手方選択の自由も(1)に含まれていると申し上げましたけれども，……これは副次的に出てくるため，別途独立の規定を設ける必要はないという趣旨で申し上げました。（第84回51頁）。

ほかに大村幹事も支持を表明する。

② (2)の合意のみによって成立するという規定に違和感を示す見解

中田委員：第1の1(2)の意味について確認したい……これは，複数のテーマに関連している規律ではないか……一つは方式の自由，二つ目が要物性に対する諾成主義の原則，三つ目が契約の拘束力の根拠を当事者の合意に求めること，それから四つ目として契約の成立時期です。これらのうちの何をこの規律は表そうとしていて，何についてはコミットしないのか，……契約の成立時期については，部会資料67で契約の成立についての素案がある……（第84回50頁）。拘束力の根拠についてはコミットしないのだということは，それははっきりさせておいたほうがいいのではないか（第84回51頁）。

二　考察（契約自由の原則）

民法の基本原理といわれるもののうちきわめて重要な意思自治・私的自治という原理がある。この原理から派生する契約上の最も重要な原則が，契約自由の原則である。契約自由の原則には，(1)契約締結の自由，(2)契約の相手方の選択の自由，(3)契約締結の方式の自由，(4)契約内容の決定の自由，の四つの自由があるとされている。

ところが，中間試案では，契約内容決定の自由のみが掲げられており，他の三つの自由が入っていなかった。それが，素案では，(1)において契約締結の自由が示されており，そこから派生的に相手方選択の自由を導くことができ，(2)において契約締結の方式の自由，(3)において契約内容決定の自由が明文化されており，審議会でもこれが支持される[228]。ただ，(2)の方式の自由の規律の在

---

[228]　審議会「第84回　議事録」（平成26年2月25日）（山野目幹事）51頁。

り方には異議が提起される[229]。すなわち,「一つは方式の自由,二つ目が要物性に対する諾成主義の原則,三つ目が契約の拘束力の根拠を当事者の合意に求めること,それから四つ目として契約の成立時期」といったいくつかの原則が含まれ得るものとなっていることから,ここでは方式の自由のみに特化した規律とすべきだとの異議ではないかと思われる。そして,この異議は,要綱仮案に反映される。

三 審議会の議論(2)

> 第10 契約に関する基本原則
> 1 契約自由の原則
> 契約自由の原則について,次のような規律を設けるものとする。
> (1) 何人も,法令に特別の定めがある場合を除き,契約をするかどうかを自由に決定することができる。
> (2) 契約の成立には,法令に特別の定めがある場合を除き,書面の作成その他の方式を具備することを要しない。
> (3) 契約の当事者は,法令の制限内において,契約の内容を自由に決定することができる。
> 　　　　　　　　　　　　　　　　　　　部会資料80-1（22頁）

〇契約自由の原則の規定について

① 1(2)の原則が他の契約自由の原則とは異なるものであることを明確に示すべきだとする見解

松岡委員：(山本（敬）幹事の代弁)：(1)と(3)は……強行的なルールなのだろう……それに対して(2)は,当事者で別段の定めをすることが容認されるようなルールではないか……(1)(2)(3)と並ぶ場合には,やはり(2)は違うのであるということを明確に示した方がよいのではないか（第92回55頁）。

---

[229] 審議会「第84回 議事録」（中田委員）51頁。

第2節　原始的不能

一　審議会の議論(1)

> 2　債務の履行が契約成立時に不能であった場合の契約の効力
> 　契約に基づく債務の履行がその契約の成立の時に不能であった場合の契約の効力について、次のような規律を設けるものとする。
> 　契約に基づく債務の履行がその契約の成立の時に不能であったときであっても、契約は、そのためにその効力を妨げられない。
>
> ○中間試案第 26，2「履行請求権の限界事由が契約成立時に生じていた場合の契約の効力」
> 　契約は、それに基づく債権の履行請求権の限界事由が契約の成立の時点で既に生じていたことによっては、その効力を妨げられないものとする。
> 　（注）このような規定を設けないという考え方がある。
>
> 　　　　　　　　　　　　　　　　　　　　　部会資料 75 A（2 頁）

○原始的不能の規定について

① 唯一、賛成というわけではないが、反対からの軟化が見られる見解
佐成委員：当初、原始的に履行請求権の限界事由が生じていた場合には契約は無効となると、そういった実務的な理解……が定着しているということを理由に、反対ということを述べた……今回改めて内部で議論しましたところ、積極的にこの規定について賛成するという意見はなかったのですけれども、強い反対意見というのは見られなかった（第 84 回 52 頁）。

二　考察(1)（原始的不能）

契約締結時にその契約上の債務の履行が不能であったときには、その契約は原始的に不能であり、無効とするのが判例[230]であるとされてきたが、今日比較法的には、契約締結時に債務の履行が不可能であったという事実のみで、契約の有効性が影響を受けない[231]とされており、近時は学説上も、契約時に不

---
(230) 最判昭和 25 年 10 月 26 日民集 4 巻 10 号 497 頁。
(231) たとえば、UP：3.1.3, EP：4：102 参照。

能な契約でも無効とはならないとする学説が有力となっている。そこで，素案は，「契約に基づく債務の履行がその契約の成立の時に不能であったときであっても，契約は，そのためにその効力を妨げられない。」としている。

これに対しては，経済界内部でも強い反対意見は見られなかった[232]とされた。それが，要綱仮案では，「契約に基づく債務の履行がその契約の成立の時に不能であった場合について，……契約に基づく債務の履行がその契約の成立の時に不能であったことは……その債務の履行が不能であることによって生じた損害の賠償を請求することを妨げない。」と，損害賠償に焦点を収斂させたものとなっている。確かに契約時に不能であっても，損害賠償が請求できるというのはその通りであるが，これだと契約時に債務の履行が不能な契約であっても，後に債務者の努力によって，あるいは社会的状況の変化によって，債務の履行が可能となった場合にうまく対応していないといえるのではないだろうか。ここは，やはり契約の有効性に影響はない，あるいは無効とはならないとして，統一法秩序にみられるような「履行」の余地を表面に出した規定としたほうがよいのではなかろうか。

三　審議会の議論(2)

> 第10　契約に関する基本原則
> 　2　履行請求権の限界事由が契約成立時に生じていた場合の契約の効力
> 　契約に基づく債務の履行がその契約の成立の時に不能であった場合の契約の効力について，次のような規律を設けるものとする。
> 　契約に基づく債務の履行がその契約の成立の時に不能であったときであっても，契約は，そのためにその効力を妨げられない。
> 　　　　　　　　　　　　　　　　　　　　部会資料80-1（22頁）
>
> 第26　契約に関する基本原則
> 　2　履行の不能が契約成立時に生じていた場合
> 　契約に基づく債務の履行がその契約の成立の時に不能であった場合について，次のような規律を設けるものとする。
> 　契約に基づく債務の履行がその契約の成立の時に不能であったことは，第11に従ってその債務の履行が不能であることによって生じた損害の賠償を請求することを妨げない。
> 　　　　　　　　　　　　　　　　　　　　部会資料83-1（44頁）

---

(232)　審議会「第84回　議事録」（佐成委員）52頁。

第8章　契約に関する基本原則

〇原始的不能の規定の効果について

① 原始的不能の規定において，「不能であることによって生じた損害の賠償を請求することを妨げない」とすることに反対する見解

潮見幹事：損害賠償だけ書いているのは，代表的な効果を部会の議論を踏まえて書いたということで，……それ以外はどうなるのだということが何も出てこない。……せめて解除と代償請求権とか主だったものについては挙げていただきたい（第96回32頁）。

中田委員：できれば前の文章に戻していただければなと思います……交換契約の場合……一方の債務が原始的不能でも他方の債務が存在していることを前提にして効果を導くというそのプロセスを安定的に行うためには，やはり前の案の方がいいのではないか（第96回32頁）。

松本委員：損害賠償その他契約が有効である場合の効力を妨げないといったように，損害賠償は一つの具体的例示にすぎず，その他の効力も当然認められるのだということが明らかになるような書き方の方がいいのではないか（第96回32頁）。

山本（敬）幹事：解除ができるかどうかは，従来の理解にとらわれている限り，なかなか出てきにくいだろう（第96回32頁）。

中井委員：今までに出た意見と弁護士会の意見は全く同じです。

② 本提案を支持する見解

金関係官：第8の2では，「債権の目的である給付の中に不能のものがある場合において」という書き方，原始的不能と後発的不能を区別しない書き方をしております。そういう書き方をしているのは，原始的不能の場合にはそれだけで当然に契約が無効であるという理解を前提としていないからです。また契約の解除の箇所でも，現行法の543条は，履行が「不能となったとき」という表現を用いておりまして，この「不能となった」という表現は，契約締結後に不能となったという意味であると説明されています。……今回の改正案では，そこをあえて「不能であるとき」と表現しております。契約締結の前後いずれの時点で履行不能が生じたかを問わずに，とにかく履行が不能であれば契約の解除をすることができるという理解を前提とする表現です。……今回の改正案を

全体として見れば，原始的不能の場合にそれだけでは契約は無効にならないという基本的な考え方が十分に表れているのではないか（第 96 回 33 頁）。

四　考察(2)（原始的不能）

比較法的（統一法秩序）には，いずれも契約締結時に，債務の履行が不能であること，又は当事者の一方が契約に係る財産を処分する権利を有していなかったという事実のみによって，契約の有効性が影響を受けることはない旨の規定が置かれている。中間試案までは，そのような方向での規律であったが，今回の提案により，契約に基づく債務の履行がその契約の成立の時に不能であったことは，その債務の履行が不能であることによって生じた損害の賠償を請求することを妨げないとする旨の規定内容へと変更された。

これには多くの委員・幹事が反対する。すなわち，「損害賠償だけ書いているのは，代表的な効果を部会の議論を踏まえて書いたということで，……それ以外はどうなるのだということが何も出てこない。……せめて解除と代償請求権とか主だったものについては挙げていただきたい[233]」，「できれば前の文章に戻していただければなと思います……交換契約の場合……一方の債務が原始的不能でも他方の債務が存在していることを前提にして効果を導くというそのプロセスを安定的に行うためには，やはり前の案の方がいいのではないか[234]」，「損害賠償その他契約が有効である場合の効力を妨げないといったように，損害賠償は一つの具体的例示にすぎず，その他の効力も当然認められるのだということが明らかになるような書き方の方がいいのではないか[235]」，「解除できるかどうかは，従来の理解にとらわれている限り，なかなか出てきにくいだろう[236]」，「今までに出た意見と弁護士会の意見は全く同じです[237]。」と。

これに関する本提案の説明として，「第 8 の 2 では，『債権の目的である給付の中に不能のものがある場合において』という書き方，原始的不能と後発的不

---

[233]　審議会「第 96 回　議事録」（潮見幹事）32 頁。
[234]　審議会「第 96 回　議事録」（中田委員）32 頁。
[235]　審議会「第 96 回　議事録」（松本委員）32 頁。
[236]　審議会「第 96 回　議事録」（山本（敬）幹事）32 頁。
[237]　審議会「第 96 回　議事録」（中井委員）33 頁。

能を区別しない書き方をしております。そういう書き方をしているのは、原始的不能の場合にはそれだけで当然に契約が無効であるという理解を前提としていないからです。また契約の解除の箇所でも、現行法の543条は、履行が『不能となったとき』という表現を用いておりまして、この『不能となった』という表現は、契約締結後に不能となったという意味であると説明されています。……今回の改正案では、そこをあえて『不能であるとき』と表現しております。契約締結の前後いずれの時点で履行不能が生じたかを問わずに、とにかく履行が不能であれば契約の解除をすることができるという理解を前提とする表現です。……今回の改正案を全体として見れば、原始的不能の場合にそれだけでは契約は無効にならないという基本的な考え方が十分に表れているのではないか[238]」と趣旨説明がなされる。

　原始的不能の契約をした場合に、法的救済として用いられるのは実際にはそのほとんどが損害賠償請求ということになろう。ただ、今回の改正提案では、履行不能に関し「債務の履行が契約その他の当該債務の発生原因及び取引上の社会通念に照らして不能である」とされており、不能には物理的不能に限らず、社会通念上の不能、つまり法律的不能や事実的不能、たとえば契約締結時にはすでに給付の目的物である指輪を海に落としてしまっており、その引揚げは技術的には可能であるが、指輪の代価との関係で過分の費用を要する場合などが含まれることになる。もちろんこれらの場合には、「不能」だとされて債権者の履行請求権は排除される。しかし、原始的不能の契約は無効とはされないため、契約が解除されない限り、債務者としては、たとえ過分の費用を要しようとも信用を保持したいとの理由等により過分の費用を賭して指輪を引き揚げて目的物の引渡しを果たしたり、法律的不能の場合でも、法律によって禁止されていた目的物の輸出入禁止が解除された場合等、社会状況の変化によって、債務の履行が可能となることがある。

　また、ユニドロワ原則の注釈では、契約当事者が契約締結後に目的財産の権限を取得したり、処分権限を取得したりすることは十分にあり得るし、実際、そういう例は多い[239]とされている。

---

[238]　審議会「第96回　議事録」（金関係官）33頁。
[239]　内田ほか訳・前掲注(20)67頁。

したがって，審議会の議論で出たように損害賠償のみを挙げたのでは，やはり不十分な規律だといえよう。それ以上に，債務者からの履行の余地を認める必要性が存するのであり，不能に社会通念上の不能を明確に含めた趣旨からも，契約の有効性が影響を受けないとする趣旨の規定とすべきだと考える。

第3節　付随義務・保護義務

一　審議会の議論

【取り上げなかった論点】
○中間試案第26，3「付随義務及び保護義務」
　中間試案においては，付随義務について「相手方が当該契約によって得ようとした利益を得ることができるよう，当該契約の趣旨に照らして必要と認められる行為をしなければならない」という規定を，保護義務について「相手方の生命，身体，財産その他の利益を害しないために当該契約の趣旨に照らして必要と認められる行為をしなければならない」という規定を，それぞれ設けることとされていた。現在でも，当事者間で明示又は黙示に合意された義務のほかにこれを補充する様々な義務が認められているが，これに明文の根拠がないことから，信義則に依存するのではなく，これらの様々な義務の根拠となる規定を設けようとしたものである。
　しかし，契約の当事者が義務づけられることになる「契約の趣旨に照らして必要と認められる行為」については，「相手方が当該契約によって得ようとした利益を得ることができるよう」「相手方の利益を害しないため」という目的によってどのような行為がこれに含まれるかの判断基準が一応示されることになり，少なくとも民法第1条第2項の抽象的な文言のみに比べると，規範の内容が明確になるという意見がある一方，その内容が十分に明確であるとは言えず，契約当事者の予測可能性が高まるかどうかには疑問もあり得るし，裁判規範として十分に機能するかどうかには疑問も残るとの批判もある。部会においてもこのような規律の有用性については意見が分かれており，パブリック・コメントに寄せられた意見も分かれている。以上から，この論点については取り上げないこととした。

○中間試案第26，4「信義則等の適用に当たっての考慮要素」
　中間試案においては，情報や交渉力において格差がある当事者間で締結される契約に関しては，信義則等の適用に当たってその格差の存在を考慮しなければならない旨の規定を設けることとされていた。これは，現在でも，信義則や権利濫用などの一般条項の適用に当たっては様々な事情が考慮さ

れており，契約上これらの規定が問題になる場合には，当事者の情報格差や交渉力格差なども考慮されていると考えられることから，これを確認的に規定しようとするものである。

　これに対しては，部会の意見も一致しているとは言えない上，パブリック・コメントの手続に寄せられた意見も先鋭に対立している。すなわち，一方では，社会が多様化し，事業者間を含めて対等ではない契約関係が存在することを重視し，民法の基本となる考え方は弱者の利益にも配慮したものでなければならない等として，中間試案を支持する意見も多い。他方で，一般法である民法に弱者の保護を目的とする政策的な考慮を持ち込む必要はなく，民法に特定の属性に基づく規律を設けることは民法の基本法としての性格を大きく修正することになることや，これとは異なる視点から，様々な考慮要素の中から情報及び交渉力の格差だけを特別視すべきではないこと等を理由として反対する意見も強い。

　中間試案は，現在でも考慮されている要素を，今日の社会におけるその重要性に鑑みて確認的に規定することを意図したものであり，これが民法の性格を変化させるという批判には疑問があるが，いずれにしても，中間試案のような規定を設けることについては民法の性質という根本的なレベルから批判する意見も見られるのであり，考慮される要素の修正や追加や削除によって調整を図る余地は乏しいものと思われる。そのため，この論点については取り上げないこととした。　　　部会資料75A（3-4頁）

○付随義務・保護義務等の規定について

① 規定することを支持する見解

岡田委員：付随義務および保護義務と信義則，……入ればすごく分かりやすくなる（第84回52頁）。是非ともやはり何らか残していただきたい……消費者だけでなくて零細企業にとっても本当のよりどころである（第84回54頁）。

岡委員：付随義務・保護義務及び信義則等の適用に当たっての考慮要素，取り分け後者については，弁護士会としては……何としても復活をお願いしたい……取り上げなかった理由のところで，「一般法である民法に弱者の保護を目的とする政策的な考慮を持ち込む必要はなく」と書かれています。しかし何も政策的な保護を目的としておるものではなく，もう既に判例法理等に定着しておる，当事者のそれぞれの状況を踏まえる，考慮すると，こういう観点でございます。（第84回52-53頁）。

中井委員：信義則の適用に当たっての考慮要素について……現実に信義則というのは，抽象的な人，抽象的な事態に対して適用されるなんていうことはあり得ないわけで，個別具体的な事態に応じて，その契約当事者の属性や地位や知識や経験，……契約の目的や性質，そして契約締結に至る事情，これらを考慮して判断されているわけですから，そのこと自体を改めて民法において宣言しておく意義というのはやはりあるだろう……保護義務の生命，身体，財産その他の利益を害しないようにする，そのために必要と認める行為，こちらについては基本的にそれほど強い批判はなかったのではないか，……付随義務についても，……契約の目的を害しないように必要な行為をする。その限りでは，恐らくそういう義務の存在が存在することは否定されないだろう……必要な保護義務若しくは付随義務が当然認められていくものになるというふうに期待しています。（第84回53-54頁）。

深山幹事：裁判実務上でも，付随義務や保護義務が認められて判断されている事例というのは多数あることは言うまでもありません。……この問題は，一面では信義則の具体化という側面があって，現行法の1条2項をもう少し具体化するという側面があろうかと思います。……もう一つの側面としては，……契約の意思解釈を補充するような基盤ないし根拠として，付随義務を位置付けることもできようかと思います。……本来の債権債務，中心的な債権債務以外のところで，……利害調整をしなければならない場面というのはままあるので，その根拠を民法の中に置くということについては非常に大きな意味があろう（第84回54-55頁）。

高須幹事：「信義則等の適用に当たっての考慮要素」を置くという規定が民法の性格を変えようとしているものなのかどうか。……信義則は当然調整要素なわけですから，その調整要素の中にはいろいろな考慮要素があることを定めようとしているということだけであるとすれば，決して民法の性格を変えようとしているのではないのではないか……ここは飽くまで新たな何か具体的な要件，効果を定める条項を新設しようではなくて，従来，日本法に持っている信義則の適用に当たっての考慮要素に，これまで従来言われてきたものを明文化しようということではないのか（第84回55-56頁）。

潮見幹事：(1)と(2)は，現在，債務における義務というものはどのようなもので

あるかということで，恐らく確立した考え方ではなかろうか……(2)のは，保護義務，正確には，契約の外にある利益，生命，身体等の完全性利益を保護することを目的とした義務であって，こういうものを契約の中の義務あるいは契約に関連する義務として取り上げるということ自体にルールを一つ新たに設ける価値があるのではないか……こういうものが契約規範として出てくるのだということを示すという点で，せめて(2)だけは残していただきたい（第84回57頁）。

山本（敬）幹事：中間試案では(2)において，「当該契約の締結又は当該契約に基づく債権の行使若しくは債務の履行に当たり，相手方の生命，身体，財産その他の利益を害しないために当該契約の趣旨に照らして必要と認められる行為をしなければならないものとする」と提案しています。これは，……契約上の責任を基礎づける義務として認められるものは，「契約の趣旨に照らし必要と認められる行為をしなければならない」という義務であることをはっきりと示しているのではないか……少なくとも保護義務に関しては明文化をすべきである……これだけ判例・学説の積み上げがあり，そして，この場でも相当な議論を交わしていながら，これが完全に落ちるということが果たして21世紀の契約法として適当なのかというと，私は大きな疑問があると申し上げたい（第84回58頁）。

② 規定することに反対の見解

佐成委員：信義則の具体化という方向性について，かなり違和感を覚えているというのが産業界のかなり大きな部分，大多数なのです（第84回58-59頁）。

二 考察（付随義務・保護義務等）

中間試案では，付随義務について「相手方が当該契約によって得ようとした利益を得ることができるよう，当該契約の趣旨に照らして必要と認められる行為をしなければならない」とされ，保護義務について「相手方の生命，身体，財産その他の利益を害しないために当該契約の趣旨に照らして必要と認められる行為をしなければならない」とされ，そして，信義則等の適用に当たっての考慮要素については，情報や交渉力において格差がある当事者間で締結される契約に関しては，信義則等の適用に当たってその格差の存在を考慮しなければならない旨の規定を設けるものとされていた。それが，今回の素案では，これ

らの規律はすべて採用されなかった。

　審議会の意見で，規定を設けることに反対する唯一のものが，信義則等の適用に当たっての規律に対して，産業界からの反対が大きい[240]というものであり，他のすべての意見は，規定すべきであるというものである。規定を設けることに賛成の意見は次のようなものである。すなわち，「付随義務および保護義務と信義則，……入れればすごく分かりやすくなる[241]」，「是非ともやはり何らか残していただきたい……消費者だけでなくて零細企業にとっても本当のよりどころである[242]」，「付随義務・保護義務及び信義則等の適用に当たっての考慮要素，取り分け後者については，弁護士会としては……何としても復活をお願いしたい[243]」とされる。あるいは，信義則の適用に当たっての考慮要素については，「現実に信義則というのは，抽象的な人，抽象的な事態に対して適用されるなんてことはあり得ないわけで，個別具体的な事態に応じて，その契約当事者の属性や地位や経験，……契約の目的や性質，そして契約締結に至る事情，これらを考慮して判断されているわけですから，そのこと自体を改めて民法に宣言しておく意義というのはやはりあるだろう[244]」とされるが，一般法である民法に弱者の保護を目的とする政策的な考慮を持ち込むものであるとの批判に対しては，「何も政策的な保護を目的としておるものではなく，もう既に判例法理等に定着しておる[245]」とか，「従来，日本法に持っている信義則の適用に当たっての考慮要素に，これまで従来言われてきたものを明文化しようということではないか[246]」と反論される。

　特に付随義務・保護義務に関しては，裁判実務の面からは，実際に付随義務や保護義務がしっかりと認められ，判断されているとし，このことが信義則の具体化という面と契約の意思解釈を補充する基盤としての側面があることを指摘し，その根拠を民法典に置くことの意味は大きい[247]とされる。また，付随

---

(240)　審議会「第84回　議事録」（佐成委員）58-59頁。
(241)　審議会「第84回　議事録」（岡田委員）52頁。
(242)　審議会「第84回　議事録」（岡田委員）54頁。
(243)　審議会「第84回　議事録」（岡委員）52頁。
(244)　審議会「第84回　議事録」（中井委員）53-54頁。
(245)　審議会「第84回　議事録」（岡委員）53頁。
(246)　審議会「第84回　議事録」（高須幹事）55-56頁。
(247)　審議会「第84回　議事録」（深山幹事）54-55頁。

義務・保護義務は，現在，債務における義務というものはどのようなものであるのかということで，確立した考え方ではないかとしたうえで，特に保護義務に関して，「契約の外にある利益，生命，身体等の完全性利益を保護することを目的とした義務であって，こういうものを契約中の義務あるいは契約に関連する義務として取り上げるということ自体にルールを一つ新たに設ける価値があるのではないか[248]」，とか「契約上の責任を基礎づける義務として認められるものは，『契約の趣旨に照らし必要と認められる行為をしなければならない』という義務であることをはっきりと示しているのではないか……これだけ判例・学説の積み上げがあり，そして，この場でも相当な議論を交わしていながら，これが完全に落ちるということが果たして21世紀の契約法として適当なのか[249]」とその採用を強く主張される。

もしかすると，中間試案で，……必要と認められる行為をしなければならない，といった義務的側面を強調したかのような表現の仕方が，受け入れられなかった一つの原因となったのかもしれない。ここは，少なくとも付随義務・保護義務に関しては，判例実務上も確立した考え方であり，たとえば「契約の内容及び性質を顧慮して，相手方の権利および利益を配慮すべき義務」といった規律として採用すべきであったと考える。

第4節　契約交渉段階（契約交渉の不当破棄）

一　審議会の議論

第2　契約交渉段階（契約交渉の不当破棄）
契約交渉の不当破棄について，次のような規定を設けるものとする。
契約を締結するための交渉の当事者が，契約の成立が確実であると相手方に信じさせるに足りる行為をしたにもかかわらず，正当な理由なく契約の成立を妨げたときは，これによって相手方に生じた損害を賠償する責任を負う。

○中間試案第27，1「契約締結の自由と契約交渉の不当破棄」
契約を締結するための交渉の当事者の一方は，契約が成立しなかった場

---

[248]　審議会「第84回　議事録」（潮見幹事）57頁。
[249]　審議会「第84回　議事録」（山本（敬）幹事）58頁。

> 合であっても，これによって相手方に生じた損害を賠償する責任を負わないものとする。ただし，相手方が契約の成立が確実であると信じ，かつ，契約の性質，当事者の知識及び経験，交渉の進捗状況その他交渉に関する一切の事情に照らしてそのように信ずることが相当であると認められる場合において，その当事者の一方が，正当な理由なく契約の成立を妨げたときは，その当事者の一方は，これによって相手方に生じた損害を賠償する責任を負うものとする。
> 　(注)　このような規定を設けないという考え方がある。
>
> 部会資料 75 A（4-5 頁）

〇契約交渉の不当破棄の規定について

① 中間試案のように，一定の場合に，契約交渉の不当破棄の責任が認められるとすることを支持する見解

大島委員：中間試案で設けられた契約が成立しなかった場合であっても，相手方に生じた損害を賠償する責任を負わないものとする原則的な規定は残すべきだ……契約自由の原則との重複を避けるとの説明はありますが，法律の専門家ではない者にとっては，……原則的な規定の内容を契約自由の原則の条文から読み取ることは困難ではないか……この規定ぶりで契約交渉の不当破棄による損害賠償が認められる範囲が現在の判例より狭まることがないことを確認させていただきたい（第 84 回 60 頁）。

中田委員：今回の提案では，「相手方に信じさせるに足りる行為をした」ということが要件となっていて，……いわゆる誤信惹起型であろうかと思います。……中間試案の場合ですと，「相手方が契約の成立が確実であると信じ」という要件ですので，いわゆる信頼裏切り型というのを含んでいるのではないか……信頼裏切り型と言われているものも制約しないような形にしていただければと思います。（第 84 回 61 頁）。

岡崎幹事：中間試案と比べたときには，少し限定的な印象は受ける（第 84 回 61 頁）。

中井委員：中間試案にあるような，契約の性質や交渉の進捗状況その他の一切の事情に照らして，（と）入れることによって相当程度解決できるのではないか（第 84 回 62 頁）。

沖野幹事：中間試案のような形で元々の原則を合わせて，より具体化するものとして書くということも考えられます。今回の記載は，……中間試案よりも絞り込むような表現を採られたように見受けられます。……中間試案では，契約締結の自由の派生原則として，原則は何かということが明らかにされることによって，不当破棄の責任についての規律との間で，そのバランスというか，歯止めというか，という機能を担っていたように思われます。（第84回62-63頁）。

② 規定することに反対の見解

佐成委員：中間試案では，信義則に委ねたほうがいいのではないかと，その方が柔軟な解釈が可能であるということで，反対意見を述べておりました。……今回，……まだ依然として不当な紛争が惹起されるというような懸念は表明されていた……この提案自体は，……限定されているし，非常に明確化されているという点は，産業界としても評価はできる……そうはいっても，……依然として賛成できるような状況というのではなさそうな感じでございます。（第84回59頁）。

二　考察（契約交渉の不当破棄）

　素案の中間試案からの変更点といえるのは，まず，他の箇所に契約締結の自由が置かれたことから，契約が成立しなかった場合でも損害賠償責任を負わないとする原則規定が省かれてしまっている点である。そして，例外的に損害賠償責任を負う場合が，中間試案よりも大幅に整理されてしまっているところである。

　この規定を置くことに反対する見解は，産業界からの一つ[250]のみである。また，基本的には規律することを支持しながらも，素案に対しては，「『相手方に信じさせるに足りる行為をした』ということが要件になっていて，……いわゆる誤信惹起型であろうかと思います。……中間試案の場合ですと，『相手方が契約の成立が確実であると信じ』という要件ですので，いわゆる信頼裏切り型というのを含んでいるのではないか……信頼裏切り型と言われているものも制約しないような形にしていただければと思います[251]。」と，素案の内容が

---

(250)　審議会「第84回　議事録」（佐成委員）59頁。
(251)　審議会「第84回　議事録」（中田委員）61頁。

限定された[252]，あるいは絞り込むようなものとなった[253]との批判のほか，やはり，契約が締結されなかった場合でも，損害賠償責任は生ずるものではないとする原則が置かれていないことに対する批判がある。すなわち，「法律の専門家ではない者にとっては，……原則的な規定の内容を契約自由の原則の条文から読み取ることは困難ではないか[254]」，とか「中間試案では，契約締結の自由の派生原理として，原則は何かということが明らかにされることによって，不当破棄の責任についての規律との間で，そのバランスというか，歯止めというか，という機能を担っていたように思われます[255]。」といったものである。

　結局，要綱仮案では契約交渉の不当破棄に関する規律は，これまた落とされてしまっている。それは素案の基本的な構成が，中間試案のような原則・例外を明示するようなものになっていないという点と，これまでの判例・学説によって構築されてきた契約準備段階の責任の法理を十分には反映したものとはなっていなかった（特に信頼裏切り型が脱落している）という拙さに起因するところが大きかったのではないかと思われる。

第5節　契約交渉段階（情報提供義務）

一　審議会の議論

> 第1　契約交渉段階（情報提供義務）
> 　契約交渉段階における情報提供義務に関する規定を設けることの当否，規定の内容について，どのように考えるか。契約交渉段階における一般的な情報提供義務に関する規定とは別に，それを知らなければ生命，身体等に損害を生じさせる可能性が高い情報を対象として情報提供義務を規定するという考え方があるが，このような考え方についてどのように考えるか。
>
> ○中間試案第27，2「契約締結過程における情報提供義務」
> 　契約の当事者の一方がある情報を契約締結前に知らずに当該契約を締結したために損害を受けた場合であっても，相手方は，その損害を賠償する責任を負わないものとする。ただし，次のいずれにも該当する場合には，相

---

(252)　審議会「第84回　議事録」（岡崎幹事）61頁。
(253)　審議会「第84回　議事録」（沖野幹事）63頁。
(254)　審議会「第84回　議事録」（大島委員）60頁。
(255)　審議会「第84回　議事録」（沖野幹事）63頁。

手方は，その損害を賠償しなければならないものとする。
　(1)　相手方が当該情報を契約締結前に知り，又は知ることができたこと。
　(2)　その当事者の一方が当該情報を契約締結前に知っていれば当該契約を締結せず，又はその内容では当該契約を締結しなかったと認められ，かつ，それを相手方が知ることができたこと。
　(3)　契約の性質，当事者の知識及び経験，契約を締結する目的，契約交渉の経緯その他当該契約に関する一切の事情に照らし，その当事者の一方が自ら当該情報を入手することを期待することができないこと。
　(4)　その内容で当該契約を締結したことによって生ずる不利益をその当事者の一方に負担させることが，上記(3)の事情に照らして相当でないこと
　（注）　このような規定を設けないという考え方がある。

部会資料75Ｂ（1頁）

○契約交渉段階における情報提供義務について

① 契約交渉段階において情報提供義務の一般的な規定を置くことを支持する見解

中井委員：現在，情報提供義務が一定の場面であることについては争いがない。説明義務という形であったり，情報提供義務という形であったりして，数多くの裁判例がある。にもかかわらず，民法の中にそのものに関する規定が全くない。ここで落ちてしまって残らない。それでいいのかという問いに対しては，やはり一般的な形であれ残すべきであると。……類型化して要件をぎりぎり詰めても合意に達する見込みがないとすれば，これは緩やかな形で情報提供義務，説明義務のあることを明らかにする。……一般的な規定として置くのが望ましいのではないか。（第84回65頁）規定は設けるけれども，中身については抽象化せざるを得ない（第84回67頁）。

岡田委員：一般的に情報提供義務があるということは，……やはり書いてほしい（第84回66頁）。

潮見幹事：こういう形でルール化することに意味があるのかと言われたら，この程度でもあるのではないか……交渉段階の義務でも，……情報収集についてのリスクは自己責任だということは，是非置いていただきたい……この義務に違反した場合どうなるのかというのが，中間試案は損害賠償という限定をしていますけれども，……効果を損害賠償に限定するのであれば，損害賠償という

形で絞ったほうが合意はとりやすいのではないか（第84回67-68頁）。
山本（敬）幹事：情報提供義務の一般的な要件立てについて，コンセンサスを得ることはかなり難しいのではないか……他人の権利を害してはいけないという規範は皆受け入れるでしょうから，そのような危険のある情報については提供しなければならないという義務であれば，何とかコンセンサスが得られるのではないか（第84回68頁）。

② 中間試案のような要件化の問題点を問う見解

岡崎幹事：情報提供義務を設ける法律上の根拠が何なのか……契約の締結後についても一定の情報提供義務が認められるケースがあるかと思うのですが，それとの関係をどういうふうに見るのか……情報提供の範囲あるいは対象が何なのかというところで，生命，身体に損害を生じさせる場合なのか，それとも財産に対する損害などのケースも含むのか……損害が生じる可能性がある危険が，どの程度具体的な危険性なのか……情報提供をしたというためには，どの程度具体的な情報を提供する必要があるのか。……これらのもろもろのことを考えた上で，適切な表現で条文を作るという作業が求められるわけですけれども，この辺りがまた非常に難しい問題ではないか（第84回66-67頁）。

③ 情報提供義務の明文化に反対の見解

大島委員：当事者の有している情報量や内容の専門性，当事者の属性などは契約類型ごとに様々であり，その義務の範囲を適切な文言で画することは難しいと考えることから，情報提供義務については明文化すべきではない……仮に情報提供義務を明文化するのであれば，情報収集は当事者双方が行うという原則を明示した上で，中間試案の提示した要件に加えて，一定の専門的知識が必要な分野に限るなど，更に義務の成立範囲を絞り込むべきである……今回新たに提案された，生命，身体等に障害を生じさせる可能性が高い情報を対象として情報提供義務を規定するという考え方については，生命，身体のほか財産などの利益が広く情報提供義務の対象として理解される懸念があり，人損に限ることを明確にする必要がある（第84回64頁）。

中原委員：相手方がそういう情報を入手した，あるいは入手できたのかということだけではなく，それを理解できたのかどうかという点が重視されている……したがって，単に情報の入手あるいは情報の提供ということに限定するの

であれば，かえって相手方の保護にならないのではないか……守秘義務とか，あるいはプライバシーの関係で，情報提供できない場合があります。したがって，今回の提案は，情報保持者の側の事情というものが一切考慮されていないという点において問題があるのではないか（第84回64頁）。

佐成委員：情報提供義務については，……反対ということで意見を述べておった……今回，生命，身体等に損害を生じさせる可能性が高い情報ということで規定の提案があった……これの及ぶ範囲というのがちょっと不明確ではないか……いずれにしてもにわかに賛成できないという意見が強かった（第84回65頁）。

二　考察（情報提供義務）

契約交渉段階での情報提供義務に関しては，契約を締結するか否かの判断において必要な情報は各自が収集しなければならないという自己責任の原則から，一方当事者がこれによって損害を被ったとしても相手方は損害賠償責任を負わないとする原則が述べられ，例外として損害賠償責任を負う場合を規律しようとの構成が示されていた。

ただ，その具体的な要件がかなり細かなものであって，支持を得るには難しいものであった。審議会では，その要件化の問題点・困難性を指摘する意見[256]が聞かれた。また情報提供義務の明文化に反対の見解も根強く主張される。すなわち，「当事者の有している情報量や内容の専門性，当事者の属性などは契約類型ごとに様々であり，その義務の範囲を適切な文言で画することは難しいと考えることから，情報提供義務については明文化すべきではない……仮に情報提供義務を明文化するのであれば，情報収集は当事者双方が行うという原則を明示した上で，中間試案の提示した要件に加えて，一定の専門的知識が必要な分野に限るなど，更に義務の成立範囲を絞り込むべきである[257]」，とか「相手方がそういう情報を入手した，あるいは入手できたのかということだけではなく，それを理解できたのかどうかという点が重視されている……したがって，単に情報の入手あるいは情報の提供ということに限定するのであれ

---

(256)　審議会「第84回　議事録」（岡崎幹事）66-67頁。
(257)　審議会「第84回　議事録」（大島委員）64頁。

ば、かえって相手方の保護にならないのではないか……守秘義務とか、あるいはプライバシーの関係で、情報提供できない場合があります。したがって、今回の提案は、情報保持者の側の事情というものが一切考慮されていないという点において問題があるのではないか[258]」、とか、その及ぶ範囲の不明確性[259]といったところが批判されている。

　しかし、比較的多数の意見は、中間試案のような要件化が困難であるとすれば、情報提供義務の一般的な規定を置くべきであるとするものである。すなわち、「現在、情報提供義務が一定の場面であることについては争いがない。説明義務という形であったり、情報提供義務という形であったりして、数多くの裁判例がある。にもかかわらず、民法の中にそのものに関する規定が全くない。ここで落ちてしまって残らない。それでいいのかという問いに対しては、やはり一般的な形であれ残すべきであると。……類型化して要件をぎりぎり詰めても合意に達する見込みがないとすれば、これは緩やかな形で情報提供義務、説明義務のあることを明らかにする。……一般的な規定として置くのが望ましいのではないか[260]。」と一般的に情報提供義務がある[261]ということを示すべきだとする。また、素案のような素朴な一般的要件に対しても「こういう形でルール化することに意味があるのかと言われたら、この程度でもあるのではないか……交渉段階の義務でも、……情報収集についてのリスクは自己責任だということは、是非置いていただきたい……この義務に違反した場合……効果を損害賠償に限定するのであれば、損害賠償責任という形で絞ったほうが合意はとりやすいのではないか[262]」、「情報提供義務の一般的な要件立てについて、コンセンサスを得ることはかなり難しいのではないか……他人の権利を害してはいけないという規範は皆受け入れるでしょうから、そのような危険のある情報については提供しなければならないという義務であれば、何とかコンセンサスが得られるのではないか[263]」というように、細かい要件化をするのではなく、一般的な情報提供義務を置くべきだとする意見が多かったが、結局要綱仮案で

---

(258) 審議会「第84回　議事録」(中原委員) 64頁。
(259) 審議会「第84回　議事録」(佐成委員) 65頁。
(260) 審議会「第84回　議事録」(中井委員) 65頁。
(261) 審議会「第84回　議事録」(岡田委員) 66頁。
(262) 審議会「第84回　議事録」(潮見幹事) 67-68頁。
(263) 審議会「第84回　議事録」(山本(敬)幹事) 68頁。

は，これが入れられることはなかった。ここも，判例・学説のこれまでの膨大な蓄積を考慮するとせっかくの好機を逸したということになりはしないだろうか。

第6節　契約の解釈

一　審議会の議論(1)

第2　契約の解釈
　契約の解釈に関する規定については，できる限り当事者の意図に即した解釈をするか客観的な意味を重視した解釈をするかという基本的な考え方の対立があるほか，そもそも契約解釈に関する規定が実体法である民法に設けることになじむものかどうか，実務的に有用な規定を設けることができるかどうかなどが問題になり得る。これらの点も含め，契約の解釈に関する規定を設けるかどうか，どのような規定を設けるかについて，どのように考えるか。

○中間試案第29「契約の解釈」
　1　契約の内容について当事者が共通の理解をしていたときは，契約は，その理解に従って解釈しなければならないものとする。
　2　契約の内容についての当事者の共通の理解が明らかでないときは，契約は，当事者が用いた文言その他の表現の通常の意味のほか，当該契約に関する一切の事情を考慮して，当該契約の当事者が合理的に考えれば理解したと認められる意味に従って解釈しなければならないものとする。
　3　上記1及び2によって確定することができない事項が残る場合において，当事者がそのことを知っていれば合意したと認められる内容を確定することができるときは，契約は，その内容に従って解釈しなければならないものとする。
　（注）　契約の解釈に関する規定を設けないという考え方がある。また，上記3のような規定のみを設けないという考え方がある。

　　　　　　　　　　　　　　　　　　　　　部会資料75B（5頁）

○契約の解釈の規定について

①　中間試案のような要件化またはその修正を支持する見解
山本（敬）幹事：中間試案の第29の1は，契約の内容について当事者が共通

の理解をしていたときは，その理解に従って解釈しなければならないというものでして，……当事者の共通の理解をしていたことが確定できる場合にまで，客観的な解釈をすべきだというような意見は，現在では主張されていない……その意味でも，このルール自体は容認できるものではないか……中間試案第29の2の当事者の共通の理解が明らかでない場合の規律について……契約制度の趣旨が，当事者が自らの法律環境を形成するために行うものだとしますと，当事者がどのように理解し，また，理解すべきだったかという基準によることがその趣旨に合致します。……当該契約に関する一切の事情を考慮して，何が当該契約の当事者が合理的に考えれば理解したと認められる意味かということが決め手になる。……当該契約を離れた抽象的な合理人ではなく，当該契約をした当事者が合理的に考えれば理解したと認められる意味が基準になる……中間試案第29の3が示されているのも，存在しない意思を擬制するものではなくて，当事者がそのことを知っていれば合意したと認められる内容を確定することができるときには，契約はその内容に従って解釈しないといけない。……諸外国における立法例でも，契約解釈に関する準則はほとんど全て民法で定めています。……契約の解釈について最低限，基本的な枠組みを定めておくことは不可欠だ（第85回2-4頁）。

高須幹事：契約の趣旨とは何ですかという部分について必ずしも明確でない，……それを補うためにもこの種の解釈原理を設けることは必要ではないか……中間試案に示され，今日も議論の前提になっているこの解釈に関する規律というのは，十分，実務的にも重要なものである（第85回4-5頁）。この種の規律を設けることの重要性というのを考えて，最も基本的なところだけでもせめて設けるという発想で，議論をしていったらいいのではないか（第85回15頁）。

岡田委員：中間試案的なものが盛り込まれると，……業務が楽になる（第85回5頁）。

山野目幹事：中間試案に即しての……第2ルールに当たるものを民法の規定として育てていって，これを置くことに成功することができれば，大変よいのではないか（第85回7-8頁）。

沖野幹事：より実践的な意義を持ち得るのは第2準則であり，……それとともに第1準則は併せて明らかにするべきだ（第85回7-8頁）。

深山幹事：第1準則と第2準則の関係は，……理念としては第1準則が大原則なんだろう……しかし，当事者の共通理解がにわかには分からないことからこそ紛争になる……それを支えるものとして第2準則が機能する，そういう意味では実践的な意味があるのは第2準則なのかもしれません。しかし，……これは裏表みたいな話で二つを合わせて一つと言ってもいいような性質（の）ものではないか（第85回10頁）。契約書は予防的な意味でも，……いざ裁判になった場合でも，最も重視すべきものだ……ただ，理念的には，……書いてはあるけれども違うんだという例外的な場合があれば，それはそちらのほうを優先すべきだという考え方を否定すべきではない（第85回12-13頁）。

能見委員：この29の1の前にもう一つ原則ルールがあるはずですが，それがここには書かれていない。……契約書があれば原則としてその契約書の内容，その客観的な意味で理解されると，そういうルールが第一にあって，それの言わば例外として，客観的な意味ではなくて当事者が共通に主観的に理解していたものがあるならば，その意味で契約を理解しようというのが29の1に出てくるということではないでしょうか。（第85回13頁）契約の解釈とは何か，……定義というのでしょうか，そういう問題と，……契約の解釈の際の手順の問題としてどうしたらいいかという問題の両方があり，この2つは本来は分けられるべき問題だろう……この二つを書き分けることでかなり誤解が解消するのではないか（第85回16頁）。

岡委員：第1のルールは当たり前の事実認定のルールなので書かなくてもいいし，……余り賛成できないという意見が多いのではないか……当事者の合意が認定できれば，それに沿うというのは当たり前という感じです。第2ルールについては，契約合意の事実認定の際の，明示又は黙示の合意の認定方法として，こういう手法でいつも解決していると感じます。契約の趣旨まで条文に入ると，いつもやっている作業が明確になって，これは非常に便利ではないか……第3のルールについて……これは信義則の適用，法の適用ではないか（第85回16-17頁）。

② 中間試案のような規定を設けることに反対の見解

永野委員：裁判所の中では中間試案のような規律を設けることについて強い異論が示されています……中間試案第29の1の部分について……これを第1ルー

ルと呼びますと，……表示行為が当該状況において一般的にはどのように理解されているのかといったようなことを中心に，外形的事実から意思を推認するということを行っています。……契約書に記載された文言の通常の意味内容に合致する意思を双方とも有していたのではないかという強い推認が働くと，そういう意味で特段の事情がない限り，それ以外の意思を有していたとの反証を許さないといった扱いが行われています。……第1ルールのような規定を設けることの実践的な意義について……契約解釈に関する規定の冒頭にこういった規定を設けることは，契約時にどのような意思を有していたかということこそが決め手になるということになって，契約書の持つ意味を減ずるといったメッセージを国民に与えて，明確な内容の契約書が作成されているにもかかわらず，自分の理解はこれと違うといったような争いを惹起しやすくなるのではないか。……第29の2の規律，すなわち第2ルールについて……第1ルールを確定するための事実認定の過程と酷似する内容が定められているものですから，内心の意思確定の事実認定の問題とこの第2ルールとの関係が非常に紛らわしく思います。むしろ，この第2ルールで契約の内容を確定できるときは，これは第1ルールに戻って意思が合致していると認定できる場合がほとんではないか……第2ルールというのはこの手順に従っていても，内心の意思がどちらか一方に収れんしないという場面を想定していることになりますので，……中間試案第29の3，すなわち第3ルールとの境界が非常に分かりにくくなってくるのではないか……第3ルールのところは当事者の合意が欠けている場合の問題だ……このときに条理とか任意規定とか慣習とかで埋めるという考え方もあり得るのだろうと思うのですが，それを優先して仮定的な意思で埋めるということについて，果たしてコンセンサスがあるのか……実務的には実際には黙示の合意を認定できる場合がほとんどで……この場合も一般人を基準にした経験則等を使って判断している……契約の解釈というものの中には事実認定の問題，あるいは評価の問題，あるいは修整という形での法創造的な性格のものもありまして，……そういった解釈に関する様々な活動の機能を阻害することなく，その全体像を記述してうまくルール化するというのは，非常に難しいのではないか（第85回5-7頁）。第2準則……正に事実認定の過程そのものを規制するものを民法の中に置くということになりますので，それは規定として非常に違

第8章　契約に関する基本原則

和感がある（第85回17頁）。第2準則で挙げられているような作業手順が，当事者の合意の内容を確定するための事実認定のプロセスに極めて酷似している……事実認定ということで，その意思の合致に至らないような場合というのが，この第2準則を適用できるような場面で本当に出てくるのか。そこに非常に疑問を持つ（第85回18頁）。

岡崎幹事： 文言の客観的意味とは違う趣旨で主観的には考えていたというような主張が出る場合……まず，請求原因レベルでは契約の成否について検討して，それに対して抗弁の形で錯誤等を主張することで，対応してきている場合が多かったのではないか……今回のこの「契約の解釈」の御提案というのは，従来の実務の在り方に何らかの影響を及ぼすのではないか……第1準則の事実認定のところでは一般人を基準として，合理的に判断をするということをやっているのに対して，第2準則では当該契約当事者を基準として，ただ，それが合理的に考えたときにはどうだということを見ている……ある意味で，両者は紙一重の現象を扱っているのかと思うのですけれども，そのときに第2準則がどういう場面で出てくるのかが理解しにくい（第85回10-11頁）。この提案がされると何か変わってくるのではないのかというところが，非常に不安になってくる……要件事実として何を捉えたらいいのか，具体的にどの事実を言ったらいいのかというところが分かりにくい（第85回14頁）。実際の裁判実務の中でどう影響してくるかというところを詰めておかないと，大体アバウトにこんなところでいいのではないでしょうかということでルールを作ってしまうと，後で非常に大きな問題を残すことになる（第85回17頁）。

佐成委員： 企業法務には予防法務，紛争解決法務，戦略法務という三つの切り口があって，……予防法務というのは，契約書を徹底的に詰めるということ，即ち，紛争予防のためにいろいろな文言を工夫して書いていくというのが，企業法務では極めて重要な位置を占めている……契約書が後で覆ってしまうという，僅かでもそういうようなリスクがあるというのは非常に困る……内部で更に議論しましたけれども，まだ，賛成というような意見はございませんでした。（第85回11-12頁）。

村上委員： 中間試案の第1準則と第2準則の関係について，よく解らない……第1準則を見ますと，「共通の理解をしていたときは」という表現になっていて，

……第2準則を見ますと,「共通の理解が明らかでないときは」という表現になっていて,……これは,次元が違う話ではないか,共通の理解をしていたかどうかということと,共通の理解が明らかかどうかというのは,別の問題ではないだろうか……共通の理解をしていたときはこのようにするという第1準則を立てた上,共通の理解が明らかでないときは,こういうことを考慮して,共通の理解がどのようなものであったかを認定するんですよというのが第2準則だとすると,それは,正に事実認定のルールだということになるのではないでしょうか。(第85回15頁)。

二 考察(契約の解釈)

現行民法典は,契約の解釈に関する規定を欠いていることから,中間試案では,これを規律する案が示されていた。それが,素案では示されず,規律するかどうかという提言となっている。審議会では,実務的にも重要なものである[264]からとして,設けることを支持する意見[265]も多い。

中間試案の構成がどのようなものであったかということを確認しておくと,まず,1において,当事者が契約の内容について共通の理解をしていたときは,その理解に従って解釈しなければならないとする。そして,2において,契約の内容について当事者の理解が明らかでないときは,当該契約の当事者が合理的に考えれば理解したと認められる意味に従って解釈しなければならないとする。そして,3において,1及び2で確定できないときには,当事者がそのことを知っていれば合意したと認められる内容を確定できるときは,その内容に従って解釈しなければならないとする。

1(第1ルール)は,当事者が共通の理解をしていたことが確定できる場合に,客観的な解釈をするべきではなく,当事者の共通の理解に従った解釈をすべきだ[266]とするものであり,2(第2ルール)では,当事者の共通の理解が明らかでない場合は,当該契約を離れた抽象的な合理人ではなく,当該契約をした当事者が合理的に考えれば理解したと思われる意味が基準となり,3(第3ルール)

---

(264) 審議会「第85回 議事録」(平成26年3月4日)(高須幹事)4-5頁。
(265) 審議会「第85回 議事録」(岡田委員)5頁。
(266) 審議会「第85回 議事録」(山本(敬)幹事)2頁。

は，存在しない意思を擬制するのでなくて，当事者がそのことを知っていれば合意したと認められる内容を確定することができるときには，契約はその内容に従って解釈しなければならない[267]，とするものである。

　ここに示されているのは，契約の内容の解釈に関する徹底した「具体的当事者基準説」とでも称すべき立場からの解釈方法論である。これに対して，裁判官を中心とした実務家委員・幹事からかなり強い疑問・懸念[268]が表明される。特に，第1ルールに関して，「表示行為が当該状況において一般的にはどのように理解されているのかといったようなことを中心に，外形的事実から意思を推認するということを行っています。……契約書に記載された文言の通常の意味内容に合致する意思を双方とも有していたのではないかという強い推認が働くと，そういう意味で特段の事情がない限り，それ以外の意思を有していたとの反証を許さないといった扱いが行われています。……第1ルールのような規定を設けることの実践的な意義について……契約解釈に関する規定の冒頭にこういったことこそが決め手になるということになって，契約書の持つ意味を減ずるといったメッセージを国民に与えて，明確な内容の契約書が作成されているにもかかわらず，自分の理解はこれと違うといったような争いを惹起しやすくなるのではないか[269]。」と批判される。

　これは，理念としては，両当事者の共通の意思・理解が最優先されるということは揺るぎないことではあるが，裁判実務では，契約書を中心とした外形的事実から，客観的な事実認定がなされるという実態があることから，これに違和感を覚えるということではないだろうか。この点を，「この29の1の前にもう一つ原則ルールがあるはずですが，それがここには書かれていない。……契約書があれば原則としてその契約書の内容，その客観的な意味で理解されると，そういうルールが第一にあって，それの言わば例外として，客観的な意味ではなくて当事者が共通に主観的に理解していたものがあるならば，その意味で契約を理解しようというのが29の1に出てくるということではないでしょうか[270]。」と分析される。

---

[267]　審議会「第85回　議事録」(山本(敬)幹事) 2-3頁。
[268]　審議会「第85回　議事録」(岡崎幹事) 17頁，(佐成委員) 11-12頁，(村上委員) 15頁。
[269]　審議会「第85回　議事録」(永野委員) 5-6頁。
[270]　審議会「第85回　議事録」(能見善久委員) 13頁。

確かに，実際のケースでは，客観的に処理されるのがほとんどであって，当事者の共通の意思・理解が認められるケースはごく稀であろう。しかし，やはり，最優先されるべきは両当事者の共通の意思・理解なのであって，これを第1準則として掲げる意義は大きいと考える。

次に，第2ルールと第3ルールに対しては，「第1ルールを確定するための事実認定の過程と酷似する内容が定められているものですから，内心の意思確定の事実認定の問題とこの第2ルールとの関係が非常に紛らわしく思います。むしろ，この第2ルールで契約の内容を確定できるときは，これは第1ルールに戻って意思が合致していると認定できる場合がほとんどではないか……第2ルールというのはこの手続に従っていても，内心の意思がどちらか一方に収れんしないという場面を想定していることになりますので，……第3ルールとの境界が非常に分かりにくくなっているのではないか……第3ルールのところは当事者の合意が欠けている場合の問題だ……このときに条理とか任意規定とか慣習とかで埋めるという考え方もあり得るのだろうと思うのですが，それを優先して仮定的な意思で埋めるということについては，果たしてコンセンサスがあるのか……実務的には実際には黙示の合意を認定できる場合がほとんどで……この場合も一般人を基準にした経験則等を使って判断している[271]」といった批判がなされる。

ここで，統一法秩序に目を転ずると，各法秩序間に多少のばらつきはあるが，基本的には，次のような基本構造を見ることができるのではなかろうか。すなわち，第1準則として，契約は両当事者の共通の意思に従って解釈されねばならない[272]。第2準則として，当事者の一方が契約に特別の意味を与える意思を有していたこと，および相手方がその意思を知りまたは知らないことはあり得なかったときは，その当事者の意思に従って解釈されねばならない[273]。そして，第3準則として，第1準則・第2準則によって意思を証明することができないときは，両当事者と同種の合理的な者が同じ状況のもとでその行為に与えるであろう意味に従って解釈されねばならない[274]，というものである。

---

(271) 審議会「第85回　議事録」(永野委員) 6-7頁。
(272) UP：4.1(1), EP：5：101(1), CESL：58(1), DCFR：Ⅱ.-8：101(1).
(273) EP：5：101(2), UP：4.2(1), CESL：58(2), DCFR：Ⅱ.-8：101(2), CISG：8(1).
(274) EP：5：101(3), UP：4.1(2), CESL：58(3), DCFR：Ⅱ.-8：101(3), CISG：8(2).

つまり，(1)両当事者の共通の意思(2)一方当事者の意思(3)両当事者または相手方と同種の合理人基準，というものであり，中間試案で採用されていたルールとはかなり相違するものである。第1ルールは共通であるが，中間試案の第2ルールが，両当事者の共通の理解が明らかでないときに当該具体的当事者基準で解釈しようというのに対して，統一法秩序では，当事者の特別の意思が相手方にわかるはずであったといえる場合には，当該具体的当事者の意思を基準にしようというものである点において異なっている。そして，第1，第2のルールで確定できないときに，中間試案のルールでは，当該具体的当事者がそのことを知っていれば合意したと認められる内容を確定できるときは，その内容に従って解釈しなければならないと，あくまで，具体的当事者基準に従おうとするのに対して，統一法秩序では，同種の合理人が同じ状況のもとで与えるであろう意味に従って解釈しなければならないとして，最終的局面では合理人基準で解釈しようとする。統一法秩序の立場が，今日の比較法的到達点ではないかと思われる。

結局，要綱仮案では契約の解釈の規律は採用されなかった。統一法秩序のような規定であれば，あるいは実務的観点からも一定の支持が得られたのではないかとも思われ，実に残念である。

三　審議会の議論(2)

○　契約の解釈の規定が設けられなかったことについて

① 契約の解釈に関する規定が設けられなかったことに対して遺憾だとする見解

高須幹事：この法律を作っていく社会の在り方も変わっていくときに，その契約というものがうまく社会の中で機能していくルールみたいなものをやはり民法がある程度用意しておかないと，なかなかその規律の維持が難しいのではないか（第92回56頁）。

山本（敬）幹事：今回の改正では，様々な個所で，債務の発生原因，特に契約を基準として定めることが提案されています。そうしますと，その契約の内容をどのようにして確定するかということが決定的に重要になってきます。契約

の解釈の方法や基準について大きく理解が分かれるようでは、せっかく契約を基準にすると定めても、その適用は不安定にならざるを得ません。したがって、契約の解釈については、最低限基本的な枠組みを定めておくことが不可欠である……特に「当事者が共通の理解をしていたときには、それに従って解釈する」という第一準則などは、歴史的に見ても比較法的に見ても、異論のない解釈準則として確立している……この第一準則ですらコンセンサスの形成ができないという事態は、予想もしていませんでした。なぜほかの国々では問題なく受け入れられている解釈準則が、現在の日本では受け入れられないのか。（第 92 回 56 頁）。

沖野幹事：第 1 準則については、基本的な考え方を示すということの意味が非常に大きかったのではないか……第 1、第 2、あるいはせめて第 1 準則だけでも入れるというようなことは考えられないのでしょうか。（第 92 回 58 頁）。

大村幹事：契約の解釈についてのルールが入らないことは私も大変遺憾なことだと思います。……このルールが民法典にないことによって、契約というのはどういうものであって、なぜ拘束するのかということが説明しにくい（第 92 回 59 頁）。

② 契約の解釈に関する規定を設けることは難しいとする見解

筒井幹事：御議論いただいた結果として、……第 1 準則だけでもというところまで御意見をいただきましたけれども、それも含めて困難であろうという判断をした（第 92 回 58 頁）。

永野委員：当初から実務界では、こういうことが立法化されることについて非常に違和感を持っておったわけです。……契約の解釈というものが事実認定の問題と不即不離の形で結びついている……そこの事実認定の部分と解釈の部分を切り離して規律を設けることが果たしてできるのかどうか。（第 92 回 58-59 頁）。

第9章　契約の成立

一　審議会の議論

> 第4　契約の成立
> 1　申込みと承諾
> 契約は，その締結を申し入れる意思表示（以下「申込み」という。）に対して相手方が承諾をしたときは，成立するものとする。
>
> ○中間試案第28，1「申込みと承諾」
> (1)　契約の申込みに対して，相手方がこれを承諾したときは，契約が成立するものとする。
> (2)　上記(1)の申込みは，それに対する承諾があった場合に契約を成立させるのに足りる程度に，契約の内容を示したものであることを要するものとする。
>
> 　　　　　　　　　　　　　　　部会資料67 A（42-43頁）

①　申込みと承諾の規定の重要性とその修正を提言する見解

中田委員：「申込みと承諾」の冒頭の規定……この規定が一体何を表しているのかというのは必ずしもはっきりしなくて，申込み・承諾・契約という三者の関係を示しているのか，契約の成立時期を示しているのか，それとも契約の成立の態様を示しているのか……契約の態様も定めているとしますと，……練り上げ型を排除するわけではないということを，誤解のないようにしておく必要がある。……「締結」という言葉がちょっと引っ掛かります。……「ある契約を成立させることを申し入れる意思表示」というように，もう少し中身に着目した表現も工夫できるのではないか（第77回53頁）。

二　考察（契約の成立）

現行民法では，契約の章の冒頭の第一款に「契約の成立」に関する款が置かれているが，いきなり「承諾期間の定めのある申込み」といった細かな規定内容から始まっており，「契約の成立」に関する根本的な規定を欠いている。

そこで，素案では，「1　申込みと承諾」として「契約は，その締結を申し入れる意思表示（以下「申込み」という。）に対して相手方が承諾をしたときは，

成立するものとする。」[275]との原則規定を置く。

　これに関しては、唯一次の意見が出されたにとどまる。「『申込みと承諾』の冒頭の規定……この規定が一体何を表しているのかというのは必ずしもはっきりしなくて、申込み・承諾・契約という三者の関係を示しているのか、契約の成立時期を示しているのか、それとも契約の成立の態様を示しているのか……契約の態様も定めているとしますと、……練り上げ型を排除するわけではないということを、誤解のないようにしておく必要がある……『締結』という言葉がちょっと引っ掛かります。……『ある契約を成立させることを申し入れる意思表示』というように、もう少し中身に着目した表現も工夫できるのではないか[276]」と。

　確かに、売買等の契約の多くにおいては、「申込み」と「承諾」により契約が成立するのが一般的である。「申込み」と「承諾」による契約の成立は典型的で代表的な契約成立の形態であり、諸外国の立法をみても、これにより契約が成立するとしているのが一般である。ユニドロワ国際商事契約原則をみると、その第2.1.1条（契約は、申込みに対する承諾により、または合意を示すのに十分な当事者の行為により締結することができる。）において、やはり「申込み」と「承諾」による契約の成立が、最も典型的な形態として示されている。そして、その注釈によると、「当事者が合意をしたのか否か、合意をしたとしてそれはいつの時点においてかを決定するために、伝統的に申込みと承諾の概念が用いられてきた[277]」こともその根拠として加えられる。もう一点注目されるのが、申込みと承諾によるものの他に、「合意を示すのに十分な当事者の行為」によっても契約の成立が認められるとしているところである。いわゆる「練り上げ型」の複雑な取引では、どれが「申込み」で「承諾」なのか判別が困難なものがあり、したがって契約の成立の時期の特定も難しいため、「合意を示すのに十分な当事者の行為」による契約の成立[278]も認める。つまり、「申込みと承諾」による契約の成立は典型例であるから規定に掲げられているが、その「根底に

---

(275) 部会資料67A・前掲注(59)42頁。
(276) 審議会「第77回　議事録」（平成25年9月17日）（中田委員）53頁。
(277) 内田ほか訳・前掲注(20)24頁。
(278) 内田ほか訳・前掲注(20)24頁。

は,契約は当事者の合意のみで締結できるという考え方[279]」があり,実際に「第3章 有効性」の第3.1.2条において「契約の締結,変更および解消は,当事者の合意のみによってすることができ,その他の要件を要しない。」と明記されている。

この方向をさらに徹底するのがヨーロッパ契約法原則である。その「第2章 契約の成立 第1節 総則」の冒頭において契約締結のための要件を規定する[280]が,その第1項において,「(1)契約は,次の各号に定める要件がすべて充たされる場合に,締結されるものとする。その他の要件は必要でない。(a)両当事者が,法的に拘束される意思を有していること(b)両当事者が,十分な合意に達すること」との規定を置く。これにより,契約の成立の根源的な考え方として,「両当事者の合意」によるということが宣明されたといえよう。そして,これに続いて「第2節 申込みと承諾」の規定が設けられている。つまり,「申込みと承諾」は,合意による契約の成立の下位概念として扱われている。契約成立の根本概念は,両当事者の合意であるということが,条文構成からも示されたことになる。こうした方向性は,共通参照枠草案(DCFR)[281]においても採用されている。

「申込みと承諾」は,契約成立の一典型例ではあるが,「契約の成立は両当事者の合意による」というその本質を示すことこそが,21世紀の民法典にとってのあるべき方向ではないだろうか。

第10章 売　買

一　審議会の議論(1)

(ア)　追完請求権

3　売主の追完義務
次のような規定を新たに設けるものとする。
(1) 引き渡された目的物が性状及び数量に関して契約の趣旨に適合しな

---

[279]　内田ほか訳・前掲注(20)24頁。
[280]　EP：2：101.
[281]　DCFR：Ⅱ.-4：101, Ⅱ.-4：201〜.

いものであるときは，買主は，その内容に応じて，売主に対し，目的物の修補，代替物の引渡し又は不足分の引渡しによる履行の追完を請求することができる。

(2) 買主が請求した履行の追完の方法と異なる方法を売主が提供する場合において，売主の提供する方法が契約の趣旨に適合し，かつ，買主に不相当な負担を課するものでないときは，履行の追完は，売主が提供する方法による。

○中間試案第35，4「目的物が契約の趣旨に適合しない場合の売主の責任」
民法第565条及び第570条本文の規律（代金減額請求・期間制限に関するものを除く。）を次のように改めるものとする。
(1) 引き渡された目的物が前記3(2)に違反して契約の趣旨に適合しないものであるときは，買主は，その内容に応じて，売主に対し，目的物の修補，不足分の引渡し又は代替物の引渡しによる履行の追完を請求することができるものとする。ただし，その権利につき履行請求権の限界事由があるときは，この限りでないものとする。
(2) 略
(3) 売主の提供する履行の追完の方法が買主の請求する方法と異なる場合には，売主の提供する方法が契約の趣旨に適合し，かつ，買主に不相当な負担を課するものでないときに限り，履行の追完は，売主が提供する方法によるものとする。
部会資料75A（11-12頁）

○追完請求権の限界事由について

① (1)の追完請求権の限界事由があるときの例外を中間試案のように入れるべきだとする見解

潮見幹事：売買のところの素案で，3の(1)のところで，ただし書を扱ったというのは，……請負で……ただし書というものを置かないという方向で事務当局は臨もうとしておられるのか。……追完請求権の限界を扱う規定をどちらにも置いておいたほうがいい（第84回6頁）。追完請求権は，……履行請求権の一種として捉えられています。そして，損害賠償請求は債務者の責めに帰することのできない事由がある場合はできないけれども，履行請求権については，債権者，すなわち買主に，責めに帰すべき事由があった場合でも，なお履行請求はすることができます。そうであるならば，同じように追完請求権も債権者の帰責事由によっては妨げられないはずです。（第84回9頁）。

第10章 売　買

(イ) 代金減額請求権

　4　買主の代金減額請求権
　次のような規定を新たに設けるものとする。
　(1)　引き渡された目的物が性状及び数量に関して契約の趣旨に適合しないものである場合において，買主が相当の期間を定めて履行の追完の催告をし，売主がその期間内に履行の追完をしないときは，買主は，意思表示により，その不適合の割合に応じて代金の減額を請求することができる。
　(2)　次のいずれかに該当するときは，買主は，上記(1)の催告をすることなく，直ちに代金の減額を請求することができる。
　ア　履行の追完が不能であるとき。
　イ　売主が履行の追完をする意思がない旨の確定的な意思を表示したとき。
　ウ　契約の性質又は当事者の意思表示により，特定の日時又は一定の期間内に履行をしなければ契約をした目的を達することができない場合において，売主が履行をしないでその時期を経過したとき。
　エ　買主が催告をしても履行の追完を受ける見込みがないことが明らかであるとき。
に履行をしなければ契約をした目的を達することができない場合において，売主が履行をしないでその時期を経過したとき。
　オ　買主が催告をしても履行の追完を受ける見込みがないことが明らかであるとき。
に履行をしなければ契約をした目的を達することができない場合において，売主が履行をしないでその時期を経過したとき。
　カ　買主が催告をしても履行の追完を受ける見込みがないことが明らかであるとき。
　(3)　引き渡された目的物が性状及び数量に関して契約の趣旨に適合しないものである場合において，その不適合が契約の趣旨に照らして買主の責めに帰すべき事由によるものであるときは，買主は，代金の減額を請求することができない。

○中間試案第35，5「目的物が契約の趣旨に適合しない場合における買主の代金減額請求権」
　前記4（民法第565条・第570条関係）に，次のような規律を付け加えるものとする。
　(1)　引き渡された目的物が前記3(2)に違反して契約の趣旨に適合しないものである場合において，買主が相当の期間を定めて履行の追完の催告をし，売主がその期間内に履行の追完をしないときは，買主は，意思表示により，その不適合の程度に応じて代金の減額を請求することができるものとする。

> (2) 次に掲げる場合には，上記(1)の催告を要しないものとする。
> 　ア　履行の追完を請求する権利につき，履行請求権の限界事由があるとき。
> 　イ　売主が履行の追完をする意思がない旨を表示したことその他の事由により，売主が履行の追完をする見込みがないことが明白であるとき。
> (3) 上記(1)の意思表示は，履行の追完を請求する権利（履行の追完に代わる損害の賠償を請求する権利を含む。）及び契約の解除をする権利を放棄する旨の意思表示と同時にしなければ，その効力を生じないものとする。
>
> 　　　　　　　　　　　　　　　　　　　部会資料75A（13-14頁）

〇代金減額請求権の規定について

① (1)の「不適合の割合に応じて」を中間試案のように「不適合の程度に応じて」としたほうがよいとする見解

岡委員：埋蔵廃棄物がある場合ですと，……不動産で適正な時価は100だったけれども，……150ぐらいで売れてしまった……除去費用は10掛かるという事案を想定します。……適正価格100から10引いた90が適正価格として出てくると思うのですが，それを前提にした代金減額請求は何かおかしいのではないか（第84回7-8頁）。そういう場合に，当初の150の合意がひっくり返される理由はあり得ない（第84回9頁）。

深山幹事：質的に何か問題がある，不適合があるという場合に，それを割合で表現できるのだろうか……埋蔵物の除去なんかが典型的にいえることですが，……元々の物の価値以上に費用が掛かるということだってあり得るわけですね。そうなると，そもそも割合で考えるということ自体はもう機能しないのではないか……少なくとも「割合」よりはまだ「程度」のほうがいいのかもしれません（84回8頁）。

② (3)の「買主の責めに帰すべき事由によるものであるときは，買主は，代金の減額を請求することができない。」の規律の問題点を指摘する見解

中井委員：買主に帰責事由がある場合も，一旦代金減額請求は対価的均衡を守るという論理を貫徹して認めた上で，買主に帰責事由があるのだから，場合によっては損害賠償等が反対側に起こる。そこでチャラになるという考え方もあり得る（第84回10頁）。

潮見幹事：代金減額で対価的なバランスを回復しようということならば，売主

第10章 売　買

と買主の主観的な態様は考慮に入れるべきではないという考え方もあり得る……当事者の主観的な対応も考慮してバランスをとるべきではないかというような観点からの多様な意見が出ておりまして，それを考慮に入れて，今回こういう案が出来上がってきたものではないか（第84回10頁）。

③　代金減額請求に，原則として追完の催告が必要だが，損失が拡大してしまうなど，迅速に行使できないと困る場合があるのではないかとの指摘をする見解

山本（敬）幹事：(1)で代金減額請求をするためには，まず履行の追完の催告をしなければならない。もちろん(2)で例外が定められているわけですけれども，原則としては追完の催告は必要である。ただ，売買契約によっては，特に買主側にとっては，追完をしてもらうと更に時間が掛かってしまって，損失が拡大する可能性がある。……可能な限り早く問題を処理して次の対応をしたいと考える場合は，少なからずあるのではないか（第84回16頁）。

(ウ)　損害賠償請求および契約の解除

　　5　損害賠償の請求及び契約の解除
　　民法第565条及び第570条本文の規律（代金減額請求及び期間制限に関するものを除く。）を次のように改めるものとする。
　　引き渡された目的物が性状及び数量に関して契約の趣旨に適合しないものであるときは，買主は，債務不履行一般の規定による損害賠償の請求及び契約の解除をすることができる。

○中間試案第35，4「目的物が契約の趣旨に適合しない場合の売主の責任」
　　民法第565条及び第570条本文の規律（代金減額請求・期間制限に関するものを除く。）を次のように改めるものとする。
　　(2)　引き渡された目的物が前記3(2)に違反して契約の趣旨に適合しないものであるときは，買主は，売主に対し，債務不履行の一般原則に従って，その不履行による損害の賠償を請求し，又はその不履行による契約の解除をすることができるものとする。
　　　　　　　　　　　　　　　　　部会資料75Ａ（16-17頁）

○不適合の場合の解除規定について

①　新たな「契約の解除」の規定は，従来の瑕疵担保解除とは異なるのでは

ないかとする見解

中井委員：従来は契約をした目的を達成することができないときに解除できる。今回の提案は，変わるものではないという帰結になっているわけですけれども，修補請求等の何らかの追完請求をしたけれども，その催告に応じず追完しなかった。そうしたら解除できるという。催告解除構成をとったときに，全く同じ帰結になるのかということには，なお，留保が私は必要だと思っている（第84回20頁）。

(エ) 期間制限

> 7　買主の権利の期間制限
> (1)　民法第570条本文の規律のうち期間制限に関するものを，次のように改めるものとする。
> 　売主が性状に関して契約の趣旨に適合しない目的物を買主に引き渡した場合において，買主がその不適合の事実を知った時から1年以内に当該事実を売主に通知しないときは，買主は，その不適合を理由とする前記3から5までの規定による履行の追完の請求，代金減額の請求，損害賠償の請求又は契約の解除をすることができない。ただし，売主が引渡しの時に目的物が契約の趣旨に適合しないものであることを知っていたとき又は重大な過失によって知らなかったときは，この限りでない。
> 　売主に通知しないときは，買主は，その不適合を理由とする前記3から5までの規定による履行の追完の請求，代金減額の請求，損害賠償の請求又は契約の解除をすることができない。ただし，売主が引渡しの時に目的物が契約の趣旨に適合しないものであることを知っていたとき又は重大な過失によって知らなかったときは，この限りでない。
> (2)　民法第564条（同法第565条による準用を含む。）及び第566条第3項を削除するものとする。
>
> ○中間試案第35，6「目的物が契約の趣旨に適合しない場合における買主の権利の期間制限」
> 　民法第565条及び第570条本文の規律のうち期間制限に関するものは，次のいずれかの案のように改めるものとする。
> 【甲案】　引き渡された目的物が前記3(2)に違反して契約の趣旨に適合しないものである場合の買主の権利につき，消滅時効の一般原則とは別の期間制限（民法第564条，第566条第3項参照）を廃止するものとする。
> 【乙案】　消滅時効の一般原則に加え，引き渡された目的物が前記3(2)に違

第10章　売　買

> 反して契約の趣旨に適合しないものであることを買主が知った時から［1年以内］にそれを売主に通知しないときは，買主は，前記4又は5による権利を行使することができないものとする。ただし，売主が引渡しの時に目的物が前記3⑵に違反して契約の趣旨に適合しないものであることを知り，又は重大な過失によって知らなかったときは，この限りでないものとする。
> 　　　　　　　　　　　　　　　　　　部会資料75A（21-22頁）

○不適合の場合の短期期間制限について

①　不適合の事実を知った時から1年以内に当該事実を売主に通知しなければならないとするのに反対の見解

岡委員：1年では短いのではないか……短期消滅時効が全部知ってから5年に延びる，権利の期間をそれなりに長くするという方向があるとすれば，2年という意見も十分尊重されるべきではないか（第84回22頁）。

山野目幹事：7の素案のような形でお出しいただいているものについて，……賛成することができない……今回提示されている素案は，買主が不適合の事実を知った時から起算して1年ですから，この案を採るとなぜ売主が長期間不安定になることが避けられるのか（第84回22-23頁）。

潮見幹事：この案には反対です。甲案で考えていただければと思います。……1年の消滅時効についての現代化に向けた改正を図っております。そうした中で，10年の時効というものについて，いろいろな要素，現代的な要素を考慮に入れて，短くしようといういろいろな努力をされてきておられて，……ここだけ特別にこのような処理をするということについては，なお説明が必要ではないでしょうか。（第84回23-24頁）。

山本（敬）幹事：売買における担保責任について，……基本的には債務不履行の一般原則に従う方向で組み換えようということになりました。……こうすることによって……無用な区別をせずに，ルールを簡明にすることができる……現行法は瑕疵を知った時から1年で，そこから大きく変わることが危惧されるのかもしれませんけれども，このようなルールを残すことによってもたらされるかもしれない大きな不安定さは，やはりこの時点でよく考えないといけないことではないか（第84回24-25頁）。

道垣内幹事：このまとめには反対です。(第84回25頁)。
大村幹事：私も個人的には反対です……意見に応じて修正をする際には，十分な理由づけができているかどうかという点に御配慮を頂ければと思います。(第84回25頁)。
中井委員：弁護士会の意見の傾向……大阪は甲案を一貫して採っていまして，……他に甲案支持もいるわけですけれども，……これまでの議論の経過がありますから，そして現行法もあるので，この乙案の方向でまとまるなら，それでやむを得ないという単位会が半分くらいございました。……議論の経過もあるから，部会資料を尊重した上での修正提案というのが複数出ている。(第84回25-26頁)。

② 素案を支持する見解

松本委員：現行の案の場合は，売主に当該事実を通知すればいい……普通の取引において，瑕疵がある，契約不適合だということを知ってから，なおクレームを付けないで1年以上放置しておくということが，それほど頻繁にあるのでしょうか。普通は，すぐクレーム付けるのではないですか。(第84回26頁)。

(オ) 滅失・損傷に関する危険の移転

> 12 目的物の滅失又は損傷に関する危険の移転
> 次のような規定を新たに設けるものとする。
> (1) 売主が買主に契約の趣旨に適合する目的物を引き渡した場合において，その引渡しがあった時以後にその目的物が売主の責めに帰することができない事由によって滅失又は損傷したときは，買主は，その滅失又は損傷を理由とする前記3から5までの規定による履行の追完の請求，代金減額の請求又は契約の解除をすることができない。
> (2) 売主が上記(1)の目的物の引渡しを提供したにもかかわらず買主が受領しない場合において，その提供があった時以後に，買主に引き渡すべきものとして引き続き特定されているその目的物が売主の責めに帰することができない事由によって滅失又は損傷したときも，上記(1)と同様とする。

○中間試案第35，14「目的物の滅失又は損傷に関する危険の移転」
(1) 売主が買主に目的物を引き渡したときは，買主は，その時以後に生じた目的物の滅失又は損傷を理由とする前記4又は5の権利を有しないものとする。ただし，その滅失又は損傷が売主の債務不履行によって生じた

ときは，この限りでないものとする。
　　(2)　売主が当該売買契約の趣旨に適合した目的物の引渡しを提供したにもかかわらず買主がそれを受け取らなかった場合であって，その目的物が買主に引き渡すべきものとして引き続き特定されているときは，引渡しの提供をした時以後に生じたその目的物の滅失又は損傷についても，上記(1)と同様とする。
　　　　　　　　　　　　　　　　　　　　部会資料75A（30頁）

〇目的物の滅失・損傷の場合の危険の移転について

①　「目的物が売主の責めに帰することができない事由によって滅失又は損傷したとき」という要件についての見解

山本（敬）幹事：「その目的物が売主の責めに帰することができない事由によって」と(1)で入れる必要は本当にあるのか。（第84回31-32頁）。

潮見幹事：本来の意味の危険の移転……(1)の本文がそれに当たって，ただし書というのはむしろ，どっちかといったら債務不履行を理由とする損害賠償ということが問題となっている……そう考えると，ただし書で付け加えるのがいいかどうかもまたある……そういうのを忖度し，全部含めて考えた場合には，中間試案のほうがいい（第84回32頁）。

(カ)　買主の義務（受領義務）

　【取り上げなかった論点】
　〇中間試案第35，10「買主の義務」
　　パブリック・コメントの手続には，①判例では，買主には原則として目的物の受領義務はないとされていること，②受領義務の効果が不明確である上，損害賠償や解除まで認めるのは行き過ぎであること，③売主による濫用的な押し付けにつながり消費者被害が拡大するおそれがあること等を理由として，反対意見が寄せられたことなどを考慮し，論点として取り上げないこととした。
　　　　　　　　　　　　　　　　　　　　部会資料75A（34頁）

〇売買における受領義務の規定について

①　受領義務の規定を入れてほしいとする見解

潮見幹事：受領義務ほかですけれども，……残念であった……受領義務の効果

と，受領遅滞という制度に結び付けられる効果とを分けて，立論をしていくという方向を採っていた……むしろ効果というものは明確になっているのではないか。(第84回28頁)。

二　考察（売買）

1　追完請求権

中間試案において，契約の内容に適合しないものの給付の場合に，買主に追完請求権が認められることが明記され，それが不能等履行請求権の限界事由があるときには除かれることが示されていた。これに対して，債務の履行が不能である場合に履行請求権が排除される旨の一般規定があることから，素案では除外事由は規定されないこととされた。

審議会では，追完請求権の限界事由を扱う規定を売買，請負の両方に置くべきだ[282]とし，「履行請求権については，債権者，すなわち買主に，責めに帰すべき事由があった場合でも，なお履行請求はすることができます。そうであるならば，同じように追完請求権も債権者の帰責事由によっては妨げられないはずです[283]。」との主張がなされる。このような見解のあることを懸念してからか，要綱仮案では，ただし書で，「その不適合が買主の責めに帰すべき事由によるものであるときは，この限りでない[284]。」と買主の追完請求権を買主に帰責事由があるときに排除する。

この問題に関して，統一法秩序は，全く異なった法体系のもとにある。そこでは，基本的には，相手方の不履行が，自己の作為又は不作為によって生じた限度において，相手方の不履行を主張できない[285]，との構成が採用されている。つまり，その場合には，その不履行は相手方の不履行とはいえないので，債権者（買主）は履行請求（追完請求），解除，代金減額，損害賠償の請求等ができない。債権者に帰責事由がなくても，自己に相手方の不履行を生じさせた原因があれば，その限度で権利行使ができないという「原因主義」に依拠した法体系を採用している。

---

(282)　審議会「第84回　議事録」（潮見幹事）9頁。
(283)　審議会「第84回　議事録」（潮見幹事）9頁。
(284)　要綱仮案・第30の3(1)。
(285)　UP：7.1.2, EP：8：101(3), CESL：106(5)・131(3), CISG：80, DCFR：Ⅲ.-3：101.

これに対して，日本改正法は，ドイツ民法と同様に原因主義を採らずに，「帰責事由主義」に依拠しようという方向にある。したがって，追完請求権の行使の場合は，追完不能等の場合は当然排除されるが，買主に帰責事由があるときにも排除されることになる。

2　代金減額請求権

　現行法には規定のなかった代金減額請求権であるが，これは売主に帰責事由がない場合にも認められる権利であり，債権債務の等価的均衡という観点からもこの規定が導入される意義は大きい。

　審議会では，素案の「不適合の割合に応じて代金の減額を請求することができる」という部分を中間試案のように「不適合の程度に応じて……」とする修正意見[286]が出されたほか，ここでも追完請求のときと同様に，その不適合が「買主の責めに帰すべき事由によるものであるとき」に代金減額請求はすることができないとの新たな規律に対して意見が出される。すなわち，「買主に帰責事由がある場合も，一旦代金減額請求は対価的均衡を守るという論理を貫徹して認めた上で，買主に帰責事由があるのだから，場合によっては損害賠償等が反対側に起こる。そこでチャラになるという考え方もあり得る[287]」とか，「代金減額で対価的なバランスを回復しようということならば，売主と買主の主観的な態様は考慮に入れるべきではないという考え方もあり得る……当事者の主観的な対応も考慮してバランスをとるべきではないかというような観点からの多様な意見が出ておりまして，それを考慮に入れて，今回こういう案が出来上がってきたものではないか[288]」といった見解である。

　代金減額請求権も，原因主義に依拠する統一法秩序においては，債権者（買主）の作為・不作為によってその不適合が生じた場合には，その限りにおいて債務者（売主）の不履行を主張することができない[289]とされるわけであるから，その限りにおいて代金減額請求は排除される。それに対して，日本改正法は，「帰責事由主義」に依拠しようとしているわけであるから，その不適合が買主の責

---

(286)　審議会「第84回　議事録」（岡委員）7-8頁，（深山幹事）8頁。
(287)　審議会「第84回　議事録」（中井委員）10頁。
(288)　審議会「第84回　議事録」（潮見幹事）10頁。
(289)　CISG：50, CESL：120, EP：9：401.

めに帰すべき事由によるものであるときは，買主は代金の減額を請求することができないということになろう。

この代金減額請求の規律に関しては，代金減額請求をするためには，まず履行の追完の催告をしなければならないとされている。これは，統一法秩序では，ウィーン国連売買条約50条ただし書において，「売主が第37条（引渡期日前の追完）若しくは第48条（売主の追完権）の規定に基づきその義務の履行を受け入れることを拒絶した場合には，買主は，代金を減額することができない。」とするのに対応したものともいえるが，「売買契約によっては，特に買主側にとっては，追完をしてもらうと更に時間が掛かってしまって，損失が拡大する可能性がある。……可能な限り早く問題を処理して次の対応をしたいと考える場合は，少なからずあるのではないか[290]」との懸念が表明される。

これに関しては，(2)のウにおいて，「契約の性質または当事者の意思表示により，特定の日時又は一定の期間内に履行をしなければ契約をした目的を達することができない場合において，売主が履行をしないでその時期を経過したとき」には，催告をすることなく，直ちに代金の減額を請求することができるとの規定があり，これは，絶対的定期行為と相対的定期行為を表したものである。ただ，問題はこれらの定期行為だとはされなかった場合である。そうしたケースでは，催告が必要となるが，その場合の「相当の期間の定め」の解釈において，この期間の設定を相当短くすることが認められると考えると，催告は必要だが「相当期間」の設定においてそのような不都合は回避できるのではないかと思われる。

3　損害賠償請求および契約の解除

売主が引き渡した目的物が，契約の内容に適合しないものである場合には，今回の改正では，売主の債務不履行ということになり，債務不履行の一般原則の適用をみる。したがって，売買契約での引渡債務の履行であることから，結果債務と評価されるため，売主に帰責事由がないとされ免責されるのは不可抗力等の場合に限定されるので，売主としては履行利益の損害賠償責任を負うのが一般的であろう。

---

(290)　審議会「第84回　議事録」（山本(敬)幹事）16頁。

契約の解除に関しては，新たな「契約の解除」の構成のもとでは，従来の瑕疵担保解除の場合とは異なったものとなるのではないかとする指摘がある。すなわち，「従来は契約をした目的を達成することができないときに解除できる。今回の提案は，変わるものではないという帰結になっているわけですけれども，修補請求等の何らかの追完請求をしたけれども，その催告に応じず追完しなかった。そうしたら解除できるという。催告解除構成をとったときに，全く同じ帰結になるのかということには，なお，留保が私は必要だと思っている[291]」とするものがある。

これはまさしく指摘のとおりであり，従来の瑕疵担保解除では，契約の目的を達成することができない場合にのみ解除することができたが，今回の改正では，不適合が契約の目的を達することができなくはない場合であっても，原則として催告解除が可能であり，例外的に相当期間の経過時に不履行が軽微であるときに限り，解除ができないことになる[292]。結論としては，解除できる場合が，僅かであるが拡大するという論理となろう。

4 期間制限

中間試案では，【甲案】と【乙案】の二つの案が示され，【甲案】は契約不適合のものの給付の場合も，消滅時効の一般規定（3年か4年か5年）に統一しようというものであり，【乙案】は不適合を知った時から1年以内に通知しなければならないとするものであった。

これに対し，素案は，【乙案】を採用した。素案を支持する意見は一つだけあり，「契約不適合だということを知ってから，なおクレームを付けないで1年以上放置しておくということが，それほど頻繁にあるのでしょうか。普通は，すぐクレーム付けるのではないですか[293]。」と1年という期間制限が短いのではないか[294]との批判に対する【乙案】の実質的根拠を提供しようというものである。しかし，大多数の意見[295]は，素案に反対する。

---

(291) 審議会「第84回 議事録」（中井委員）20頁。
(292) 要綱仮案・第12の1を参照。
(293) 審議会「第84回 議事録」（松本委員）26頁。
(294) 審議会「第84回 議事録」（岡委員）22頁。
(295) 審議会「第84回 議事録」（山野目幹事）22-23頁，（潮見幹事）23-24頁，（山本（敬）幹事）24-25頁，（道垣内幹事）25頁，（中井委員）25-26頁。

消滅時効の改正とも関係するが，不適合の場合の期間制限も，本来であれば消滅時効の一般規定に服させることが，簡明性の点で優れており，【甲案】支持も頷けるが，消滅時効の一般規定が，権利行使することができることを知った時から5年間行使しないとき[296]，に統一されるということになると，短期の期間制限を設けて法律関係を早期に安定させる目的で設けられたとされるこの期間制限を，消滅時効の一般規定に服させることは適当ではないということになろう。また，1年という期間制限も，「知った時から1年以内に通知」というように要件も緩和されており，消滅時効の一般規定とは異なる規律となってしまうのもやむを得ないことではなかろうか。

5　滅失・損傷に関する危険の移転

現行民法534条1項では，特定物に関して危険負担債権者主義の原則が採用されており，これが現実の問題に適応せず不適当な規定であるとされ，危険の引渡時移転という解釈が有力に主張されてきた。こうしたことから，中間試案および素案では，売買の箇所に，目的物の引渡時に目的物の滅失等の危険が売主から買主に移転するとの規定が置かれる。問題となるのは，素案ではその要件としての「引渡しがあった時以後にその目的物が売主の責めに帰することができない事由によって滅失又は損傷したときは，買主は，……追完の請求，代金減額の請求又は契約の解除をすることができない。」とする文言が，中間試案の「その滅失又は損傷が売主の債務不履行によって生じたときは，」買主の権利行使を認める旨の規律に代えて入れられているところである。

審議会では，「『その目的物が売主の責めに帰することができない事由によって』と(1)で入れる必要は本当にあるのか[297]。」とか，「本来の意味の危険移転……(1)の本文がそれに当たって，ただし書というのはむしろ，どっちかといったら債務不履行を理由とする損害賠償ということが問題となっている……そう考えると，ただし書で付け加えるのがいいかどうかもまたある……そういうのを忖度し，全部含めて考えた場合には，中間試案のほうがいい[298]」と主張さ

---

(296)　要綱仮案・第1の1(1)。
(297)　審議会「第84回　議事録」（山本(敬)幹事）31-32頁。
(298)　審議会「第84回　議事録」（潮見幹事）32頁。

第10章 売　買

れる。

　統一法秩序では，ウィーン国連売買条約が，危険負担の効果について規定しているが，「買主は，危険が自己に移転した後に生じた物品の滅失又は損傷により，代金を支払う義務を免れない。ただし，その滅失又は損傷が売主の作為又は不作為による場合は，この限りでない[299]。」とされ，共通欧州売買法（草案）でも，「危険が買主に移転した後における物品またはデジタルコンテンツの滅失又は損傷は，買主を代金支払義務から解放しない。ただし，滅失又は損傷が売主の作為または不作為によるものであるときは，この限りでない[300]。」とされる。そして，共通参照枠草案（DCFR）でも，「買主は，危険が自己に移転した後に生じた物品の滅失又は損傷により，代金を支払う債務を免れない。ただし，その滅失又は損傷が売主の作為または不作為によるときは，この限りでない[301]。」とされる。

　もちろん，統一法秩序では，原因主義が採用されるので，売主に帰責事由がなくても，滅失等の原因が売主にあれば，危険は買主に移転しない。これに対し，日本民法および改正日本民法の目指す方向は，帰責事由主義を採用する。そこで，このような規定が導入されても問題ないのではないかと考える。

6　買主の義務（受領義務）

　売買において買主の義務，特に受領義務の規定は素案では設けられておらず，受領遅滞の一般規定において現行413条の規定が削除され，代わりに受領遅滞の効果に関する規定がいくつか設けられている。

　この点について審議会では，「受領義務ほかですけれども，……残念であった……受領義務の効果と，受領遅滞という制度に結び付けられる効果とを分けて，立論をしていくという方向を採っていた……むしろ効果というものは明確になっているのではないか[302]。」との意見が表明される。

　統一法秩序では，ウィーン国連売買条約が，第3章として買主の義務の章を設けて，その第53条から第65条において詳細に規定する。共通欧州売買法（草

---

(299)　CISG：66.
(300)　CESL：140.
(301)　DCFR：Ⅳ.A.-5：101.
(302)　審議会「第84回　議事録」（潮見幹事）28頁.

案）でも，第12章において買主の義務の章が設けられており，その第123条から第130条において詳しい規定が置かれている。共通参照枠草案でも，売主の部の第3章の第3：101条から第3：105条において買主の債務が規定されている。このように売主と買主の両当事者間において，それぞれの権利・義務を明確に規定するというのが国際的なそして現代的な潮流である。また，統一法秩序では，債権者・債務者の両当事者間においても，両当事者間には相手方の債務の履行のために協力すべき義務（協力義務）が存することの一般的規定が設けられており，今日，そして将来的にみると，債権者，あるいは買主側の権利のみに焦点を置く構成は，きわめていびつなものとみられるのではないだろうか。

三　審議会の議論(2)

第5　売　買

1　手付（民法第557条関係）

民法第557条第1項の規律を次のように改めるものとする。

買主が売主に手付を交付したときは，買主はその手付を放棄し，売主はその倍額を現実に提供して，契約の解除をすることができる。ただし，その相手方が契約の履行に着手した後は，この限りでない。

2　売主の義務

売主の義務について，次のような規律を設けるものとする。

(1) 売主は，契約の内容（他人の地上権，抵当権その他の権利の設定の有無を含む。）に適合した権利を買主に移転する義務を負う。

(2) 売買の目的が物であるときは，売主は，種類，品質及び数量に関して，契約の内容に適合するものを買主に引き渡す義務を負う。

(3) 他人の権利（権利の一部が他人に属する場合における当該権利の一部を含む。）を売買の目的としたときは，売主は，その権利を取得して買主に移転する義務を負う。

(4) 売主は，買主に対し，登記，登録その他の売買の目的である権利の移転を第三者に対抗するために必要な行為をする義務を負う。

3　売主の追完義務

売主の追完義務について，次のような規律を設けるものとする。

(1) 引き渡された目的物が種類，品質又は数量に関して契約の内容に適合しないものであるときは，買主は，売主に対し，目的物の修補，代替物の引渡し又は不足分の引渡しによる履行の追完を請求することができる。た

だし，その不適合が買主の責めに帰すべき事由によるものであるときは，この限りでない。
(2) (1)本文の規定にかかわらず，売主は，買主に不相当な負担を課するものでないときは，買主が請求した方法と異なる方法による履行の追完をすることができる。

4 買主の代金減額請求権

買主の代金減額請求権について，民法第565条（同法第563条第1項の準用）の規律を次のように改めるものとする。

(1) 引き渡された目的物が種類，品質又は数量に関して契約の内容に適合しないものである場合において，買主が相当の期間を定めて履行の追完の催告をし，その期間内に履行の追完がないときは，買主は，その不適合の程度に応じて代金の減額を請求することができる。

(2) 次のいずれかに該当するときは，買主は，(1)の催告をすることなく，直ちに代金の減額を請求することができる。

ア 履行の追完が不能であるとき。
イ 売主が履行の追完を拒絶する意思を明確に表示したとき。
ウ 契約の性質又は当事者の意思表示により，特定の日時又は一定の期間内に履行をしなければ契約をした目的を達することができない場合において，売主が履行をしないでその時期を経過したとき。
エ アからウまでの場合のほか，買主が催告をしても履行の追完を受ける見込みがないことが明らかであるとき。

(3) 引き渡された目的物が種類，品質又は数量に関して契約の内容に適合しないものである場合において，その不適合が買主の責めに帰すべき事由によるものであるときは，買主は，(1)及び(2)の規定による代金の減額を請求することができない。

5 損害賠償の請求及び契約の解除

損害賠償の請求及び契約の解除について，民法第565条及び第570条本文の規律を次のように改めるものとする。

3(1)及び4の規定による権利の行使は，債務不履行一般の規定による損害賠償の請求及び解除権の行使を妨げない。

6 権利移転義務の不履行に関する売主の責任等

権利移転義務の不履行に関する売主の責任等について，民法第561条から第567条まで（同法第565条及び期間制限に関する規律を除く。）の規律を次のように改めるものとする。

3から5までの規定は，売主が買主に移転した権利が契約の内容に適合しないものである場合及び売主が買主に権利の全部又は一部を移転しない場合について準用する。

7 買主の権利の期間制限

(1) 民法第570条本文の規律のうち期間制限に関するものを，次のように改めるものとする。
　売主が種類又は品質に関して契約の内容に適合しない目的物を買主に引き渡した場合において，買主がその不適合の事実を知った時から1年以内に当該事実を売主に通知しないときは，買主は，その不適合を理由とする履行の追完の請求，代金の減額の請求，損害賠償の請求及び契約の解除をすることができない。ただし，売主が引渡しの時に目的物が契約の内容に適合しないものであることを知っていたとき又は知らなかったことにつき重大な過失があったときは，この限りでない。

(2) 民法第564条（同法第565条において準用する場合を含む。）及び第566条第3項を削除するものとする。

8　競売における買受人の権利の特則（民法第568条第1項）
民法第568条第1項及び第570条ただし書の規律を次のように改めるものとする。
　民事執行法その他の法律の規定に基づく競売における買受人は，4及び債務不履行一般の規定（目的物の種類又は品質に関して契約の内容に適合しないものである場合に関するものを除く。）により，債務者に対し，契約の解除をし，又は代金の減額を請求することができる。

9　権利を失うおそれがある場合の買主による代金支払の拒絶（民法第576条関係）
民法第576条の規律を次のように改めるものとする。
　売買の目的について権利を主張する者があることその他の事由により，買主がその買い受けた権利の全部若しくは一部を取得することができないおそれがあるとき，又はこれを失うおそれがあるときは，買主は，その危険の限度に応じて，代金の全部又は一部の支払を拒むことができる。ただし，売主が相当の担保を供したときは，この限りでない。

10　目的物の滅失又は損傷に関する危険の移転
危険の移転について，次のような規律を設けるものとする。

(1) 売主が買主に目的物を引き渡した場合において，その引渡しがあった時以後にその目的物が売主の責めに帰することができない事由によって滅失し，又は損傷したときは，買主は，その滅失又は損傷を理由とする履行の追完の請求，代金の減額の請求，損害賠償の請求及び契約の解除をすることができない。この場合において，買主は，代金の支払を拒むことができない。

(2) 売主が契約の内容に適合する目的物の引渡しを提供したにもかかわらず買主が受領しない場合において，その提供があった時以後に，買主に引き渡すべきものとして引き続き特定されているその目的物が売主の責めに帰することができない事由によって滅失し，又は損傷したときも，(1)と

同様とする。
　11　買戻し（民法第579条ほか関係）
　(1)　民法第579条の規律を次のように改めるものとする。
　ア　不動産の売主は，売買契約と同時にした買戻しの特約により，買主が支払った代金及び契約の費用を現実に提供して，売買の解除をすることができる。この場合において，売主が提供すべき金額について別段の合意があるときは，その合意に従う。
　イ　アの場合において，当事者が別段の意思を表示しなかったときは，不動産の果実と代金の利息とは相殺したものとみなす。
　(2)　民法第581条第1項の規律を次のように改めるものとする。
買戻しの特約を登記したときは，買戻しは，第三者に対しても，その効力を有する。
　　　　　　　　　　　　　　　　　　　　　部会資料81-1（5-8頁）

1　売主の義務について

① 2(1)(2)にある「契約の内容に適合」という表現への違和感を示す見解

岡委員：契約の一切の事情に基づき，かつ取引上の社会通念を考慮して定まるという合意がこの部会でできていた……この「契約の内容」という表現になってしまうと，取引上の社会通念を考慮する，あるいは照らすという部分が抜け落ちてしまうという心配でございます。（第93回45-46頁）契約の目的，経緯等に基づいた上で，第二次的に控えめに取引上の社会通念も考慮して定まる契約の趣旨ということを申しあげている……契約が第一次的だけれども，補充的な要素として取引上の社会通念を入れるというのが部会の合意だった（第93回48頁）。

松本委員：「内容」は消してしまって，「契約に適合したもの」とか「契約に適合した権利」というふうにしてより漠としてしまう。そうすれば契約書に書かれていることも，それ以外のことも入ってくるということになるのではないか。（第93回49頁）。

中井委員：実際の大量の取引を見たときに個別に品質・性能，ここでいうと種類・品質ですか，について合意していない場面も多々ある。従来の理解としては，特段の合意がなければ目的，対象物が通常有する品質・性能を備えたものを引き渡せば足りるという形で，それ以外に当事者間で合意をすれば，当然その合意に従ったものを引き渡さねばならない，こういうルールだろう……特段

当事者間で合意がない場面で一体どうなるのかというルールがこれでは見えにくくなるのではないか。……社会通念, 取引通念を考慮して決まるのだということを明らかにする必要があるということと, もう一つは合意がない場面での一般的ルールが見えにくくなって, 全て個別合意の中身を探求しなければならなくならないか, こういう懸念に対する対応を考えていただく必要がないか (第93回47頁)。ほかの契約類型も全部書くのかという質問に対しては, 売買の規定は, 559条でしょうか。ほかの有償契約にも全て使われるわけですから, ほかのところにも同じように書かなければならないという理屈までにはならないのではないか……なおここに置く意義はある (第93回49頁)。

② 「契約の内容」という表現を支持する見解

筒井幹事：ここでの「契約の内容」はもちろん契約書の記載によって決まるなどと考えているわけではなく, 契約の締結に至る経緯等を考慮して取引通念も参酌して定まるという理解に立っていますけれども, 条文表現としては「契約の内容」とさせていただき, そしてそのような考慮が働くことは, 例えば債務不履行による損害賠償の免責のところなどを参酌しながら解釈していただく, そのことを手がかりにして解釈していただくという整理で御理解いただけないか (第93回46頁)。

山野目幹事：社会通念に従って義務を履行せよ, という文章をよく理解しない人が読んだら, ある意味では大変な社会になるような恐れ, そのような社会へ向かってしまう規律として読まれる恐れというものも反対側にあるような気がします (第93回48頁)。

道垣内幹事：山野目幹事がおっしゃったところが, 私が2点申し上げようと思っていたことと全く同じです。(第93回48頁)。

潮見幹事：「契約の内容」と書くことで何も違和感はございません。(第93回49頁)。

山本 (敬) 幹事：売買の目的物一般について, デフォルトルールとして「物が通常有すべき性質」と書くことはできないだろう……それは, 対象とされる契約に応じて予定される性質は違ってくるわけであって, 「通常有すべき性質」が一体何かは一般的には決まらないと考えられるからです。(第93回49-50頁)。

2 種類又は品質に関して契約の内容に適合しない目的物の扱い方に関して

① 種類又は品質に関して契約内容に適合しない目的物を引き渡した場合に1年の期間制限がかかることに対する懸念・違和感などを示す見解

岡委員：契約不適合について種類・品質に関するか関しないかで，期間制限の1年がかかるか，かからないかが決まってしまいます。そういう絶大な効果をもたらすときの要件事実として種類・品質という言葉で大丈夫なのか（第93回50頁）。瑕疵とこの数量，品質に関する契約不適合というのは違うような気がします。実務家からすると，1年の期間制限をかけていいような不適合と解釈したくなる（第93回51頁）。

潮見幹事：性状の欠点は数量不足の場合と違って比較的短期間で瑕疵のものの判断が困難になると説明されています。しかし，実はそうではないのではないか……数量の場合について除外するというところが，私にはまだ理解できません。最近のモデル準則などでも，数量だけを省いて規定するのは，私が見た限りでは見つかりません。（第93回51頁）。

松岡委員：数量不足の場合の規律が欠けているのは困る……今回の改正でなくなる565条の数量指示売買の規定の性質は，従来の瑕疵担保責任の一種と理解されています。それゆえ……瑕疵と数量・品質の不適合は同じかと問われますと，今回の御提案では7で数量を除いていますので，ちょっと違うと言わなければなりません。そのことの説明がつくのかと言われると疑問です。（第93回52頁）。

② 種類又は品質と数量を区別して扱うことを支持する見解

住友関係官：この種類・品質についてだけなぜ期間制限を設けるのかということにつきましても，種類・品質の契約不適合を立証すること自体が数量の契約不適合と比べると難しくなってくるのではないか（第93回50頁）。

③ 提案に賛成というわけではないが，規律を合理的に解釈するとした場合の解決を示す見解

山本（敬）幹事：物そのものでなく，物の外にある環境，特に建物等ですと，日照や通風などが分かりやすい例ですけれども，眺望などもそうかもしれませんが，そのようなものもこの概念に入ってくるかどうかは，強いて言えば，「品質」の解釈に委ねられる。……ここでいう「種類・品質」というのも，基本的

には従来の瑕疵担保の規定がカバーしていたものと重なるとみるというような説明をするしかないのではないか（第93回51-52頁）。

3　契約不適合の場合の解除について
①　契約不適合の場合の解除が，現行法によるよりも広がることの確認をする見解

中井委員：現民法ではこの追完請求については契約目的不達成の場合のみ解除できるとなっている。ここで債務不履行一般の規定による解除権の行使を妨げないとすると，……契約の解除の催告解除の要件で足りることになるとすれば，軽微ではないけれども契約目的を達成できる場合は解除できるという結論になる。……本来的に債務の履行をしないときの催告の解除とここでの追完請求をしたときの解除の基準が本当に全く同じでいいのか。……念のために確認というか，それでいいのだと，確認をさせていただければと思います。現行法は契約目的不達成の場合にのみ解除できるとなっているので，解除の範囲を変えた，原則論を変えたことによって広がった（第93回54-55頁）。

住友関係官：軽微ではないが目的は達成できる部分については広がったと言わざるを得ない（第93回55頁）。

潮見幹事：追完請求権が履行請求権の一つの対応にすぎないと考えるのであれば解除の規定をどのように適用するかに関しても債務不履行の一般原則に従い判断すれば足りる。そのとき催告解除のルールの適否が問題になった場合には，一般の催告解除のルールに従って処理をせざるを得ない（第93回55頁）。

4　追完請求権が買主の責めに帰すべき事由によるときには認められないことについて
①　追完請求権が「買主の責めに帰すべき事由」による場合に認められないことに対して疑問を提起する見解

潮見幹事：売主の追完義務のところの規定，特に(1)で，これは追完請求権のことを書いています。……このただし書は，追完請求権が履行請求権の態様であるということでは説明がつきません。つまり，本来の履行請求権においては債権者の帰責事由の有無とは関係ない形で履行請求権があり履行請求権の限界

が定まるという枠組みをとっていますから，これをそのままスライドした場合にはここの追完請求権でこんな論理が出てくるはずはない。……追完請求，催告，不応答の場合については，特殊な状況があるのであって，売買の場合には催告解除の一般ルールというものがそのまま妥当すべきではないのだという考え方に一理あるのならば，ここで特別の扱いをするというのも選択肢として否定されるわけではない……個人的には3の(1)はこれでいいのかなと思う部分がございます。(第93回55-56頁)。

5　危険の移転について
① 危険の移転の規定を主張・立証の所在を明確にするために修正すべきだとする見解

山本（敬）幹事：売主の責めに帰することができない事由があるかどうかを問題にするのはよいとしても，……書き方としては，本文では「その引渡しがあった時以後に滅失した」と定めて，その上でただし書で，「ただしその滅失又は損傷が売主の責めに帰すべき事由によるときはその限りでない」というように定めるべきではないか（第93回56頁）。

第2部

要綱仮案から要綱へ

第1章　民法（債権関係）の改正に関する要綱仮案（抜粋）

第1　公序良俗（民法第90条関係）

民法第90条の規律を次のように改めるものとする。
公の秩序又は善良の風俗に反する法律行為は，無効とする。

第2　意思能力

意思能力について，次のような規律を設けるものとする。
法律行為の当事者が意思表示をした時に意思能力を有しないときは，その法律行為は，無効とする。

第3　意思表示

1　心裡留保（民法第93条関係）

民法第93条の規律を次のように改めるものとする。
(1)　意思表示は，表意者がその真意ではないことを知ってしたときであっても，そのためにその効力を妨げられない。ただし，相手方が，その意思表示が表意者の真意ではないことを知り，又は知ることができたときは，その意思表示は，無効とする。
(2)　(1)による意思表示の無効は，善意の第三者に対抗することができない。

2　錯誤（民法第95条関係）

民法第95条の規律を次のように改めるものとする。
(1)　意思表示は，次のいずれかの錯誤に基づくものであって，その錯誤が法律行為の目的及び取引上の社会通念に照らして重要なものであるときは，取り消すことができる。
　ア　意思表示に対応する意思を欠くもの
　イ　表意者が法律行為の基礎とした事情についてのその認識が真実に反するもの
(2)　(1)イの錯誤による意思表示の取消しは，当該事情が法律行為の基礎とされていることが表示されていたときに限り，することができる。
(3)　(1)の錯誤が表意者の重大な過失によるものであった場合には，次のいずれかに該当するときを除き，(1)による意思表示の取消しをすることができない。
　ア　相手方が，(1)の錯誤があることを知り，又は知らなかったことについて重大な過失があるとき。
　イ　相手方が表意者と同一の錯誤に陥っていたとき。
(4)　(1)による錯誤による意思表示の取消しは，善意でかつ過失がない第三者に対抗することができない。

3　詐欺（民法第96条関係）
民法第96条の規律を次のように改めるものとする。
⑴　詐欺又は強迫による意思表示は，取り消すことができる。（民法第96条第1項と同文）。
⑵　相手方に対する意思表示について第三者が詐欺を行った場合においては，相手方がその事実を知り，又は知ることができたときに限り，その意思表示を取り消すことができる。
⑶　⑴又は⑵による詐欺による意思表示の取消しは，善意でかつ過失がない第三者に対抗することができない。

4　意思表示の効力発生時期等（民法第97条関係）
民法第97条の規律を次のように改めるものとする。
⑴　相手方に対する意思表示は，その通知が相手方に到達した時からその効力を生ずる。
⑵　相手方が正当な理由なく意思表示の通知が到達することを妨げたときは，その意思表示の通知は，その通知が通常到達すべきであった時に到達したものとみなす。
⑶　意思表示は，表意者が通知を発した後に死亡し，意思能力を喪失し，又は行為能力の制限を受けたときであっても，そのためにその効力を妨げられない。

5　意思表示の受領能力（民法第98条の2関係）
民法第98条の2の規律を次のように改めるものとする。
⑴　意思表示の相手方がその意思表示を受けた時に意思能力を有しない状態であったときは，その意思表示をもってその相手方に対抗することができない。ただし，その法定代理人がその意思表示を知った後又は意思能力を回復した相手方がその意思表示を知った後は，この限りでない。
⑵　意思表示の相手方がその意思表示を受けた時に未成年者又は成年被後見人であったときは，その意思表示をもってその相手方に対抗することができない。ただし，その法定代理人がその意思表示を知った後は，この限りでない。（民法第98条の2と同文）。

第4　代　理
1　代理行為の瑕疵――原則（民法第101条第1項関係）
民法第101条第1項の規律を次のように改めるものとする。
⑴　代理人が相手方に対してした意思表示の効力が意思の不存在，詐欺，強迫又はある事情を知っていたこと若しくは知らなかったことにつき過失があったことに

よって影響を受けるべき場合には，その事実の有無は，代理人について決するものとする。
⑵　相手方が代理人に対してした意思表示の効力が，意思表示を受けた者がある事情を知っていたこと又は知らなかったことにつき過失があったことによって影響を受けるべき場合には，その事実の有無は，代理人について決するものとする。

2　代理行為の瑕疵——例外（民法第101条第2項関係）
民法第101条第2項の規律を次のように改めるものとする。
特定の法律行為をすることを委託された代理人がその行為をしたときは，本人は，自ら知っていた事情について代理人が知らなかったことを主張することができない。本人が過失によって知らなかった事情についても，同様とする。

3　代理人の行為能力（民法第102条関係）
民法第102条の規律を次のように改めるものとする。
制限行為能力者が代理人としてした行為は，行為能力の制限によっては取り消すことができない。ただし，制限行為能力者が他の制限行為能力者の法定代理人としてした行為については，この限りでない。
　（注1）　民法第13条第1項に掲げる行為（被保佐人がその保佐人の同意を得なければならない行為）に次の行為を加えるものとする。民法第13条第1項に掲げる行為を制限行為能力者の法定代理人としてすること。
　（注2）　民法第120条第1項に次の規律を加えるものとする。
　　　制限行為能力者が他の制限行為能力者の法定代理人としてした行為は，当該他の制限行為能力者又はその承継人も，取り消すことができる。

4　復代理人を選任した任意代理人の責任（民法第105条関係）
民法第105条を削除するものとする。

5　自己契約及び双方代理等（民法第108条関係）
民法第108条の規律を次のように改めるものとする。
⑴　同一の法律行為について，相手方の代理人として，又は当事者双方の代理人としてした行為は，代理権を有しない者がした行為とみなす。ただし，債務の履行及び本人があらかじめ許諾した行為については，この限りでない。
⑵　⑴本文に定めるもののほか，代理人と本人との利益が相反する行為については，代理権を有しない者がした行為とみなす。ただし，本人があらかじめ許諾した行為については，この限りでない。

6 代理権の濫用

代理権の濫用について,次のような規律を設けるものとする。

代理人が自己又は第三者の利益を図る目的で代理権の範囲内の行為をした場合において,相手方が当該目的を知り,又は知ることができたときは,当該行為は,代理権を有しない者がした行為とみなす。

7 代理権授与の表示による表見代理(民法第109条関係)

民法第109条の規律を次のように改めるものとする。

(1) 第三者に対して他人に代理権を与えた旨を表示した者は,その代理権の範囲内においてその他人が第三者との間でした行為について,その責任を負う。ただし,第三者が,その他人が代理権を与えられていないことを知り,又は過失によって知らなかったときは,この限りでない。(民法第109条と同文)。

(2) 第三者に対して他人に代理権を与えた旨を表示した者は,その代理権の範囲内においてその他人が第三者との間で行為をしたとすれば(1)によりその責任を負うべき場合において,その他人が第三者との間でその代理権の範囲外の行為をしたときは,第三者がその他人の代理権があると信ずべき正当な理由があるときに限り,当該行為について,その責任を負う。

8 代理権消滅後の表見代理(民法第112条関係)

民法第112条の規律を次のように改めるものとする。

(1) 他人に代理権を与えた者は,代理権の消滅後にその代理権の範囲内においてその他人が第三者との間でした行為について,代理権の消滅の事実を知らなかった第三者に対してその責任を負う。ただし,第三者が過失によってその事実を知らなかったときは,この限りでない。

(2) 他人に代理権を与えた者は,代理権の消滅後に,その代理権の範囲内においてその他人が第三者との間で行為をしたとすれば(1)によりその責任を負うべき場合において,その他人が第三者との間でその代理権の範囲外の行為をしたときは,第三者がその他人の代理権があると信ずべき正当な理由があるときに限り,当該行為について,その責任を負う。

9 無権代理人の責任(民法第117条関係)

民法第117条の規律を次のように改めるものとする。

(1) 他人の代理人として契約をした者は,自己の代理権を証明したとき,又は本人の追認を得たときを除き,相手方の選択に従い,相手方に対して履行又は損害賠償の責任を負う。

(2) (1)は,次のいずれかに該当するときは,適用しない。
　ア　他人の代理人として契約をした者が代理権を有しないことを相手方が知っていたとき。
　イ　他人の代理人として契約をした者が代理権を有しないことを相手方が過失によって知らなかったとき。ただし,他人の代理人として契約をした者が自己に代理権がないことを知っていたときは,この限りでない。
　ウ　他人の代理人として契約をした者が行為能力を有しなかったとき。

第5　無効及び取消し
1　法律行為が無効である場合又は取り消された場合の効果
　法律行為が無効である場合又は取り消された場合の効果について,次のような規律を設けるものとする。
(1) 無効な行為に基づく債務の履行として給付を受けた者は,相手方を原状に復させる義務を負う。
(2) (1)にかかわらず,無効な無償行為に基づく債務の履行として給付を受けた者は,給付を受けた当時その行為が無効であること(給付を受けた後に民法第121条本文の規定により初めから無効であったものとみなされた行為にあっては,給付を受けた当時その行為が取り消すことができるものであること)を知らなかったときは,その行為によって現に利益を受けている限度において,返還の義務を負う。
(3) (1)にかかわらず,行為の時に意思能力を有しなかった者は,その行為によって現に利益を受けている限度において,返還の義務を負う。

2　追認の効果(民法第122条関係)
　民法第122条ただし書を削除するものとする。

3　取り消すことができる行為の追認(民法第124条関係)
　民法第124条の規律を次のように改めるものとする。
(1) 取り消すことができる行為の追認は,取消しの原因となっていた状況が消滅し,かつ,取消権を有することを知った後にしなければ,その効力を生じない。
(2) 次のいずれかに該当するときは,(1)の追認は,取消しの原因となっていた状況が消滅した後にすることを要しない。
　ア　法定代理人又は制限行為能力者の保佐人若しくは補助人が追認をするとき。

第7　消滅時効
1　債権の消滅時効における原則的な時効期間と起算点
　民法第166条第1項及び第167条第1項の債権に関する規律を次のように改めるも

のとする。
　債権は，次に掲げる場合のいずれかに該当するときは，時効によって消滅する。
⑴　債権者が権利を行使することができることを知った時から5年間行使しないとき。
⑵　権利を行使することができる時から10年間行使しないとき。
　　（注）　この改正に伴い，商法第522条を削除するものとする。

2　不法行為による損害賠償請求権の消滅時効（民法第724条関係）
　民法第724条の規律を次のように改めるものとする。
　不法行為による損害賠償の請求権は，次に掲げる場合のいずれかに該当するときは，時効によって消滅する。
⑴　被害者又はその法定代理人が損害及び加害者を知った時から3年間行使しないとき。
⑵　不法行為の時から20年間行使しないとき。

3　生命・身体の侵害による損害賠償請求権の消滅時効
　人の生命又は身体の侵害による損害賠償の請求権について，次のような規律を設けるものとする。
⑴　4⑴に規定する時効期間を5年間とする。
⑵　1⑵に規定する時効期間を20年間とする。

第8　債権の目的（法定利率を除く。）

1　特定物の引渡しの場合の注意義務（民法第400条関係）
　民法第400条の規律を次のように改めるものとする。
　債権の目的が特定物の引渡しであるときは，債務者は，その引渡しをするまで，契約その他の当該債権の発生原因及び取引上の社会通念に照らして定まる善良な管理者の注意をもって，その物を保存しなければならない。

2　選択債権（民法第410条関係）
　民法第410条の規律を次のように改めるものとする。
　債権の目的である給付の中に不能のものがある場合において，その不能が選択権を有する者の過失によるものであるときは，債権は，その残存するものについて存在する。

第9 法定利率

1 変動制による法定利率（民法第404条関係）
民法第404条の規律を次のように改めるものとする。
(1) 利息を生ずべき債権について別段の意思表示がないときは，その利率は，当該利息が生じた最初の時点における法定利率による。
(2) 法定利率は，年3パーセントとする。
(3) (2)にかかわらず，法定利率は，法務省令で定めるところにより，3年ごとに，3年を一期として(4)の規定により変更される。
(4) 各期の法定利率は，この(4)の規定により法定利率に変更があった期のうち直近のもの（当該変更がない場合にあっては，改正法の施行時の期。以下この(4)において「直近変更期」という。）の基準割合と当期の基準割合との差に相当する割合（当該割合に1パーセント未満の端数があるときは，これを切り捨てる。）を直近変更期の法定利率に加算し，又は減算した割合とする。
(5) (4)の基準割合とは，法務省令で定めるところにより，各期の初日の属する年の［6年前の年の5月から前年の4月まで］各月における短期貸付けの平均利率（当該各月において銀行が新たに行った貸付け（貸付期間が1年未満のものに限る。）に係る利率の平均をいう。）の合計を60で除して計算した割合（当該割合に0.1パーセント未満の端数があるときは，これを切り捨てる。）として法務大臣が告示する割合をいう。
　（注）　この改正に伴い，商法第514条を削除するものとする。

2 金銭債務の損害賠償額の算定に関する特則（民法第419条第1項関係）
民法第419条第1項の規律を次のように改めるものとする。
金銭の給付を目的とする債務の不履行については，その損害賠償の額は，当該債務につき債権者が遅滞の責任を負った時の法定利率によって定める。ただし，約定利率が法定利率を超えるときは，その約定利率による。

3 中間利息控除
中間利息控除について，次のような規律を設けるものとする。
将来において取得すべき利益についての損害賠償の額を定める場合において，その利益を取得すべき時までの利息相当額を控除するときは，損害賠償の請求権が生じた時の法定利率によってこれをしなければならない。

第10 履行請求権等
1 履行の不能
履行の不能について，次のような規律を設けるものとする。
債務の履行が契約その他の当該債務の発生原因及び取引上の社会通念に照らして不能であるときは，債権者は，その債務の履行を請求することができない。

2 履行の強制（民法第414条関係）
(1) 民法第414条第1項関係
民法第414条第1項の規律を次のように改めるものとする。
債務者が任意に債務の履行をしないときは，債権者は，民事執行法その他強制執行の手続に関する法令の規定に従い，直接強制，代替執行，間接強制その他の方法による履行の強制を裁判所に請求することができる。ただし，債務の性質がこれを許さないときは，この限りでない。

(2) 民法第414条第2項・第3項関係
民法第414条第2項及び第3項を削除するものとする。
　　（注）　この改正に伴い，民事執行法第171条等について所要の修正をするものとする。

第11 債務不履行による損害賠償
1 債務不履行による損害賠償とその免責事由（民法第415条関係）
民法第415条の規律を次のように改めるものとする。
債務者がその債務の本旨に従った履行をしないとき又は債務の履行が不能であるときは，債権者は，これによって生じた損害の賠償を請求することができる。ただし，その債務の不履行が，契約その他の当該債務の発生原因及び取引上の社会通念に照らして債務者の責めに帰することができない事由によるものであるときは，この限りでない。

2 債務の履行に代わる損害賠償の要件
債務の履行に代わる損害賠償の要件について，次のような規律を設けるものとする。
1により損害賠償の請求をすることができる場合において，次のいずれかに該当するときは，債権者は，債務の履行に代わる損害賠償の請求をすることができる。
(1) 債務の履行が不能であるとき。
(2) 債務者がその債務の履行を拒絶する意思を明確に表示したとき。
(3) 債務が契約によって生じたものである場合において，当該契約が解除され，又は債務の不履行による契約の解除権が発生したとき。

3 不確定期限における履行遅滞(民法第412条第2項関係)
民法第412条第2項の規律を次のように改めるものとする。
債務の履行について不確定期限があるときは,債務者は,その期限の到来した後に履行の請求を受けた時又はその期限の到来したことを知った時のいずれか早い時から遅滞の責任を負う。

4 履行遅滞中の履行不能
履行遅滞中の履行不能について,次のような規律を設けるものとする。
債務者がその債務について遅滞の責任を負っている間に当事者双方の責めに帰することができない事由によってその債務の履行が不能となったときは,その履行の不能は,債務者の責めに帰すべき事由によるものとみなす。

5 代償請求権
代償請求権について,次のような規律を設けるものとする。
債務の履行が不能となったのと同一の原因により債務者がその債務の目的物の代償である権利又は利益を取得したときは,債権者は,その受けた損害の額の限度で,債務者に対し,当該権利の移転又は当該利益の償還を請求することができる。

6 損害賠償の範囲(民法第416条関係)
民法第416条の規律を次のように改めるものとする。
(1) 債務の不履行に対する損害賠償の請求は,これによって通常生ずべき損害の賠償をさせることをその目的とする。(民法第416条第1項と同文)。
(2) 特別の事情によって生じた損害であっても,当事者がその事情を予見すべきであったときは,債権者は,その賠償を請求することができる。

7 過失相殺(民法第418条関係)
民法第418条の規律を次のように改めるものとする。
債務の不履行又はこれによる損害の発生若しくは拡大に関して債権者に過失があったときは,裁判所は,これを考慮して,損害賠償の責任及びその額を定める。

8 賠償額の予定(民法第420条第1項関係)
民法第420条第1項後段を削除するものとする。

第23 弁　　済

1 弁済の方法(民法第483条から第487条まで関係)
(1) 特定物の現状による引渡し(民法第483条関係)

民法第483条の規律を次のように改めるものとする。

債権の目的が特定物の引渡しである場合において，法律行為の性質又は当事者の意思によってその引渡しをすべき時の品質を定めることができないときは，弁済をする者は，その時の現状でその物を引き渡さなければならない。

2　弁済の提供（民法第492条関係）
民法第492条の規律を次のように改めるものとする。
債務者は，弁済の提供の時から，債務の履行をしないことによって生ずべき責任を免れる。

第12　契約の解除

1　催告解除の要件（民法第541条関係）
民法第541条の規律を次のように改めるものとする。
当事者の一方がその債務を履行しない場合において，相手方が相当の期間を定めてその履行の催告をし，その期間内に履行がないときは，相手方は，契約の解除をすることができる。ただし，その期間を経過した時における債務の不履行が当該契約及び取引上の社会通念に照らして軽微であるときは，この限りでない。

2　無催告解除の要件①（民法第542条・第543条関係）
民法第542条及び第543条の規律を次のように改めるものとする。
次のいずれかに該当するときは，債権者は，1の催告をすることなく，直ちに契約の解除をすることができる。
⑴　債務の履行が不能であるとき。
⑵　債務者がその債務の履行を拒絶する意思を明確に表示したとき。
⑶　債務の一部の履行が不能である場合又は債務者がその債務の一部の履行を拒絶する意思を明確に表示した場合において，残存する部分のみでは契約をした目的を達することができないとき。
⑷　契約の性質又は当事者の意思表示により，特定の日時又は一定の期間内に履行をしなければ契約をした目的を達することができない場合において，債務者が履行をしないでその時期を経過したとき。
⑸　⑴から⑷までの場合のほか，債務者がその債務の履行をせず，債権者がその履行の催告をしても契約をした目的を達するのに足りる履行がされる見込みがないことが明らかであるとき。

3　無催告解除の要件②（民法第542条・第543条関係）
無催告解除の要件について，次のような規律を設けるものとする。

次のいずれかに該当するときは，債権者は，1の催告をすることなく，直ちに契約の一部の解除をすることができる。
(1) 債務の一部の履行が不能であるとき。
(2) 債務者がその債務の一部の履行を拒絶する意思を明確に表示したとき。

4　債権者に帰責事由がある場合の解除
債権者に帰責事由がある場合の解除について，次のような規律を設けるものとする。
債務の不履行が債権者の責めに帰すべき事由によるものであるときは，債権者は，1から3までによる契約の解除をすることができない。

5　契約の解除の効果（民法第545条第2項関係）
民法第545条第2項の規律を次のように改めるものとする。
(1) 民法第545条第1項本文の場合において，金銭を返還するときは，その受領の時から利息を付さなければならない。（民法第545条第2項と同文）。
(2) 民法第545条第1項本文の場合において，金銭以外の物を返還するときは，その受領の時以後にその物から生じた果実を返還しなければならない。

6　解除権者の故意等による解除権の消滅（民法第548条関係）
民法第548条の規律を次のように改めるものとする。
解除権を有する者が故意若しくは過失によって契約の目的物を著しく損傷し，若しくは返還することができなくなったとき，又は加工若しくは改造によってこれを他の種類の物に変えたときは，解除権は，消滅する。ただし，解除権を有する者がその解除権を有することを知らなかったときは，この限りでない。

第13　危険負担

1　危険負担に関する規定の削除（民法第534条・第535条関係）
民法第534条及び第535条を削除するものとする。

2　反対給付の履行拒絶（民法第536条関係）
民法第536条の規律を次のように改めるものとする。
(1) 当事者双方の責めに帰することができない事由によって債務を履行することができなくなったときは，債権者は，反対給付の履行を拒むことができる。
(2) 債権者の責めに帰すべき事由によって債務を履行することができなくなったときは，債権者は，反対給付の履行を拒むことができない。この場合において，債務者は，自己の債務を免れたことによって利益を得たときは，これを債権者に償還

しなければならない。

第14　受領遅滞

1　民法第413条の削除

民法第413条を削除するものとする。

2　保存義務の軽減

保存義務の軽減について，次のような規律を設けるものとする。

債権者が債務の履行を受けることを拒み，又は受けることができない場合において，その債務の目的が特定物の引渡しであるときは，債務者は，履行の提供があった時からその物の引渡しをするまで，自己の財産に対するのと同一の注意をもって，その物を保存しなければならない。

3　履行費用の債権者負担

履行費用の債権者負担について，次のような規律を設けるものとする。

債権者が債務の履行を受けることを拒み，又は受けることができないことによって，その履行の費用が増加したときは，その増加額は，債権者の負担とする。

4　受領遅滞中の履行不能

受領遅滞中の履行不能について，次のような規律を設けるものとする。

債権者が債務の履行を受けることを拒み，又は受けることができない場合において，履行の提供があった時以後に当事者双方の責めに帰することができない事由によって債務の履行が不能となったときは，その履行の不能は，債権者の責めに帰すべき事由によるものとみなす。

第26　契約に関する基本原則

1　契約自由の原則

契約自由の原則について，次のような規律を設けるものとする。

(1)　何人も，法令に特別の定めがある場合を除き，契約をするかどうかを自由に決定することができる。

(2)　契約の成立には，法令に特別の定めがある場合を除き，書面の作成その他の方式を具備することを要しない。

(3)　契約の当事者は，法令の制限内において，契約の内容を自由に決定することができる。

2　履行の不能が契約成立時に生じていた場合

契約に基づく債務の履行がその契約の成立の時に不能であった場合について，次

のような規律を設けるものとする。
　契約に基づく債務の履行がその契約の成立の時に不能であったことは,第11に従ってその債務の履行が不能であることによって生じた損害の賠償を請求することを妨げない。

第27　契約の成立
1　申込みと承諾
　申込みと承諾について，次のような規律を設けるものとする。
　契約は，契約の内容を示してその締結を申し入れる意思表示（以下「申込み」という。）に対して相手方が承諾をしたときに成立する。

2　承諾の期間の定めのある申込み（民法第521条第1項・第522条関係）
　民法第521条第1項及び第522条の規律を次のように改めるものとする。
⑴　承諾の期間を定めてした契約の申込みは，撤回することができない。ただし，申込者が撤回をする権利を留保したときは，この限りでない。
⑵　民法第522条を削除するものとする。

3　承諾の期間の定めのない申込み（民法第524条関係）
　民法第524条の規律を次のように改めるものとする。
　承諾の期間を定めないでした申込みは，申込者が承諾の通知を受けるのに相当な期間を経過するまでは，撤回することができない。ただし，申込者が撤回をする権利を留保したときは，この限りでない。

4　対話者間における申込み
　対話者間の申込みについて，次のような規律を設けるものとする。
⑴　承諾の期間を定めないで対話者に対してした申込みは，その対話が継続している間は，いつでも撤回することができる。
⑵　申込者が⑴の申込みに対して対話が継続している間に承諾の通知を受けなかったときは，その申込みは，その効力を失う。ただし，申込者が対話の終了後もその申込みが効力を失わない旨を表示したときは，この限りでない。

5　申込者の死亡等（民法第525条関係）
　民法第525条の規律を次のように改めるものとする。
　申込者が申込みの通知を発した後に死亡し，意思能力を喪失した常況にある者となり，又は行為能力の制限を受けた場合において，申込者がその事実が生じたとすればその申込みは効力を有しない旨の意思を表示したとき，又はその相手方が承諾

の通知を発するまでにその事実が生じたことを知ったときは，その申込みは，その効力を有しない。

6　契約の成立時期（民法第526条第1項・第527条関係）
⑴　民法第526条第1項を削除するものとする。
⑵　民法第527条を削除するものとする。

7　懸賞広告
⑴　懸賞広告（民法第529条関係）
民法第529条の規律を次のように改めるものとする。
　ある行為をした者に一定の報酬を与える旨を広告した者（以下この7において「懸賞広告者」という。）は，その行為をした者がその広告を知っていたか否かにかかわらず，その行為をした者に対してその報酬を与える義務を負う。
⑵　懸賞広告の効力
懸賞広告の効力について，次のような規律を設けるものとする。
　ア　指定した行為をする期間を定めてした広告は，その期間内に指定した行為を完了する者がないときは，その効力を失う。
　イ　指定した行為をする期間を定めないでした広告は，指定した行為の内容その他の事情を考慮して相当な期間内に指定した行為を完了する者がないときは，その効力を失う。
⑶　懸賞広告の撤回（民法第530条関係）
民法第530条の規律を次のように改めるものとする。
　ア　懸賞広告者は，その指定した行為をする期間を定めた場合には，その広告を撤回することができない。ただし，その広告において撤回をすることができるものとしたときは，この限りでない。
　イ　懸賞広告者は，その指定した行為をする期間を定めなかった場合には，その指定した行為を完了する者がない間は，その広告を撤回することができる。ただし，その広告中に撤回をしない旨を表示したときは，この限りでない。
　ウ　広告の撤回は，前の広告と異なる方法によってした場合には，これを知った者に対してのみ，その効力を有する。

第30　売　買
1　手付（民法第557条関係）
民法第557条第1項の規律を次のように改めるものとする。
　買主が売主に手付を交付したときは，買主はその手付を放棄し，売主はその倍額

を現実に提供して、契約の解除をすることができる。ただし、その相手方が契約の履行に着手した後は、この限りでない。

2　売主の義務
売主の義務について、次のような規律を設けるものとする。
(1)　他人の権利（権利の一部が他人に属する場合における当該権利の一部を含む。）を売買の目的としたときは、売主は、その権利を取得して買主に移転する義務を負う。
(2)　売主は、買主に対し、登記、登録その他の売買の目的である権利の移転を第三者に対抗するために必要な行為をする義務を負う。

3　売主の追完義務
売主の追完義務について、次のような規律を設けるものとする。
(1)　引き渡された目的物が種類、品質又は数量に関して契約の内容に適合しないものであるときは、買主は、売主に対し、目的物の修補、代替物の引渡し又は不足分の引渡しによる履行の追完を請求することができる。ただし、その不適合が買主の責めに帰すべき事由によるものであるときは、この限りでない。
(2)　(1)本文の規定にかかわらず、売主は、買主に不相当な負担を課するものでないときは、買主が請求した方法と異なる方法による履行の追完をすることができる。

4　買主の代金減額請求権
買主の代金減額請求権について、民法第565条（同法第563条第1項の準用）の規律を次のように改めるものとする。
(1)　引き渡された目的物が種類、品質又は数量に関して契約の内容に適合しないものである場合において、買主が相当の期間を定めて履行の追完の催告をし、その期間内に履行の追完がないときは、買主は、その不適合の程度に応じて代金の減額を請求することができる。
(2)　次のいずれかに該当するときは、買主は、(1)の催告をすることなく、直ちに代金の減額を請求することができる。
　ア　履行の追完が不能であるとき。
　イ　売主が履行の追完を拒絶する意思を明確に表示したとき。
　ウ　契約の性質又は当事者の意思表示により、特定の日時又は一定の期間内に履行をしなければ契約をした目的を達することができない場合において、売主が履行をしないでその時期を経過したとき。
　エ　アからウまでの場合のほか、買主が催告をしても履行の追完を受ける見込みがないことが明らかであるとき。

(3) 引き渡された目的物が種類，品質又は数量に関して契約の内容に適合しないものである場合において，その不適合が買主の責めに帰すべき事由によるものであるときは，買主は，(1)及び(2)の規定による代金の減額を請求することができない。

5　損害賠償の請求及び契約の解除
損害賠償の請求及び契約の解除について，民法第565条及び第570条本文の規律を次のように改めるものとする。
3(1)及び4の規定による権利の行使は，第11の規定による損害賠償の請求及び第12の規定による解除権の行使を妨げない。

6　権利移転義務の不履行に関する売主の責任等
権利移転義務の不履行に関する売主の責任等について，民法第561条から第567条まで（同法第565条及び期間制限に関する規律を除く。）の規律を次のように改めるものとする。
3から5までの規定は，売主が買主に移転した権利が契約の内容に適合しないものである場合及び売主が買主に権利の全部又は一部を移転しない場合について準用する。

7　買主の権利の期間制限
(1)　民法第570条本文の規律のうち期間制限に関するものを，次のように改めるものとする。
売主が種類又は品質に関して契約の内容に適合しない目的物を買主に引き渡した場合において，買主がその不適合の事実を知った時から1年以内に当該事実を売主に通知しないときは，買主は，その不適合を理由とする履行の追完の請求，代金の減額の請求，損害賠償の請求及び契約の解除をすることができない。ただし，売主が引渡しの時に目的物が契約の内容に適合しないものであることを知っていたとき又は知らなかったことにつき重大な過失があったときは，この限りでない。
(2)　民法第564条（同法第565条において準用する場合を含む。）及び第566条第3項を削除するものとする。

8　競売における買受人の権利の特則（民法第568条第1項）
民法第568条第1項及び第570条ただし書の規律を次のように改めるものとする。
民事執行法その他の法律の規定に基づく競売における買受人は，4及び第12の規定（目的物の種類又は品質に関して契約の内容に適合しないものである場合に関するものを除く。）により，債務者に対し，契約の解除をし，又は代金の減額を請求することができる。

9 権利を失うおそれがある場合の買主による代金支払の拒絶（民法第576条関係）
民法第576条の規律を次のように改めるものとする。
　売買の目的について権利を主張する者があることその他の事由により，買主がその買い受けた権利の全部若しくは一部を取得することができないおそれがあるとき，又はこれを失うおそれがあるときは，買主は，その危険の限度に応じて，代金の全部又は一部の支払を拒むことができる。ただし，売主が相当の担保を供したときは，この限りでない。

10　目的物の滅失又は損傷に関する危険の移転
　危険の移転について，次のような規律を設けるものとする。
(1)　売主が買主に目的物（売買の目的として特定したものに限る。以下この10において同じ。）を引き渡した場合において，その引渡しがあった時以後にその目的物が売主の責めに帰することができない事由によって滅失し，又は損傷したときは，買主は，その滅失又は損傷を理由とする履行の追完の請求，代金の減額の請求，損害賠償の請求及び契約の解除をすることができない。この場合において，買主は，代金の支払を拒むことができない。
(2)　売主が契約の内容に適合する目的物の引渡しを提供したにもかかわらず買主が受領しない場合において，その提供があった時以後に，その目的物が売主の責めに帰することができない事由によって滅失し，又は損傷したときも，(1)と同様とする。

11　買戻し（民法第579条ほか関係）
(1)　民法第579条の規律を次のように改めるものとする。
ア　不動産の売主は，売買契約と同時にした買戻しの特約により，買主が支払った代金及び契約の費用を返還して，売買の解除をすることができる。この場合において，売主が提供すべき金額について別段の合意があるときは，その合意に従う。
イ　アの場合において，当事者が別段の意思を表示しなかったときは，不動産の果実と代金の利息とは相殺したものとみなす。
(2)　民法第581条第1項の規律を次のように改めるものとする。
　買戻しの特約を登記したときは，買戻しは，第三者に対しても，その効力を有する。

第2章　法制審議会の議論

第1節　第97回会議（平成26年12月16日）における議論

一　意 思 能 力

> 第2　意思能力
> 意思能力について，次のような規律を設けるものとする。
> 法律行為の当事者が意思表示をした時に意思能力を有しなかったときは，その法律行為は，無効とする。　　　　　　　　部会資料84-1（1頁）

○　意思能力に関する規定の位置について

① 意思能力に関する規定の位置を法律行為のところに置くべきだとする見解

大村幹事：意思能力に関する規定の位置がここでいいのか……審議してきた際にも法律行為の枠内で公序良俗を意思表示の間に項目が置かれて検討されてきました。比較法的に見ましても法律行為のところに置くという例もあろうかと思います……法律行為のところに置くというのが一つの考え方ではないか（第97回5頁）。

山本（敬）幹事：現行法の「人」に関する規定は，人の属性に関する規定として位置付けられている……意思能力は，人の属性ではなく，一時的に意思能力を欠いている場合も含むものですので，行為の時点での能力の有無を問題にするものです。これを「人」のところに置くのは，現行民法が前提にしている編成の考え方とは相容れないのではないか……規定するとすれば，法律行為の部分に規定すべきだ（第97回6頁）。

潮見幹事：個人的な意見としては，私は大村幹事や山本敬三幹事と同じです……議論した際には，今回，94の2で示されたような形で置くべきだという積極的な御発言というものは，この部会の幹事あるいは委員の方々からは，余り出なかったのではないか（第97回10頁）。

中井委員：法律行為の中に位置づける方が正直，素直に思える（第97回10頁）。

② 「人」の章に置くことを支持する見解

筒井幹事：現在の条文の配列をできる限り動かさない方がよいという実務界等の御意見があり，他方，配列を変える方向について抽象的なレベルでは比較的多くの賛同を得ている意見があったにせよ，最終的な細かい配列まで見通して，合意が形成される見通しのある考え方が提示されているかといえば，必ずしもそうではないのではないか……必ずしもコンセンサスがあるわけではないという理解を前提に，現状からスタートした規定の配列という作業方針を採った……一般的な理解のしやすさということを考えますと，「第二章　人」の中の「第一節　権利能力」と「第二章　人」の中の「第一節　権利能力」と「第二節　行為能力」，この間に配置するというのが一つのあり得る姿ではないかと考えて，このような案を提出した（第97回5-6頁）。

中田委員：前々回8月5日の会議でむしろ「第3　意思表示」とは独立させる方がよいという意見を申し上げました。（第97回7頁）。意思能力に関する規定が要綱仮案の第2次案の段階で5か所ぐらい出ていますが，それぞれ表現が微妙に違っておりまして，それらを統一する上位概念として，意思能力がない場合には，その者の行為は無効であるというものがあって，それが5か所ぐらいでばらばらに現れているとも理解できる……最初のところに置いて，それを法律行為との関係でどう位置付けるかについては，解釈に委ねるということでいいのではないか……広い解釈を可能にするという意味でも「第3　意思表示」のところに置くのではなくて，それと離したところに置いた方がいいのではないか（第97回10頁）。

二　意思の不存在

第4　代　理
1　代理行為の瑕疵──原則（民法第101条第1項関係）
民法第101条第1項の規律を次のように改めるものとする。
(1)　代理人が相手方に対してした意思表示の効力が意思の不存在，錯誤，詐欺，強迫又はある事情を知っていたこと若しくは知らなかったことにつき過失があったことによって影響を受けるべき場合には，その事実の有無は，代理人について決するものとする。
(2)　相手方が代理人に対してした意思表示の効力が意思表示を受けた者

> がある事情を知っていたこと又は知らなかったことにつき過失があったことによって影響を受けるべき場合には，その事実の有無は，代理人について決するものとする。　　　　　　　　　　　　部会資料84-1（2-3頁）

○　意思の不存在という言葉の用い方について

① 「意思の不存在」という用語を不要だとする見解

山本（敬）幹事：101条1項の規律を改めるとして，要綱仮案では，「意思の不存在，詐欺，強迫」となっていたところに「錯誤」を付け加えておられます。（第97回10頁）「意思の不存在」という言葉……これは元々，意思の欠缺と意思表示の瑕疵を区別し，意思の欠缺は無効，意思表示の瑕疵は取消しという元の民法典の考え方を表そうとした言葉だったわけですが，錯誤に関しては，今回，取消しに改めることになっていますので，この考え方自体は崩れているのではないか……「意思の不存在」を残す意味はどこにあるのだろうか。（第97回11頁）。

② 「意思の不存在」を条文中に入れておく必要があるとする見解

金関係官：現在の101条1項の一般的な読み方としては，意思の不存在という文言の中に心裡留保，虚偽表示，錯誤が入っていて，その後に詐欺，強迫という文言が続くというものだ……その前提には，現在の95条は意思の不存在ではない錯誤，いわゆる動機の錯誤を直接には規定していないという理解がある……しかし，今回の改正で，動機の錯誤も95条に明文で規定することになりますので，現在の101条1項のように，意思の不存在，詐欺，強迫とだけ書きますと，動機の錯誤に相当する部分が抜け落ちていることになります。そこで，意思の不存在と詐欺の間に，錯誤という文言を入れることにしました。（第97回10頁）現行法の下では，意思の不存在という文言の中に意思無能力を含めて読むという解釈があるところで，……その解釈を正面から否定することになりかねない案文とすることにも問題があった（第97回11頁）。

三 原始的不能

第26 契約に関する基本原則
 2 履行の不能が契約成立時に生じていた場合
 契約に基づく債務の履行がその契約の成立の時に不能であった場合について，次のような規律を設けるものとする。
 契約に基づく債務の履行がその契約の成立の時に不能であったことは，第11の1及び2の規定によりその履行の不能によって生じた損害の賠償を請求することを妨げない。　　　　　　　　　部会資料84-1（45頁）

○　原始的不能の規定の位置について

① 債権総則のところに置くのではなく，契約総則のところに置くべきだとする見解

潮見幹事：412条の2で履行不能というものが立てられて，2項に置かれる……契約に特化されたルールであっても，こういう債権総則の部分に規定を置くということについて特段の違和感はないという，そういう御理解の下にこのような考え方をお採りになっているのか（第97回13頁）。原始的不能という場合の効果がここにおいて，損害賠償ですよというところだけが独り歩きしないように……損害賠償というのは代表的効果である（第97回13頁）。

② 債権総則のところに置くべきであるとする見解

金関係官：この規定に限らず，たとえば部会資料84－2の上段のところの415条2項3号，これも契約に特化した規律ですけれども，こういうものも債権総則の箇所においておりまして，その配置には合理性がある……今回，案文としては飽くまで415条の規定による損害賠償請求を妨げないという規定になっております。そうしますと，この規定は415条の損害賠償請求との関係で把握せざるを得ない面が少なからずあって，その観点からは，むしろ契約総則に相当する箇所に配置するよりも，415条に比較的近い箇所に配置するのが相当ではないか……原始的不能というだけで直ちには契約は無効とはならないというルールは，この412条の2第2項を新設したことのみから導かれるのではなくて，選択債権に関する410条で原始的不能と後発的不能とを区別しない表

現ぶりに改めたことや，解除に関する543条で履行が不能となったときではなく履行が不能であるときという表現に改めたこと，これらを含む今回の改正全体から導かれるものであるという整理をしております。つまり，412条の2第2項が今回の原始的不能に関するルールを示す唯一の規定というわけではないので，したがって必ずしも契約総則に相当する箇所に配置する必要はない（第97回13頁）。

四　履行請求権

> 第10　履行請求権等
> 1　履行の不能
> 履行の不能について，次のような規律を設けるものとする。
> 債務の履行が契約その他の債務の発生原因及び取引上の社会通念に照らして不能であるときは，債権者は，その債務の履行を請求することができない。
> 　　　　　　　　　　　　　　　　　　　　　部会資料84-1（11頁）

○　履行請求権の規定について

①　履行請求権の規定を明記すべきだとする見解

中田委員：412条の2の1項は履行不能の定義をするというだけではなく，履行請求権についても裏から規定しているという趣旨があった……履行請求権や原始的不能について正面から書く方がよかったのではないか……履行請求権があるということを債権の効力の冒頭に書いて，412条の2の2項は415条の3項にするとか，よほど，その方が分かりやすい（第97回15-16頁）。

五　種類債権の特定

○　種類債権の特定方法について

①　両当事者の合意による特定を加えるべきだとする見解

中田委員：関係官からは，合意のある場合も現行規定で読み込めるという御説明をいただきました。……起草者である梅博士の説明や教科書などを検討しましたところ，関係官のおっしゃるような趣旨とも読めるところもあるんですけ

れども，非常に微妙な書き方になっておりまして，学説はかなり早い時期から401条2項について，これは指定権が与えられた場合の規定だと理解するものが一般的になっている……合意によって特定する，それから，指定権によって特定する場合もある。そこは一致しているわけで，ただ，それが現在の401条2項の表現から適切に読み取れるかというと，非常に読み取りにくい……当事者の同意により給付すべき物を指定したときというように改めることによって，いろいろなケースが読み込みやすくなるのではないか（第97回16頁）。

六　危険負担

> 第13　危険負担
> 1　危険負担に関する規定の削除（民法第534条・第535条関係）
> 民法第534条及び第535条を削除するものとする。
> 2　債務者の危険負担等（民法第536条関係）
> 民法第536条の規律を次のように改めるものとする。
> (1)　当事者双方の責めに帰することができない事由によって債務を履行することができなくなったときは，債権者は，反対給付の履行を拒むことができる。
> (2)　債権者の責めに帰すべき事由によって債務を履行することができなくなったときは，債権者は，反対給付の履行を拒むことができない。この場合において，債務者は，自己の債務を免れたことによって利益を得たときは，これを債権者に償還しなければならない。　部会資料84-1（14頁）

○　危険負担という文言について

①　危険負担という文言を使用すべきではないとする見解

山本（敬）幹事：表現を「債務者の危険負担等」という形に変えれば，現行法の理解がそのまま改正法の解釈としても主張可能になるよすがになるという点については，少し問題があるのではないか……「反対給付の履行を拒むことができる」という定式による結着をしたわけですけれども，これは従来理解されていた危険負担の効果とは変えるということが合意されていた……現行法の理解を変えないということであれば，それは解釈として導いていけばよいわけであって，それを裏付けるために「危険負担」という表現を使い続けるのは，本

末転倒だろう……むしろ，同じ言葉を使い続けることによって，解釈がゆがむ可能性もあるだろう（第97回17頁）。

②　危険負担という言葉を使い続けるべきだとする見解

山川幹事：現行の536条2項によって，雇用契約における債権者の責めに帰すべき事由による履行不能の場合の賃金請求権が根拠付けられるということをできれば，より明確な形で定められないかというお願いないし御提案をしておりまして，……見出しが「債務者の危険負担等」と現行法と同様のものになっているということで，現行法における解釈も維持できるということがある意味では見出しの方で示されていると理解できる……あとは1項と2項の整合性との関係でも，……雇用契約のように報酬請求権が元々発生しない場合も含めて履行を拒むことができると解釈すると，1項，2項の整合性もよりとれる（第97回16-17頁）。

金関係官：危険負担の効果が反対給付債務の消滅なのか，反対給付債務の履行を拒絶できることなのかという効果の違いはあっても，しかしそういう効果が生じる場面設定の問題として，その場面を危険負担と呼ぶことにはそれほど問題がないのではないか……今回の改正は，危険負担の効果の部分について，反対給付のいわゆる履行請求権に改める，すなわち契約解除の要件として帰責事由を不要とすることに伴い解除と危険負担の両制度の効果の重複を避ける観点から危険負担の効果をそのように改めておりますけれども，しかし危険負担という制度自体を抜本的に改めるとか，制度そのものの名称を変更するほどの改正をするというものではないと理解しております。（第97回17頁）。

七　売　買

> **第30　売　買**
> 　1　手付（民法第557条関係）
> 　民法第557条第1項の規律を次のように改めるものとする。
> 　買主が売主に手付を交付したときは，買主はその手付を放棄し，売主はその倍額を現実に提供して，契約の解除をすることができる。ただし，その相手方が契約の履行に着手した後は，この限りでない。
> 　2　売主の義務
> 　売主の義務について，次のような規律を設けるものとする。

(1)　他人の権利（権利の一部が他人に属する場合におけるその権利の一部を含む。）を売買の目的としたときは，売主は，その権利を取得して買主に移転する義務を負う。
　(2)　売主は，買主に対し，登記，登録その他の売買の目的である権利の移転についての対抗要件を備えさせる義務を負う。
　3　売主の追完義務
　売主の追完義務について，次のような規律を設けるものとする。
　(1)　引き渡された目的物が種類，品質又は数量に関して契約の内容に適合しないものであるときは，買主は，売主に対し，目的物の修補，代替物の引渡し又は不足分の引渡しによる履行の追完を請求することができる。ただし，売主は，買主に不相当な負担を課するものでないときは，買主が請求した方法と異なる方法による履行の追完をすることができる。
　(2)　(1)の不適合が買主の責めに帰すべき事由によるものであるときは，買主は，(1)の規定による履行の追完の請求をすることができない。
　4　買主の代金減額請求権
　買主の代金減額請求権について，民法第565条（同法第563条第1項の準用）の規律を次のように改めるものとする。
　(1)　引き渡された目的物が種類，品質又は数量に関して契約の内容に適合しないものである場合において，買主が相当の期間を定めて履行の追完の催告をし，その期間内に履行の追完がないときは，買主は，その不適合の程度に応じて代金の減額を請求することができる。
　(2)　(1)の規定にかかわらず，次に掲げる場合には，買主は，(1)の催告をすることなく，直ちに代金の減額を請求することができる。
　ア　履行の追完が不能であるとき。
　イ　売主が履行の追完を拒絶する意思を明確に表示したとき。
　ウ　契約の性質又は当事者の意思表示により，特定の日時又は一定の期
　　間内に履行をしなければ契約をした目的を達することができない場合
　　において，売主が履行をしないでその時期を経過したとき。
　エ　アからウまでに掲げる場合のほか，買主が(1)の催告をしても履行の
　　追完を受ける見込みがないことが明らかであるとき。
　(3)　(1)の不適合が買主の責めに帰すべき事由によるものであるときは，買主は，(1)及び(2)の規定による代金の減額を請求することができない。
　5　損害賠償の請求及び契約の解除
　損害賠償の請求及び契約の解除について，民法第565条（同法第563条第2項及び第3項の準用）及び第570条本文（同法第566条第1項の準用）の規律を次のように改めるものとする。
　3及び4の規定は，第11の1及び2の規定による損害賠償の請求並びに第12の1から3までの規定による解除権の行使を妨げない。

6 権利移転義務の不履行に関する売主の責任等

権利移転義務の不履行に関する売主の責任等について，民法第561条から第567条まで（同法第565条，第567条第2項及び期間制限に関する規律を除く。）の規律を次のように改めるものとする。

3から5までの規定は，売主が買主に移転した権利が契約の内容に適合しないものである場合（権利の一部が他人に属する場合においてその権利の一部を移転しないときを含む。）について準用する。

7 買主の権利の期間制限

(1) 民法第570条本文（同法第566条の準用）の規律のうち期間制限に関するものを，次のように改めるものとする。

売主が種類又は品質に関して契約の内容に適合しない目的物を買主に引き渡した場合において，買主がその不適合を知った時から1年以内にその旨を売主に通知しないときは，買主は，その不適合を理由とする履行の追完の請求，代金の減額の請求，損害賠償の請求及び契約の解除をすることができない。ただし，売主が引渡しの時にその不適合を知り，又は重大な過失によって知らなかったときは，この限りでない。

(2) 民法第564条（同法第565条において準用する場合を含む。）及び第566条第3項を削除するものとする。

8 競売における買受人の権利の特則

民法第568条第1項及び第570条ただし書の規律を次のように改めるものとする。

(1) 民事執行法その他の法律の規定に基づく競売（以下この8において単に「競売」という。）における買受人は，第12の1から3までの規定並びに4（6において準用する場合を含む。）の規定により，債務者に対し，契約の解除をし，又は代金の減額を請求することができる。

(2) (1)，民法第568条第2項及び第3項の規定は，競売の目的物の種類又は品質に関する不適合については，適用しない。

9 売主の担保責任と同時履行（民法第571条関係）

民法第571条を削除するものとする。

（注） 民法第533条の規律を次のように改めるものとする。

双務契約の当事者の一方は，相手方がその債務の履行（債務の履行に代わる損害賠償の債務の履行を含む。）を提供するまでは，自己の債務の履行を拒むことができる。ただし，相手方の債務が弁済期にないときは，この限りでない。

10 権利を失うおそれがある場合の買主による代金支払の拒絶（民法第576条関係）

民法第576条の規律を次のように改めるものとする。

売買の目的について権利を主張する者があることその他の事由により，買

主がその買い受けた権利の全部若しくは一部を取得することができず，又は失うおそれがあるときは，買主は，その危険の程度に応じて，代金の全部又は一部の支払を拒むことができる。ただし，売主が相当の担保を供したときは，この限りでない。

11 目的物の滅失又は損傷に関する危険の移転

危険の移転について，次のような規律を設けるものとする。

(1) 売主が買主に目的物（売買の目的として特定したものに限る。以下この11において同じ。）を引き渡した場合において，その引渡しがあった時以後にその目的物が当事者双方の責めに帰することができない事由によって滅失し，又は損傷したときは，買主は，その滅失又は損傷を理由とする履行の追完の請求，代金の減額の請求，損害賠償の請求及び契約の解除をすることができない。この場合において，買主は，代金の支払を拒むことができない。

(2) 売主が契約の内容に適合する目的物をもって，その引渡しの債務の履行を提供したにもかかわらず，買主がその履行を受けることを拒み，又は受けることができない場合において，その履行の提供があった時以後に当事者双方の責めに帰することができない事由によってその目的物が滅失し，又は損傷したときも，(1)と同様とする。

12 買戻し（民法第579条ほか関係）

(1) 民法第579条の規律を次のように改めるものとする。

不動産の売主は，売買契約と同時にした買戻しの特約により，買主が支払った代金（別段の合意をした場合にあっては，その合意により定めた金額。民法第583条第1項において同じ。）及び契約の費用を返還して，売買の解除をすることができる。この場合において，当事者が別段の意思を表示しなかったときは，不動産の果実と代金の利息とは相殺したものとみなす。

(2) 民法第581条の規律を次のように改めるものとする。

ア　売買契約と同時に買戻しの特約を登記したときは，買戻しは，第三者に対抗することができる。

イ　アの登記がされた後に第33の4(2)に規定する対抗要件を備えた賃借人の権利は，その残存期間中1年を超えない期間に限り，売主に対抗することができる。ただし，売主を害する目的で賃貸借をしたときは，この限りでない。

部会資料84-1（48-51頁）

1　目的物の滅失又は損傷に関する危険の移転について

① 「買主の責めに帰することができる事由によって滅失又は損傷したとき」の規定がないことに対する不備があるとする見解

山本（敬）幹事：要綱仮案に対して，(1)で，元々，「売主の責めに帰することができない事由によって滅失し」とあったのを，「当事者双方の責に帰することができない事由によって滅失し」と変更しておられます。これは，買主の責に帰することができる事由によって滅失し又は損傷したときは，どうなるのでしょうか。買主の責に帰することができる事由による場合は，追完請求等はできないのではないかと思うのですが，これでは読み取れないのではないか（第97回32頁）。元の「売主の責めに帰することができない事由によって滅失し，又は損傷したときは」で全く紛れがなかったものが，ほかの規定を，それも離れたところにあるものを見なければ本当の意味が分からないというのでは，困ったものだ……それは元々の危険負担に関する規定にもあった問題がここにも現れているだけであって，この11だけの問題ではないかもしれませんが，非常に不親切な，そして誤解を呼ぶような規定の仕方ではないか（第97回32頁）。

②　他のところにある規定からその解決を導くことができるとする見解

金関係官：部会資料84-1の第30の3(2)のところで，買主の責めに帰すべき事由によるものであるときは追完請求をすることができないという規律，それから，第30の4(3)のところで，買主の責めに帰すべき事由によるものであるときは代金減額請求をすることができないという規律を置いておりまして，基本的には，この二つの規律によって，先ほど危険負担の場合には第13の2(2)の536条2項があるから大丈夫だとおっしゃったことと同様の処理がされるという整理をしております。それを前提に，第30の11のところでは，当事者双方の責めに帰することができない事由による場合のみを規律すれば足りるという整理をしております。（第97回32頁）。

2　種類債務の特定と危険負担の問題について

①　種類債務の特定の効果と危険移転とは一致しなくなるのではないかとする見解

山本（敬）幹事：種類物売買で目的物が特定した，例えば物の給付をするのに必要な行為を完了して目的物が特定した後に，それを引き渡す前に，損傷したというときに，特定しているので給付危険は移転しているのであれば，売主は履行請求がされても，特定の効果としてそれを拒絶できるはずです。少なくと

も代物請求は拒絶できるはずです。しかし，この 11 によりますと，引渡し前に損傷しているときは，履行の追完の請求はできると読める。……種類物売買で目的物が特定するということは，一体どのような意味を持つのだろうか（第97回33頁）。

潮見幹事：もはや特定という問題と危険の移転あるいは危険負担ということについては，切り離して考えるべきであるということを今回の改正法が基本に据えている。（第97回34頁）。

② 履行請求権の限界についての規律に従った解決がなされるとする見解

金関係官：履行請求権の限界についての規律，すなわち第10の1の履行が不能となった場合には履行の請求ができないという規律が適用されて，買主は履行の請求ができないという結論が導かれることになる（第97回33頁）。種類物が引渡しの前，引渡しの提供をする前に特定して，その後にその目的物が損傷したものの，その損傷については修補が可能であるというのであれば，先ほどの第10の1の規律は適用されない（第97回34頁）。

③ 特定と危険の移転は，実際には一致することがほとんどではないかとする見解

内田委員：当事者が特定について合意をすれば，通常はそれが危険移転時期と解釈されるのではないか……特定したけれども，まだ危険が移転していないという事態は，通常の契約解釈では生じないのではないか（第97回34頁）。特定と危険の移転を分離して，別のものとして考えるというスタンスで改正していると断定することはできないのではないか……多くの場合，種類物の売買について特定の合意をすれば危険移転の趣旨を含んでいて，修補についてもリスクは買主に移ると解されるのではないか（第97回35頁）。

3 担保責任と債務不履行責任との関係について

① 担保責任は債務不履行の一定の場合における責任であるということ確認をする見解

岡委員：562条の追完義務，563条の代金減額義務，564条に書いてある損害賠償債務及び解除を受け入れる義務，この四つの義務ないし責任を，担保責任という言葉で読むと理解していいんでしょうか。担保の責任というのが債務不

履行の一定の場合における責任であると，そういう理解でいいのか（第97回35頁）。
松本委員：担保責任という言葉は民法から抹消されるんだという理解をしていた……かなり残っている……売買のところで特に付け足されたところの代金減額と追完請求の部分を加えた，つまり売買において拡張された債務不履行責任を指す場合に，担保責任という用語を特に残すという趣旨なのか（第97回37-38頁）。

　② 担保責任は債務不履行責任のうち，一定の場合を指すという理解を示す見解

村松幹事：担保責任については債務不履行責任のうち，……一定の場合を指している（第97回36頁）。全く履行しない場合でも債務不履行責任はもちろん発生するわけですけれども，ここで担保責任として切り出そうとしているのは，典型的に売買でいえば引渡しがあったけれども，それについては不適合な部分があったというのが典型的に出てきますけれども，その意味で，性質としては債務不履行責任だということで今回は整理した（第97回38頁）。

内田委員：売買とか請負で引き渡したものの権利とか品質について一定の内容を売主なり，請負人は担保していると考えていた。その担保していることについて義務違反があれば，責任を負うという趣旨で担保責任という言葉が元々使われていた……それが法定責任説が出たために，瑕疵担保責任というと債務不履行ではないものという意味で担保責任が使われるようになりましたけれども，今回の案の中で使われている担保責任というのは，元々の民法の用語法の担保責任という言葉の使い方と同じだと思います。売買とか請負で物の品質とか権利について広い意味での瑕疵，つまり契約への不適合があった場合の責任を担保責任と呼んでいる（第97回38頁）。

4　権利移転義務の不履行に関する売主の責任における一部の不履行の規定と全部の不履行の規定について

　① 一部の不履行の規定があるのに対して，全部の不履行の場合の規定がないため，結論が異なってきてしまうのではないかとする見解

山本（敬）幹事：一部が他人に属する場合については，先ほどの契約不適合責

任に関する規定が準用されますので，3の追完義務の規定が適用され，ただ，(2)で，不適合が買主の責めに帰すべき事由によるときには，追完の請求をすることはできないというルールが適用されてくる。それに対して，全部が他人に属する場合は，ここから外れるということは，一般原則による。ただ，履行請求権に関しては，履行請求権の一般原則で，債権者の責めに帰すべき事由により履行不能になる場合について特に規定がない。その結果として，全部の場合と一部の場合とで結論が違ってくる。（第 97 回 40 頁）。

② 売主の追完請求権の規定があり，この趣旨から同様の規律となるとする見解

金関係官：追完請求権の規定は売買のいわゆる瑕疵担保責任の箇所に置くということになりました。……売買以外の契約類型を含むほかの場面でも，追完請求権について債権者側の帰責事由による債務不履行があって，それらを包括的にカバーし得るような内容の規定を第 10 の 1 の箇所に置くことは難しいということで，そのような規定を置くには至らなかったという経緯がある……履行請求権の箇所には明文の規定はないものの，売買の追完請求権の箇所に買主の帰責事由による債務不履行の場合の規定が置いてありますので，……追完請求権ではない履行請求権についても，実質的には同様の規律が妥当する（第 97 回 40 頁）。

第 2 節　第 99 回会議（平成 27 年 2 月 10 日）における議論

一　請　負

> 第 35　請　負
> 　2　仕事の目的物が契約の内容に適合しない場合の請負人の責任
> 　(1)　仕事の目的物が契約の内容に適合しない場合の修補請求権等及び契約の解除（民法第 634 条・第 635 条関係）
> 　民法第 634 条及び第 635 条を削除するものとする。
> 　（注）　この改正に伴い，民法第 639 条及び第 640 条も削除するものとする。
> 　　　　　　　　　　　　　　　　　部会資料 88-1（59 頁）

○民法 634 条 2 項の規定の削除について

① 民法634条2項が削除された場合，一般原則による処理となるであろうが，請負の場合，柔軟な解釈の余地はあるのかを問う見解

岡委員：現在の634条2項は，修補が可能であっても，直ちに損害賠償請求できると明示してあります。……この634条2項が削除され，……この規律がどうなるのか……売買の担保責任の規定が包括準用されますので，請負に不適合があった場合，修補請求ができる。修補請求ができる場合の填補賠償請求の規律は，新しい415条2項にいくのではないか。そこにいった場合，填補賠償ができる場合が限定的に書かれておりますので，相手方が修補を明確に拒絶した場合か契約解除した場合にのみ修補請求の填補賠償請求ができるように読めます。これだと，現在の請負の規律である，直ちに填補賠償請求できるという条文あるいは解釈が変わるように思いますが，変わるのかどうか……売買の担保責任の規定を包括準用するという形に場を譲っただけであるので，新しい法律の解釈において，旧634条2項の考え方を参考にして修補請求の填補賠償請求は緩やかにできる，415条2項の解釈が緩やかになり得るという方向性があるのかないのか（第99回1-2頁）。

② 回　　答

村松幹事：売買と基本的に同じ考え方，つまり，債務不履行の一般原則，あるいは解除の一般的な規定，これらを受けて処理していくということになります……包括準用規定によって処理されるということでありますので，その契約の特質に応じた解釈の余地というのはもちろん否定されない（第99回2頁）。

二　受領遅滞

> 第14　受領遅滞
>   4　受領遅滞中の履行不能
>   受領遅滞中の履行不能について，次のような規律を設けるものとする。
>   債権者が債務の履行を受けることを拒み，又は受けることができない場合において，履行の提供があった時以後に当事者双方の責めに帰することができない事由によってその債務の履行が不能となったときは，その履行の不能は，債権者の責めに帰すべき事由によるものとみなす。
>
> 部会資料88-1（15頁）

○受領遅滞中，履行提供と同時の履行不能の場合のリスク負担の当事者について

①受領遅滞中，履行提供があったのと同時に不能になる場合，債権者がリスクを負担しなくてもよいとする解釈はあり得るか。

潮見幹事：「以後」と書いた場合には，解釈の余地としては，履行の提供と同時に不能になるという場合も，債権者に帰責事由があるものとみなして，そのリスクを債務者ではなくて債権者に負担させるという解釈しかできなくなるというように理解するべきなのでしょうか。個人的には，同時の場合に，債権者がこの場合のリスクを負担しなければいけないのかについては若干どうかと思うところもあります。「以後に」と書いた場合に，同時の場合には債権者に帰責事由があるとみなされてリスクを負担しなければいけないという以外の解釈論はとれないのか（第99回2-3頁）。

② 回　　答

村松幹事：「履行の提供があった時」ということで若干膨らみのある表現にはなっている……解釈論の余地はそういう意味ではあり得るのではないか（第99回3頁）。

三　意思能力

> 第2　意思能力
> 　意思能力について，次のような規律を設けるものとする。
> 　法律行為の当事者が意思表示をした時に意思能力を有しなかったときは，その法律行為は，無効とする。　　　　　　　　部会資料88-1（1頁）

○意思能力の規定の位置について

① 意思能力の規定を「法律行為」のところに置くべきだとする見解

山本（敬）幹事：第97回会議では，意思能力の規定は，総則の第2章「人」の第1節「権利能力」の次に，第2節「意思能力」を設けて，そこに規定することが提案されていました。……事務局の説明では，……意思能力は行為能力と並んで解説されていることなどから，一般的な理解のしやすさに鑑みてこの

ような位置付けをすることにしたという説明がなされていた……意思能力は，やはり継続的に意思無能力状態にある人の保護の問題ではない……意思能力は一時的に欠如する場合も含むものでして，人について定型的に設定されるものではありません。……人の要件の問題ではなく，法律行為の要件の問題である……これはやはり「人」のところではなくて，「法律行為」のところに配置すべきだ……意思能力に関する規定はほかにもあるので，それらの上位規範として，意思表示とは独立の規定として位置付けられるという見方も……意思能力の定義の規定であればそれも理解できるのですけども，……「法律行為の当事者が意思表示をした時に意思能力を有しなかったときは，その法律行為は，無効とする。」と定める規定が，上位規範として意思表示とは独立の規定として位置付けられるというのは，やはり無理がある（第99回5-6頁）。

② 意思能力の規定を「人」のところに置くべきだとする見解

中田委員：意思表示の効力の問題として捉えるのか，意思能力を欠如している人の意思表示であることに着目するのかという対立があるのではないか……もちろん一時的な意思無能力の場合も対象となっていることはもう自明であります。（第99回6頁）意思表示がされたその時点にだけ着目して，意思表示の効力の問題として捉えるという見方と，意思能力を欠如している人の意思表示であるということに着目して，もう少し幅広く捉えるという視点の違いが取消しと無効の違いを引き起こしているのではないか……前者の視点ですと，意思能力の欠如は錯誤と接近して，更に詐欺と併せて統一的に理解するということになる……後者ですと，意思能力を欠如している人の行為をどう考えるのか，意思無能力者の保護をどう考えるのかということも含みうるのではないか（第99回12-13頁）。

第3章 民法（債権関係）の改正に関する要綱（抜粋）

第1 公序良俗（民法第90条関係）

民法第90条の規律を次のように改めるものとする。
公の秩序又は善良の風俗に反する法律行為は，無効とする。

第3章 民法（債権関係）の改正に関する要綱（抜粋）

第2 意思能力
意思能力について，次のような規律を設けるものとする。
法律行為の当事者が意思表示をした時に意思能力を有しなかったときは，その法律行為は，無効とする。

第3 意思表示
1 心裡留保（民法第93条関係）
民法第93条の規律を次のように改めるものとする。
(1) 意思表示は，表意者がその真意ではないことを知ってしたときであっても，そのためにその効力を妨げられない。ただし，相手方がその意思表示が表意者の真意ではないことを知り，又は知ることができたときは，その意思表示は，無効とする。
(2) (1)ただし書の規定による意思表示の無効は，善意の第三者に対抗することができない。

2 錯誤（民法第95条関係）
民法第95条の規律を次のように改めるものとする。
(1) 意思表示は，次に掲げる錯誤に基づくものであって，その錯誤が法律行為の目的及び取引上の社会通念に照らして重要なものであるときは，取り消すことができる。
ア 意思表示に対応する意思を欠く錯誤
イ 表意者が法律行為の基礎とした事情についてのその認識が真実に反する錯誤
(2) (1)イの規定による意思表示の取消しは，その事情が法律行為の基礎とされていることが表示されていたときに限り，することができる。
(3) 錯誤が表意者の重大な過失によるものであった場合には，次に掲げる場合を除き，(1)の規定による意思表示の取消しをすることができない。
ア 相手方が表意者に錯誤があることを知り，又は重大な過失によって知らなかったとき。
イ 相手方が表意者と同一の錯誤に陥っていたとき。
(4) (1)の規定による意思表示の取消しは，善意でかつ過失がない第三者に対抗することができない。

3 詐欺（民法第96条関係）
民法第96条の規律を次のように改めるものとする。
(1) 詐欺又は強迫による意思表示は，取り消すことができる。（民法第96条第1項と同文）。

(2) 相手方に対する意思表示について第三者が詐欺を行った場合においては，相手方がその事実を知り，又は知ることができたときに限り，その意思表示を取り消すことができる。

(3) (1)又は(2)の規定による詐欺による意思表示の取消しは，善意でかつ過失がない第三者に対抗することができない。

4 意思表示の効力発生時期等（民法第97条関係）
民法第97条の規律を次のように改めるものとする。
(1) 意思表示は，その通知が相手方に到達した時からその効力を生ずる。
(2) 相手方が正当な理由なく意思表示の通知が到達することを妨げたときは，その通知は，通常到達すべきであった時に到達したものとみなす。
(3) 意思表示は，表意者が通知を発した後に死亡し，意思能力を喪失し，又は行為能力の制限を受けたときであっても，そのためにその効力を妨げられない。

5 意思表示の受領能力（民法第98条の2関係）
民法第98条の2の規律を次のように改めるものとする。
意思表示の相手方がその意思表示を受けた時に意思能力を有しなかったとき又は未成年者若しくは成年被後見人であったときは，その意思表示をもってその相手方に対抗することができない。ただし，次に掲げる者がその意思表示を知った後は，この限りでない。
(1) 相手方の法定代理人
(2) 意思能力を回復し，又は行為能力者となった相手方

第4 代　理

1 代理行為の瑕疵――原則（民法第101条第1項関係）
民法第101条第1項の規律を次のように改めるものとする。
(1) 代理人が相手方に対してした意思表示の効力が意思の不存在，錯誤，詐欺，強迫又はある事情を知っていたこと若しくは知らなかったことにつき過失があったことによって影響を受けるべき場合には，その事実の有無は，代理人について決するものとする。
(2) 相手方が代理人に対してした意思表示の効力が意思表示を受けた者がある事情を知っていたこと又は知らなかったことにつき過失があったことによって影響を受けるべき場合には，その事実の有無は，代理人について決するものとする。

2 代理行為の瑕疵――例外（民法第101条第2項関係）
民法第101条第2項の規律を次のように改めるものとする。

特定の法律行為をすることを委託された代理人がその行為をしたときは、本人は、自ら知っていた事情について代理人が知らなかったことを主張することができない。本人が過失によって知らなかった事情についても、同様とする。

3　代理人の行為能力（民法第102条関係）
民法第102条の規律を次のように改めるものとする。
制限行為能力者が代理人としてした行為は、行為能力の制限によっては取り消すことができない。ただし、制限行為能力者が他の制限行為能力者の法定代理人としてした行為については、この限りでない。
（注1）　民法第13条第1項に掲げる行為（被保佐人がその保佐人の同意を得なければならない行為）に次の行為を加えるものとする。
　　民法第13条第1項に掲げる行為を制限行為能力者の法定代理人としてすること。
（注2）　民法第120条第1項の規律を次のように改めるものとする。
　　行為能力の制限によって取り消すことができる行為は、制限行為能力者（他の制限行為能力者の法定代理人としてした行為にあっては、当該他の制限行為能力者を含む。）又はその代理人、承継人若しくは同意をすることができる者に限り、取り消すことができる。

4　復代理人を選任した任意代理人の責任（民法第105条関係）
民法第105条を削除するものとする。

5　自己契約及び双方代理等（民法第108条関係）
民法第108条の規律を次のように改めるものとする。
(1)　同一の法律行為について、相手方の代理人として、又は当事者双方の代理人としてした行為は、代理権を有しない者がした行為とみなす。ただし、債務の履行及び本人があらかじめ許諾した行為については、この限りでない。
(2)　(1)本文に規定するもののほか、代理人と本人との利益が相反する行為については、代理権を有しない者がした行為とみなす。ただし、本人があらかじめ許諾した行為については、この限りでない。

6　代理権の濫用
代理権の濫用について、次のような規律を設けるものとする。
代理人が自己又は第三者の利益を図る目的で代理権の範囲内の行為をした場合において、相手方がその目的を知り、又は知ることができたときは、その行為は、代理権を有しない者がした行為とみなす。

7　代理権授与の表示による表見代理（民法第109条関係）
　民法第109条の規律を次のように改めるものとする。
　⑴　第三者に対して他人に代理権を与えた旨を表示した者は，その代理権の範囲内においてその他人が第三者との間でした行為について，その責任を負う。ただし，第三者が，その他人が代理権を与えられていないことを知り，又は過失によって知らなかったときは，この限りでない。（民法109条と同文）。
　⑵　第三者に対して他人に代理権を与えた旨を表示した者は，その代理権の範囲内においてその他人が第三者との間で行為をしたとすれば⑴の規定によりその責任を負うべき場合において，その他人が第三者との間でその代理権の範囲外の行為をしたときは，第三者がその行為についてその他人の代理権があると信ずべき正当な理由があるときに限り，その行為についての責任を負う。

8　代理権消滅後の表見代理（民法第112条関係）
　民法第112条の規律を次のように改めるものとする。
　⑴　他人に代理権を与えた者は，代理権の消滅後にその代理権の範囲内においてその他人が第三者との間でした行為について，代理権の消滅の事実を知らなかった第三者に対してその責任を負う。ただし，第三者が過失によってその事実を知らなかったときは，この限りでない。
　⑵　他人に代理権を与えた者は，代理権の消滅後に，その代理権の範囲内においてその他人が第三者との間で行為をしたとすれば⑴の規定によりその責任を負うべき場合において，その他人が第三者との間でその代理権の範囲外の行為をしたときは，第三者がその行為についてその他人の代理権があると信ずべき正当な理由があるときに限り，その行為についての責任を負う。

9　無権代理人の責任（民法第117条関係）
　民法第117条の規律を次のように改めるものとする。
　⑴　他人の代理人として契約をした者は，自己の代理権を証明したとき，又は本人の追認を得たときを除き，相手方の選択に従い，相手方に対して履行又は損害賠償の責任を負う。
　⑵　⑴の規定は，次に掲げる場合には，適用しない。
　　ア　他人の代理人として契約をした者が代理権を有しないことを相手方が知っていたとき。
　　イ　他人の代理人として契約をした者が代理権を有しないことを相手方が過失によって知らなかったとき。ただし，他人の代理人として契約をした者が自己に代理権がないことを知っていたときは，この限りでない。

ウ　他人の代理人として契約をした者が行為能力の制限を受けていたとき。

第5　無効及び取消し
1　法律行為が無効である場合又は取り消された場合の効果
　法律行為が無効である場合又は取り消された場合の効果について，次のような規律を設けるものとする。
　⑴　無効な行為に基づく債務の履行として給付を受けた者は，相手方を原状に復させる義務を負う。
　⑵　⑴の規定にかかわらず，無効な無償行為に基づく債務の履行として給付を受けた者は，給付を受けた当時その行為が無効であること（給付を受けた後に民法第121条の規定により初めから無効であったものとみなされた行為にあっては，給付を受けた当時その行為が取り消すことができるものであること）を知らなかったときは，その行為によって現に利益を受けている限度において，返還の義務を負う。
　⑶　⑴の規定にかかわらず，行為の時に意思能力を有しなかった者は，その行為によって現に利益を受けている限度において，返還の義務を負う。行為の時に制限行為能力者であった者についても，同様とする。

2　追認の効果（民法第122条関係）
　民法第122条ただし書を削除するものとする。

3　取り消すことができる行為の追認（民法第124条関係）
　民法第124条の規律を次のように改めるものとする。
　⑴　取り消すことができる行為の追認は，取消しの原因となっていた状況が消滅し，かつ，取消権を有することを知った後にしなければ，その効力を生じない。
　⑵　次に掲げる場合には，⑴の追認は，取消しの原因となっていた状況が消滅した後にすることを要しない。
　ア　法定代理人又は制限行為能力者の保佐人若しくは補助人が追認をするとき。
　イ　制限行為能力者（成年被後見人を除く。）が法定代理人，保佐人又は補助人の同意を得て追認をするとき。

第7　消滅時効
1　債権の消滅時効における原則的な時効期間と起算点
　民法第166条第1項及び第167条第1項の債権に関する規律を次のように改めるものとする。
　債権は，次に掲げる場合には，時効によって消滅する。
　⑴　債権者が権利を行使することができることを知った時から5年間行使しない

とき。
　(2)　権利を行使することができる時から10年間行使しないとき。
　　（注）　この改正に伴い，商法第522条を削除するものとする。

4　不法行為による損害賠償請求権の消滅時効（民法第724条関係）
民法第724条の規律を次のように改めるものとする。
不法行為による損害賠償の請求権は，次に掲げる場合には，時効によって消滅する。
(1)　被害者又はその法定代理人が損害及び加害者を知った時から3年間行使しないとき。
(2)　不法行為の時から20年間行使しないとき。

5　生命・身体の侵害による損害賠償請求権の消滅時効
人の生命又は身体の侵害による損害賠償の請求権について，次のような規律を設けるものとする。
(1)　人の生命又は身体を害する不法行為による損害賠償請求権の消滅時効についての4(1)の規定の適用については，4(1)中「3年間」とあるのは，「5年間」とする。
(2)　人の生命又は身体の侵害による損害賠償請求権の消滅時効についての1(2)の規定の適用については，1(2)中「10年間」とあるのは，「20年間」とする。

第8　債権の目的（法定利率を除く。）

1　特定物の引渡しの場合の注意義務（民法第400条関係）
民法第400条の規律を次のように改めるものとする。
債権の目的が特定物の引渡しであるときは，債務者は，その引渡しをするまで，契約その他の債権の発生原因及び取引上の社会通念に照らして定まる善良な管理者の注意をもって，その物を保存しなければならない。

2　選択債権（民法第410条関係）
民法第410条の規律を次のように改めるものとする。
債権の目的である給付の中に不能のものがある場合において，その不能が選択権を有する者の過失によるものであるときは，債権は，その残存するものについて存在する。

第9　法定利率

1　変動制による法定利率（民法第404条関係）
民法第404条の規律を次のように改めるものとする。
(1)　利息を生ずべき債権について別段の意思表示がないときは，その利率は，そ

の利息が生じた最初の時点における法定利率による。
  (2) 法定利率は，年3パーセントとする。
  (3) (2)の規定にかかわらず，法定利率は，法務省令で定めるところにより，3年を一期とし，一期ごとに，(4)の規定により変動するものとする。
  (4) 各期における法定利率は，この(4)の規定により法定利率に変動があった期のうち直近のもの（以下この(4)において「直近変動期」という。）における基準割合と当期における基準割合との差に相当する割合（その割合に1パーセント未満の端数があるときは，これを切り捨てる。）を直近変動期における法定利率に加算し，又は減算した割合とする。
  (5) (4)に規定する「基準割合」とは，法務省令で定めるところにより，各期の初日の属する年の6年前の年の1月から前々年の12月までの各月における短期貸付けの平均利率（当該各月において銀行が新たに行った貸付け（貸付期間が1年未満のものに限る。）に係る利率の平均をいう。）の合計を60で除して計算した割合（その割合に0.1パーセント未満の端数があるときは，これを切り捨てる。）として法務大臣が告示するものをいう。
  （注）この改正に伴い，商法第514条を削除するものとする。

2　金銭債務の損害賠償額の算定に関する特則（民法第419条第1項関係）
民法第419条第1項の規律を次のように改めるものとする。
　金銭の給付を目的とする債務の不履行については，その損害賠償の額は，債務者が遅滞の責任を負った最初の時点における法定利率によって定める。ただし，約定利率が法定利率を超えるときは，約定利率による。

3　中間利息控除
中間利息控除について，次のような規律を設けるものとする。
  (1) 将来において取得すべき利益についての損害賠償の額を定める場合において，その利益を取得すべき時までの利息相当額を控除するときは，その損害賠償の請求権が生じた時点における法定利率により，これをする。
  (2) 将来において負担すべき費用についての損害賠償の額を定める場合において，その費用を負担すべき時までの利息相当額を控除するときも，(1)と同様とする。

第10　履行請求権等
1　履行の不能
履行の不能について，次のような規律を設けるものとする。
　債務の履行が契約その他の債務の発生原因及び取引上の社会通念に照らして不能

であるときは，債権者は，その債務の履行を請求することができない。

　2　履行の強制（民法第414条関係）
　(1)　民法第414条第1項関係
　民法第414条第1項の規律を次のように改めるものとする。
　債務者が任意に債務の履行をしないときは，債権者は，民事執行法その他強制執行の手続に関する法令の規定に従い，直接強制，代替執行，間接強制その他の方法による履行の強制を裁判所に請求することができる。ただし，債務の性質がこれを許さないときは，この限りでない。
　(2)　民法第414条第2項・第3項関係
　民法第414条第2項及び第3項を削除するものとする。
　　（注）　この改正に伴い，民事執行法第171条等について所要の修正をするものとする。

第11　債務不履行による損害賠償
　1　債務不履行による損害賠償とその免責事由（民法第415条関係）
　民法第415条の規律を次のように改めるものとする。
　債務者がその債務の本旨に従った履行をしないとき又は債務の履行が不能であるときは，債権者は，これによって生じた損害の賠償を請求することができる。ただし，その債務の不履行が契約その他の債務の発生原因及び取引上の社会通念に照らして債務者の責めに帰することができない事由によるものであるときは，この限りでない。

　2　債務の履行に代わる損害賠償の要件
　債務の履行に代わる損害賠償の要件について，次のような規律を設けるものとする。
　1の規定により損害賠償の請求をすることができる場合において，債権者は，次に掲げるときは，債務の履行に代わる損害賠償の請求をすることができる。
　(1)　債務の履行が不能であるとき。
　(2)　債務者がその債務の履行を拒絶する意思を明確に表示したとき。
　(3)　債務が契約によって生じたものである場合において，その契約が解除され，又は債務の不履行による契約の解除権が発生したとき。

　3　不確定期限における履行遅滞（民法第412条第2項関係）
　民法第412条第2項の規律を次のように改めるものとする。
　債務の履行について不確定期限があるときは，債務者は，その期限の到来した後に履行の請求を受けた時又はその期限の到来したことを知った時のいずれか早い時から遅滞の責任を負う。

4 履行遅滞中の履行不能
履行遅滞中の履行不能について，次のような規律を設けるものとする。
　債務者がその債務について遅滞の責任を負っている間に当事者双方の責めに帰することができない事由によってその債務の履行が不能となったときは，その履行の不能は，債務者の責めに帰すべき事由によるものとみなす。

5 代償請求権
代償請求権について，次のような規律を設けるものとする。
　債務者が，その債務の履行が不能となったのと同一の原因により債務の目的物の代償である権利又は利益を取得したときは，債権者は，その受けた損害の額の限度において，債務者に対し，その権利の移転又はその利益の償還を請求することができる。

6 損害賠償の範囲（民法第416条関係）
民法第416条の規律を次のように改めるものとする。
⑴　債務の不履行に対する損害賠償の請求は，これによって通常生ずべき損害の賠償をさせることをその目的とする。（民法第416条第1項と同文）。
⑵　特別の事情によって生じた損害であっても，当事者がその事情を予見すべきであったときは，債権者は，その賠償を請求することができる。

7 過失相殺（民法第418条関係）
民法第418条の規律を次のように改めるものとする。
　債務の不履行又はこれによる損害の発生若しくは拡大に関して債権者に過失があったときは，裁判所は，これを考慮して，損害賠償の責任及びその額を定める。

8 賠償額の予定（民法第420条第1項関係）
民法第420条第1項後段を削除するものとする。

第23　弁　　済
1 弁済の方法（民法第483条から第487条まで関係）
⑴　特定物の現状による引渡し（民法第483条関係）
民法第483条の規律を次のように改めるものとする。
　債権の目的が特定物の引渡しである場合において，契約その他の債権の発生原因及び取引上の社会通念に照らしてその引渡しをすべき時の品質を定めることができないときは，弁済をする者は，その引渡しをすべき時の現状でその物を引き渡さなければならない。

2 弁済の提供(民法第492条関係)
民法第492条の規律を次のように改めるものとする。
債務者は,弁済の提供の時から,債務を履行しないことによって生ずべき責任を免れる。

第12 契約の解除

1 催告解除の要件(民法第541条関係)
民法第541条の規律を次のように改めるものとする。
当事者の一方がその債務を履行しない場合において,相手方が相当の期間を定めてその履行の催告をし,その期間内に履行がないときは,相手方は,契約の解除をすることができる。ただし,その期間を経過した時における債務の不履行がその契約及び取引上の社会通念に照らして軽微であるときは,この限りでない。

2 無催告解除の要件①(民法第542条・第543条関係)
民法第542条及び第543条の規律を次のように改めるものとする。
次に掲げる場合には,債権者は,1の催告をすることなく,直ちに契約の解除をすることができる。
(1) 債務の全部の履行が不能であるとき。
(2) 債務者がその債務の全部の履行を拒絶する意思を明確に表示したとき。
(3) 債務の一部の履行が不能である場合又は債務者がその債務の一部の履行を拒絶する意思を明確に表示した場合において,残存する部分のみでは契約をした目的を達することができないとき。
(4) 契約の性質又は当事者の意思表示により,特定の日時又は一定の期間内に履行をしなければ契約をした目的を達することができない場合において,債務者が履行をしないでその時期を経過したとき。
(5) (1)から(4)までに掲げる場合のほか,債務者がその債務の履行をせず,債権者が1の催告をしても契約をした目的を達するのに足りる履行がされる見込みがないことが明らかであるとき。

3 無催告解除の要件②(民法第542条・第543条関係)
無催告解除の要件について,次のような規律を設けるものとする。
次に掲げる場合には,債権者は,1の催告をすることなく,直ちに契約の一部の解除をすることができる。
(1) 債務の一部の履行が不能であるとき。
(2) 債務者がその債務の一部の履行を拒絶する意思を明確に表示したとき。

4　債権者に帰責事由がある場合の解除
　債権者に帰責事由がある場合の解除について，次のような規律を設けるものとする。
　債務の不履行が債権者の責めに帰すべき事由によるものであるときは，債権者は，1から3までの規定による契約の解除をすることができない。

5　契約の解除の効果（民法第545条第2項関係）
　民法第545条第2項の規律を次のように改めるものとする。
⑴　民法第545条第1項本文の場合において，金銭を返還するときは，その受領の時から利息を付さなければならない。（民法第545条第2項と同文）。
⑵　民法第545条第1項本文の場合において，金銭以外の物を返還するときは，その受領の時以後に生じた果実をも返還しなければならない。

6　解除権者の故意等による解除権の消滅（民法第548条関係）
　民法第548条の規律を次のように改めるものとする。
　解除権を有する者が故意若しくは過失によって契約の目的物を著しく損傷し，若しくは返還することができなくなったとき，又は加工若しくは改造によってこれを他の種類の物に変えたときは，解除権は，消滅する。ただし，解除権を有する者がその解除権を有することを知らなかったときは，この限りでない。

第13　危険負担

1　危険負担に関する規定の削除（民法第534条・第535条関係）
　民法第534条及び第535条を削除するものとする。

2　債務者の危険負担等（民法第536条関係）
　民法第536条の規律を次のように改めるものとする。
⑴　当事者双方の責めに帰することができない事由によって債務を履行することができなくなったときは，債権者は，反対給付の履行を拒むことができる。
⑵　債権者の責めに帰すべき事由によって債務を履行することができなくなったときは，債権者は，反対給付の履行を拒むことができない。この場合において，債務者は，自己の債務を免れたことによって利益を得たときは，これを債権者に償還しなければならない。

第14　受領遅滞

1　民法第413条の削除
　民法第413条を削除するものとする。

2 保存義務の軽減

保存義務の軽減について,次のような規律を設けるものとする。

債権者が債務の履行を受けることを拒み,又は受けることができない場合において,その債務の目的が特定物の引渡しであるときは,債務者は,履行の提供をした時からその引渡しをするまで,自己の財産に対するのと同一の注意をもって,その物を保存すれば足りる。

3 履行費用の債権者負担

履行費用の債権者負担について,次のような規律を設けるものとする。

債権者が債務の履行を受けることを拒み,又は受けることができないことによって,その履行の費用が増加したときは,その増加額は,債権者の負担とする。

4 受領遅滞中の履行不能

受領遅滞中の履行不能について,次のような規律を設けるものとする。

債権者が債務の履行を受けることを拒み,又は受けることができない場合において,履行の提供があった時以後に当事者双方の責めに帰することができない事由によってその債務の履行が不能となったときは,その履行の不能は,債権者の責めに帰すべき事由によるものとみなす。

第26 契約に関する基本原則

1 契約自由の原則

契約自由の原則について,次のような規律を設けるものとする。

(1) 何人も,法令に特別の定めがある場合を除き,契約をするかどうかを自由に決定することができる。

(2) 契約の成立には,法令に特別の定めがある場合を除き,書面の作成その他の方式を具備することを要しない。

(3) 契約の当事者は,法令の制限内において,契約の内容を自由に決定することができる。

2 履行の不能が契約成立時に生じていた場合

契約に基づく債務の履行がその契約の成立の時に不能であった場合について,次のような規律を設けるものとする。

契約に基づく債務の履行がその契約の成立の時に不能であったことは,第11の1及び2の規定によりその履行の不能によって生じた損害の賠償を請求することを妨げない。

第27 契約の成立

1 申込みと承諾

申込みと承諾について，次のような規律を設けるものとする。

契約は，契約の内容を示してその締結を申し入れる意思表示（以下「申込み」という。）に対して相手方が承諾をしたときに成立する。

2 承諾の期間の定めのある申込み（民法第521条第1項・第522条関係）

民法第521条第1項及び第522条の規律を次のように改めるものとする。

(1) 承諾の期間を定めてした申込みは，撤回することができない。ただし，申込者が撤回をする権利を留保したときは，この限りでない。

(2) 民法第522条を削除するものとする。

3 承諾の期間の定めのない申込み（民法第524条関係）

民法第524条の規律を次のように改めるものとする。

承諾の期間を定めないでした申込みは，申込者が承諾の通知を受けるのに相当な期間を経過するまでは，撤回することができない。ただし，申込者が撤回をする権利を留保したときは，この限りでない。

4 対話者間における申込み

対話者間の申込みについて，次のような規律を設けるものとする。

(1) 対話者に対してした3の申込みは，3の規定にかかわらず，その対話が継続している間は，いつでも撤回することができる。

(2) 対話者に対してした3の申込みに対して対話が継続している間に申込者が承諾の通知を受けなかったときは，その申込みは，その効力を失う。ただし，申込者が対話の終了後もその申込みが効力を失わない旨を表示したときは，この限りでない。

5 申込者の死亡等（民法第525条関係）

民法第525条の規律を次のように改めるものとする。

申込者が申込みの通知を発した後に死亡し，意思能力を有しない常況にある者となり，又は行為能力の制限を受けた場合において，申込者がその事実が生じたとすればその申込みは効力を有しない旨の意思を表示していたとき，又はその相手方が承諾の通知を発するまでにその事実が生じたことを知ったときは，その申込みは，その効力を有しない。

6 契約の成立時期（民法第526条第1項・第527条関係）

(1) 民法第526条第1項を削除するものとする。

(2) 民法第527条を削除するものとする。

7 懸賞広告
(1) 懸賞広告（民法第529条関係）
民法第529条の規律を次のように改めるものとする。
ある行為をした者に一定の報酬を与える旨を広告した者（以下「懸賞広告者」という。）は，その行為をした者がその広告を知っていたかどうかにかかわらず，その者に対してその報酬を与える義務を負う。
(2) 懸賞広告の効力
懸賞広告の効力について，次のような規律を設けるものとする。
ア (3)アの広告は，その期間内に指定した行為を完了する者がないときは，その効力を失う。
イ (3)イの広告は，指定した行為の内容その他の事情を考慮して相当な期間内に指定した行為を完了する者がないときは，その効力を失う。
(3) 懸賞広告の撤回（民法第530条関係）
民法第530条の規律を次のように改めるものとする。
ア 懸賞広告者は，その指定した行為をする期間を定めてした広告を撤回することができない。ただし，その広告において撤回をする権利を留保したときは，この限りでない。
イ 懸賞広告者は，その指定した行為を完了する者がない間は，その指定した行為をする期間を定めないでした広告を撤回することができる。ただし，その広告中に撤回をしない旨を表示したときは，この限りでない。
ウ 広告の撤回は，前の広告と異なる方法によっても，することができる。ただし，その撤回は，これを知った者に対してのみ，その効力を有する。

第30 売　買

1 手付（民法第557条関係）
民法第557条第1項の規律を次のように改めるものとする。
買主が売主に手付を交付したときは，買主はその手付を放棄し，売主はその倍額を現実に提供して，契約の解除をすることができる。ただし，その相手方が契約の履行に着手した後は，この限りでない。

2 売主の義務
売主の義務について，次のような規律を設けるものとする。
(1) 他人の権利（権利の一部が他人に属する場合におけるその権利の一部を含む。）

を売買の目的としたときは，売主は，その権利を取得して買主に移転する義務を負う。

(2) 売主は，買主に対し，登記，登録その他の売買の目的である権利の移転についての対抗要件を備えさせる義務を負う。

3 売主の追完義務

売主の追完義務について，次のような規律を設けるものとする。

(1) 引き渡された目的物が種類，品質又は数量に関して契約の内容に適合しないものであるときは，買主は，売主に対し，目的物の修補，代替物の引渡し又は不足分の引渡しによる履行の追完を請求することができる。ただし，売主は，買主に不相当な負担を課するものでないときは，買主が請求した方法と異なる方法による履行の追完をすることができる。

(2) (1)の不適合が買主の責めに帰すべき事由によるものであるときは，買主は，(1)の規定による履行の追完の請求をすることができない。

4 買主の代金減額請求権

買主の代金減額請求権について，民法第565条（同法第563条第1項の準用）の規律を次のように改めるものとする。

(1) 3(1)本文に規定する場合において，買主が相当の期間を定めて履行の追完の催告をし，その期間内に履行の追完がないときは，買主は，その不適合の程度に応じて代金の減額を請求することができる。

(2) (1)の規定にかかわらず，次に掲げる場合には，買主は，(1)の催告をすることなく，直ちに代金の減額を請求することができる。

ア 履行の追完が不能であるとき。

イ 売主が履行の追完を拒絶する意思を明確に表示したとき。

ウ 契約の性質又は当事者の意思表示により，特定の日時又は一定の期間内に履行をしなければ契約をした目的を達することができない場合において，売主が履行をしないでその時期を経過したとき。

エ アからウまでに掲げる場合のほか，買主が(1)の催告をしても履行の追完を受ける見込みがないことが明らかであるとき。

(3) (1)の不適合が買主の責めに帰すべき事由によるものであるときは，買主は，(1)及び(2)の規定による代金の減額の請求をすることができない。

5 損害賠償の請求及び契約の解除

損害賠償の請求及び契約の解除について，民法第565条（同法第563条第2項及び第3項の準用）及び第570条本文（同法第566条第1項の準用）の規律を次のよ

うに改めるものとする。

 3及び4の規定は、第11の1及び2の規定による損害賠償の請求並びに第12の1から3までの規定による解除権の行使を妨げない。

6　権利移転義務の不履行に関する売主の責任等

権利移転義務の不履行に関する売主の責任等について、民法第561条から第567条まで（同法第565条、第567条第2項及び期間制限に関する規律を除く。）の規律を次のように改めるものとする。

 3から5までの規定は、売主が買主に移転した権利が契約の内容に適合しないものである場合（権利の一部が他人に属する場合においてその権利の一部を移転しないときを含む。）について準用する。

7　買主の権利の期間制限

(1)　民法第570条本文（同法第566条の準用）の規律のうち期間制限に関するものを、次のように改めるものとする。

 売主が種類又は品質に関して契約の内容に適合しない目的物を買主に引き渡した場合において、買主がその不適合を知った時から1年以内にその旨を売主に通知しないときは、買主は、その不適合を理由とする履行の追完の請求、代金の減額の請求、損害賠償の請求及び契約の解除をすることができない。ただし、売主が引渡しの時にその不適合を知り、又は重大な過失によって知らなかったときは、この限りでない。

(2)　民法第564条（同法第565条において準用する場合を含む。）及び第566条第3項を削除するものとする。

8　競売における買受人の権利の特則

民法第568条第1項及び第570条ただし書の規律を次のように改めるものとする。

(1)　民事執行法その他の法律の規定に基づく競売（以下この8において単に「競売」という。）における買受人は、第12の1から3までの規定並びに4（6において準用する場合を含む。）の規定により、債務者に対し、契約の解除をし、又は代金の減額を請求することができる。

(2)　(1)並びに民法第568条第2項及び第3項の規定は、競売の目的物の種類又は品質に関する不適合については、適用しない。

9　売主の担保責任と同時履行（民法第571条関係）

民法第571条を削除するものとする。

　（注）　民法第533条の規律を次のように改めるものとする。

　　　双務契約の当事者の一方は、相手方がその債務の履行（債務の履行に代わ

る損害賠償の債務の履行を含む。）を提供するまでは，自己の債務の履行を拒むことができる。ただし，相手方の債務が弁済期にないときは，この限りでない。

10 権利を失うおそれがある場合の買主による代金支払の拒絶（民法第576条関係）
民法第576条の規律を次のように改めるものとする。
売買の目的について権利を主張する者があることその他の事由により，買主がその買い受けた権利の全部若しくは一部を取得することができず，又は失うおそれがあるときは，買主は，その危険の程度に応じて，代金の全部又は一部の支払を拒むことができる。ただし，売主が相当の担保を供したときは，この限りでない。

11 目的物の滅失又は損傷に関する危険の移転
危険の移転について，次のような規律を設けるものとする。
(1) 売主が買主に目的物（売買の目的として特定したものに限る。以下この11において同じ。）を引き渡した場合において，その引渡しがあった時以後にその目的物が当事者双方の責めに帰することができない事由によって滅失し，又は損傷したときは，買主は，その滅失又は損傷を理由とする履行の追完の請求，代金の減額の請求，損害賠償の請求及び契約の解除をすることができない。この場合において，買主は，代金の支払を拒むことができない。
(2) 売主が契約の内容に適合する目的物をもって，その引渡しの債務の履行を提供したにもかかわらず，買主がその履行を受けることを拒み，又は受けることができない場合において，その履行の提供があった時以後に当事者双方の責めに帰することができない事由によってその目的物が滅失し，又は損傷したときも，(1)と同様とする。

12 買戻し（民法第579条ほか関係）
(1) 民法第579条の規律を次のように改めるものとする。
不動産の売主は，売買契約と同時にした買戻しの特約により，買主が支払った代金（別段の合意をした場合にあっては，その合意により定めた金額。民法第583条第1項において同じ。）及び契約の費用を返還して，売買の解除をすることができる。この場合において，当事者が別段の意思を表示しなかったときは，不動産の果実と代金の利息とは相殺したものとみなす。
(2) 民法第581条の規律を次のように改めるものとする。
ア 売買契約と同時に買戻しの特約を登記したときは，買戻しは，第三者に対抗することができる。

イ　アの登記がされた後に第33の4(2)に規定する対抗要件を備えた賃借人の権利は，その残存期間中1年を超えない期間に限り，売主に対抗することができる。ただし，売主を害する目的で賃貸借をしたときは，この限りでない。

第 3 部
民法の一部を改正する法律案
（民法改正法案）

第1章　民法改正法案条文（抜粋）

（意思能力）
第3条の2　法律行為の当事者が意思表示をした時に意思能力を有しなかったときは，その法律行為は，無効とする。

（公序良俗）
第90条　公の秩序又は善良の風俗に反する法律行為は，無効とする。

（心裡留保）
第93条　意思表示は，表意者がその真意ではないことを知ってしたときであっても，そのためにその効力を妨げられない。ただし，相手方がその意思表示が表意者の真意ではないことを知り，又は知ることができたときは，その意思表示は，無効とする。
⑵　前項ただし書の規定による意思表示の無効は，善意の第三者に対抗することができない。

（錯誤）
第95条　意思表示は，次に掲げる錯誤に基づくものであって，その錯誤が法律行為の目的及び取引上の社会通念に照らして重要なものであるときは，取り消すことができる。
　1　意思表示に対応する意思を欠く錯誤
　2　表意者が法律行為の基礎とした事情についてのその認識が真実に反する錯誤
⑵　前項第2号の規定による意思表示の取消しは，その事情が法律行為の基礎とされていることが表示されていたときに限り，することができる。
⑶　錯誤が表意者の重大な過失によるものであった場合には，次に掲げる場合を除き，第1項の規定による意思表示の取消しをすることができない。
　1　相手方が表意者に錯誤があることを知り，又は重大な過失によって知らなかったとき。
　2　相手方が表意者と同一の錯誤に陥っていたとき。
⑷　第1項の規定による意思表示の取消しは，善意でかつ過失がない第三者に対抗することができない。

（詐欺又は強迫）
第96条　詐欺又は強迫による意思表示は，取り消すことができる。
⑵　相手方に対する意思表示について第三者が詐欺を行った場合においては，相手方がその事実を知り，又は知ることができたときに限り，その意思表示を取り消

すことができる。

　(3)　前2項の規定による詐欺による意思表示の取消しは，善意でかつ過失がない第三者に対抗することができない。

（意思表示の効力発生時期等）
第97条　意思表示は，その通知が相手方に到達した時からその効力を生ずる。
　(2)　相手方が正当な理由なく意思表示の通知が到達することを妨げたときは，その通知は，通常到達すべきであった時に到達したものとみなす。
　(3)　意思表示は，表意者が通知を発した後に死亡し，意思能力を喪失し，又は行為能力の制限を受けたときであっても，そのためにその効力を妨げられない。

（意思表示の受領能力）
第98条の2　意思表示の相手方がその意思表示を受けた時に意思能力を有しなかったとき又は未成年者若しくは成年被後見人であったときは，その意思表示をもってその相手方に対抗することができない。ただし，次に掲げる者がその意思表示を知った後は，この限りでない。
　1　相手方の法定代理人
　2　意思能力を回復し，又は行為能力者となった相手方

（原状回復の義務）
第121条の2　無効な行為に基づく債務の履行として給付を受けた者は，相手方を原状に復させる義務を負う。
　(2)　前項の規定にかかわらず，無効な無償行為に基づく債務の履行として給付を受けた者は，給付を受けた当時その行為が無効であること（給付を受けた後に前条の規定により初めから無効であったものとみなされた行為にあっては，給付を受けた当時その行為が取り消すことができるものであること）を知らなかったときは，その行為によって現に利益を受けている限度において，返還の義務を負う。
　(3)　第1項の規定にかかわらず，行為の時に意思能力を有しなかった者は，その行為によって現に利益を受けている限度において，返還の義務を負う。行為の時に制限行為能力者であった者についても，同様とする。

（取り消すことができる行為の追認）
第122条　取り消すことができる行為は，第120条に規定する者が追認したときは，以後，取り消すことができない。

（追認の要件）

第1章　民法改正法案条文（抜粋）

第124条　取り消すことができる行為の追認は，取消しの原因となっていた状況が消滅し，かつ，取消権を有することを知った後にしなければ，その効力を生じない。
　(2)　次に掲げる場合には，前項の追認は，取消しの原因となっていた状況が消滅した後にすることを要しない。
　1　法定代理人又は制限行為能力者の保佐人若しくは補助人が追認をするとき。
　2　制限行為能力者（成年被後見人を除く。）が法定代理人，保佐人又は補助人の同意を得て追認をするとき。

（債権等の消滅時効）
第166条　債権は，次に掲げる場合には，時効によって消滅する。
　1　債権者が権利を行使することができることを知った時から5年間行使しないとき。
　2　権利を行使することができる時から10年間行使しないとき。
　(2)　債権又は所有権以外の財産権は，権利を行使することができる時から20年間行使しないときは，時効によって消滅する。
　(3)　前2項の規定は，始期付権利又は停止条件付権利の目的物を占有する第三者のために，その占有の開始の時から取得時効が進行することを妨げない。ただし，権利者は，その時効を更新するため，いつでも占有者の承認を求めることができる。

（人の生命又は身体の侵害による損害賠償請求権の消滅時効）
第167条　人の生命又は身体の侵害による損害賠償請求権の消滅時効についての前条第1項第2号の規定の適用については，同号中「10年間」とあるのは，「20年間」とする。

（特定物の引渡しの場合の注意義務）
第400条　債権の目的が特定物の引渡しであるときは，債務者は，その引渡しをするまで，契約その他の債権の発生原因及び取引上の社会通念に照らして定まる善良な管理者の注意をもって，その物を保存しなければならない。

（法定利率）
第404条　利息を生ずべき債権について別段の意思表示がないときは，その利率は，その利息が生じた最初の時点における法定利率による。
　(2)　法定利率は，年3パーセントとする。
　(3)　前項の規定にかかわらず，法定利率は，法務省令で定めるところにより，3年を一期とし，一期ごとに，次項の規定により変動するものとする。
　(4)　各期における法定利率は，この項の規定により法定利率に変動があった期の

うち直近のもの(以下この項において「直近変動期」という。)における基準割合と当期における基準割合との差に相当する割合(その割合に1パーセント未満の端数があるときは,これを切り捨てる。)を直近変動期における法定利率に加算し,又は減算した割合とする。

(5) 前項に規定する「基準割合」とは,法務省令で定めるところにより,各期の初日の属する年の6年前の年の1月から前々年の12月までの各月における短期貸付けの平均利率(当該各月において銀行が新たに行った貸付け(貸付期間が1年未満のものに限る。)に係る利率の平均をいう。)の合計を60で除して計算した割合(その割合に0.1パーセント未満の端数があるときは,これを切り捨てる。)として法務大臣が告示するものをいう。

(不能による選択債権の特定)
第410条 債権の目的である給付の中に不能のものがある場合において,その不能が選択権を有する者の過失によるものであるときは,債権は,その残存するものについて存在する。

(履行期と履行遅滞)
第412条 債務の履行について確定期限があるときは,債務者は,その期限の到来した時から遅滞の責任を負う。

(2) 債務の履行について不確定期限があるときは,債務者は,その期限の到来した後に履行の請求を受けた時又はその期限の到来したことを知った時のいずれか早い時から遅滞の責任を負う。

(3) 債務の履行について期限を定めなかったときは,債務者は,履行の請求を受けた時から遅滞の責任を負う。

(履行不能)
第412条の2 債務の履行が契約その他の債務の発生原因及び取引上の社会通念に照らして不能であるときは,債権者は,その債務の履行を請求することができない。

(2) 契約に基づく債務の履行がその契約の成立の時に不能であったことは,第415条の規定によりその履行の不能によって生じた損害の賠償を請求することを妨げない。

(受領遅滞)
第413条 債権者が債務の履行を受けることを拒み,又は受けることができない場合において,その債務の目的が特定物の引渡しであるときは,債務者は,履行の提供をした時からその引渡しをするまで,自己の財産に対するのと同一の注意をもって,

その物を保存すれば足りる。
　(2)　債権者が債務の履行を受けることを拒み、又は受けることができないことによって、その履行の費用が増加したときは、その増加額は、債権者の負担とする。

（履行遅滞中又は受領遅滞中の履行不能と帰責事由）
第413条の2　債務者がその債務について遅滞の責任を負っている間に当事者双方の責めに帰することができない事由によってその債務の履行が不能となったときは、その履行の不能は、債務者の責めに帰すべき事由によるものとみなす。
　(2)　債権者が債務の履行を受けることを拒み、又は受けることができない場合において、履行の提供があった時以後に当事者双方の責めに帰することができない事由によってその債務の履行が不能となったときは、その履行の不能は、債権者の責めに帰すべき事由によるものとみなす。

（履行の強制）
第414条　債務者が任意に債務の履行をしないときは、債権者は、民事執行法その他強制執行の手続に関する法令の規定に従い、直接強制、代替執行、間接強制その他の方法による履行の強制を裁判所に請求することができる。ただし、債務の性質がこれを許さないときは、この限りでない。
　(2)　前項の規定は、損害賠償の請求を妨げない。

（債務不履行による損害賠償）
第415条　債務者がその債務の本旨に従った履行をしないとき又は債務の履行が不能であるときは、債権者は、これによって生じた損害の賠償を請求することができる。ただし、その債務の不履行が契約その他の債務の発生原因及び取引上の社会通念に照らして債務者の責めに帰することができない事由によるものであるときは、この限りでない。
　(2)　前項の規定により損害賠償の請求をすることができる場合において、債権者は、次に掲げるときは、債務の履行に代わる損害賠償の請求をすることができる。
　1　債務の履行が不能であるとき。
　2　債務者がその債務の履行を拒絶する意思を明確に表示したとき。
　3　債務が契約によって生じたものである場合において、その契約が解除され、又は債務の不履行による契約の解除権が発生したとき。

（損害賠償の範囲）
第416条　債務の不履行に対する損害賠償の請求は、これによって通常生ずべき損害の賠償をさせることをその目的とする。

(2) 特別の事情によって生じた損害であっても，当事者がその事情を予見すべきであったときは，債権者は，その賠償を請求することができる。

（中間利息の控除）
第417条の2　将来において取得すべき利益についての損害賠償の額を定める場合において，その利益を取得すべき時までの利息相当額を控除するときは，その損害賠償の請求権が生じた時点における法定利率により，これをする。
(2) 将来において負担すべき費用についての損害賠償の額を定める場合において，その費用を負担すべき時までの利息相当額を控除するときも，前項と同様とする。

（過失相殺）
第418条　債務の不履行又はこれによる損害の発生若しくは拡大に関して債権者に過失があったときは，裁判所は，これを考慮して，損害賠償の責任及びその額を定める。

（金銭債務の特則）
第419条　金銭の給付を目的とする債務の不履行については，その損害賠償の額は，債務者が遅滞の責任を負った最初の時点における法定利率によって定める。ただし，約定利率が法定利率を超えるときは，約定利率による。

（賠償額の予定）
第420条　当事者は，債務の履行について損害賠償の額を予定することができる。

（代償請求権）
第422条の2　債務者が，その債務の履行が不能となったのと同一の原因により債務の目的物の代償である権利又は利益を取得したときは，債権者は，その受けた損害の額の限度において，債務者に対し，その権利の移転又はその利益の償還を請求することができる。

（特定物の現状による引渡し）
第483条　債権の目的が特定物の引渡しである場合において，契約その他の債権の発生原因及び取引上の社会通念に照らしてその引渡しをすべき時の品質を定めることができないときは，弁済をする者は，その引渡しをすべき時の現状でその物を引き渡さなければならない。

（弁済の提供の効果）
第492条　債務者は，弁済の提供の時から，債務を履行しないことによって生ずべ

き責任を免れる。

（契約締結及び内容の自由）
第521条　何人も，法令に特別の定めがある場合を除き，契約をするかどうかを自由に決定することができる。
(2)　契約の当事者は，法令の制限内において，契約の内容を自由に決定することができる。

（契約の成立と方式）
第522条　契約は，契約の内容を示してその締結を申し入れる意思表示（以下「申込み」という。）に対して相手方が承諾をしたときに成立する。
(2)　契約の成立には，法令に特別の定めがある場合を除き，書面の作成その他の方式を具備することを要しない。

（承諾の期間の定めのある申込み）
第523条　承諾の期間を定めてした申込みは，撤回することができない。ただし，申込者が撤回をする権利を留保したときは，この限りでない。

（承諾の期間の定めのない申込み）
第525条　承諾の期間を定めないでした申込みは，申込者が承諾の通知を受けるのに相当な期間を経過するまでは，撤回することができない。ただし，申込者が撤回をする権利を留保したときは，この限りでない。
(2)　対話者に対してした前項の申込みは，同項の規定にかかわらず，その対話が継続している間は，いつでも撤回することができる。
(3)　対話者に対してした第1項の申込みに対して対話が継続している間に申込者が承諾の通知を受けなかったときは，その申込みは，その効力を失う。ただし，申込者が対話の終了後もその申込みが効力を失わない旨を表示したときは，この限りでない。

（申込者の死亡等）
第526条　申込者が申込みの通知を発した後に死亡し，意思能力を有しない常況にある者となり，又は行為能力の制限を受けた場合において，申込者がその事実が生じたとすればその申込みは効力を有しない旨の意思を表示していたとき，又はその相手方が承諾の通知を発するまでにその事実が生じたことを知ったときは，その申込みは，その効力を有しない。

（承諾の通知を必要としない場合における契約の成立時期）

第527条　申込者の意思表示又は取引上の慣習により承諾の通知を必要としない場合には，契約は，承諾の意思表示と認めるべき事実があったときに成立する。

（懸賞広告）
第529条　ある行為をした者に一定の報酬を与える旨を広告した者（以下「懸賞広告者」という。）は，その行為をした者がその広告を知っていたかどうかにかかわらず，その者に対してその報酬を与える義務を負う。

（指定した行為をする期間の定めのある懸賞広告）
第529条の2　懸賞広告者は，その指定した行為をする期間を定めてした広告を撤回することができない。ただし，その広告において撤回をする権利を留保したときは，この限りでない。
　⑵　前項の広告は，その期間内に指定した行為を完了する者がないときは，その効力を失う。

（指定した行為をする期間の定めのない懸賞広告）
第529条の3　懸賞広告者は，その指定した行為を完了する者がない間は，その指定した行為をする期間を定めないでした広告を撤回することができる。ただし，その広告中に撤回をしない旨を表示したときは，この限りでない。

（懸賞広告の撤回の方法）
第530条　前の広告と同一の方法による広告の撤回は，これを知らない者に対しても，その効力を有する。
　⑵　広告の撤回は，前の広告と異なる方法によっても，することができる。ただし，その撤回は，これを知った者に対してのみ，その効力を有する。

（同時履行の抗弁）
第533条　双務契約の当事者の一方は，相手方がその債務の履行（債務の履行に代わる損害賠償の債務の履行を含む。）を提供するまでは，自己の債務の履行を拒むことができる。ただし，相手方の債務が弁済期にないときは，この限りでない。

（債務者の危険負担等）
第536条　当事者双方の責めに帰することができない事由によって債務を履行することができなくなったときは，債権者は，反対給付の履行を拒むことができる。
　⑵　債権者の責めに帰すべき事由によって債務を履行することができなくなったときは，債権者は，反対給付の履行を拒むことができない。この場合において，債務者は，自己の債務を免れたことによって利益を得たときは，これを債権者に償還

しなければならない。

（催告による解除）
第541条　当事者の一方がその債務を履行しない場合において，相手方が相当の期間を定めてその履行の催告をし，その期間内に履行がないときは，相手方は，契約の解除をすることができる。ただし，その期間を経過した時における債務の不履行がその契約及び取引上の社会通念に照らして軽微であるときは，この限りでない。

（催告によらない解除）
第542条　次に掲げる場合には，債権者は，前条の催告をすることなく，直ちに契約の解除をすることができる。
　1　債務の全部の履行が不能であるとき。
　2　債務者がその債務の全部の履行を拒絶する意思を明確に表示したとき。
　3　債務の一部の履行が不能である場合又は債務者がその債務の一部の履行を拒絶する意思を明確に表示した場合において，残存する部分のみでは契約をした目的を達することができないとき。
　4　契約の性質又は当事者の意思表示により，特定の日時又は一定の期間内に履行をしなければ契約をした目的を達することができない場合において，債務者が履行をしないでその時期を経過したとき。
　5　前各号に掲げる場合のほか，債務者がその債務の履行をせず，債権者が前条の催告をしても契約をした目的を達するのに足りる履行がされる見込みがないことが明らかであるとき。
　(2)　次に掲げる場合には，債権者は，前条の催告をすることなく，直ちに契約の一部の解除をすることができる。
　1　債務の一部の履行が不能であるとき。
　2　債務者がその債務の一部の履行を拒絶する意思を明確に表示したとき。

（債権者の責めに帰すべき事由による場合）
第543条　債務の不履行が債権者の責めに帰すべき事由によるものであるときは，債権者は，前2条の規定による契約の解除をすることができない。

（解除の効果）
第545条　当事者の一方がその解除権を行使したときは，各当事者は，その相手方を原状に復させる義務を負う。ただし，第三者の権利を害することはできない。
　(2)　前項本文の場合において，金銭を返還するときは，その受領の時から利息を付さなければならない。

(3) 第1項本文の場合において，金銭以外の物を返還するときは，その受領の時以後に生じた果実をも返還しなければならない。
(4) 解除権の行使は，損害賠償の請求を妨げない。

（解除権者の故意による目的物の損傷等による解除権の消滅）
第548条 解除権を有する者が故意若しくは過失によって契約の目的物を著しく損傷し，若しくは返還することができなくなったとき，又は加工若しくは改造によってこれを他の種類の物に変えたときは，解除権は，消滅する。ただし，解除権を有する者がその解除権を有することを知らなかったときは，この限りでない。

（手付）
第557条 買主が売主に手付を交付したときは，買主はその手付を放棄し，売主はその倍額を現実に提供して，契約の解除をすることができる。ただし，その相手方が契約の履行に着手した後は，この限りでない。
(2) 第545条第4項の規定は，前項の場合には，適用しない。

（権利移転の対抗要件に係る売主の義務）
第560条 売主は，買主に対し，登記，登録その他の売買の目的である権利の移転についての対抗要件を備えさせる義務を負う。

（他人の権利の売買における売主の義務）
第561条 他人の権利（権利の一部が他人に属する場合におけるその権利の一部を含む。）を売買の目的としたときは，売主は，その権利を取得して買主に移転する義務を負う。

（買主の追完請求権）
第562条 引き渡された目的物が種類，品質又は数量に関して契約の内容に適合しないものであるときは，買主は，売主に対し，目的物の修補，代替物の引渡し又は不足分の引渡しによる履行の追完を請求することができる。ただし，売主は，買主に不相当な負担を課するものでないときは，買主が請求した方法と異なる方法による履行の追完をすることができる。
(2) 前項の不適合が買主の責めに帰すべき事由によるものであるときは，買主は，同項の規定による履行の追完の請求をすることができない。

（買主の代金減額請求権）
第563条 前条第1項本文に規定する場合において，買主が相当の期間を定めて履行の追完の催告をし，その期間内に履行の追完がないときは，買主は，その不適合

の程度に応じて代金の減額を請求することができる。
　(2)　前項の規定にかかわらず，次に掲げる場合には，買主は，同項の催告をすることなく，直ちに代金の減額を請求することができる。
　1　履行の追完が不能であるとき。
　2　売主が履行の追完を拒絶する意思を明確に表示したとき。
　3　契約の性質又は当事者の意思表示により，特定の日時又は一定の期間内に履行をしなければ契約をした目的を達することができない場合において，売主が履行をしないでその時期を経過したとき。
　4　前3号に掲げる場合のほか，買主が前項の催告をしても履行の追完を受ける見込みがないことが明らかであるとき。
　(3)　第1項の不適合が買主の責めに帰すべき事由によるものであるときは，買主は，前2項の規定による代金の減額の請求をすることができない。

（買主の損害賠償の請求及び解除権の行使）
第564条　前2条の規定は，第415条の規定による損害賠償の請求並びに第541条及び第542条の規定による解除権の行使を妨げない。

（移転した権利が契約の内容に適合しない場合における売主の担保責任）
第565条　前3条の規定は，売主が買主に移転した権利が契約の内容に適合しないものである場合（権利の一部が他人に属する場合においてその権利の一部を移転しないときを含む。）について準用する。

（目的物の種類又は品質に関する担保責任の期間の制限）
第566条　売主が種類又は品質に関して契約の内容に適合しない目的物を買主に引き渡した場合において，買主がその不適合を知った時から1年以内にその旨を売主に通知しないときは，買主は，その不適合を理由とする履行の追完の請求，代金の減額の請求，損害賠償の請求及び契約の解除をすることができない。ただし，売主が引渡しの時にその不適合を知り，又は重大な過失によって知らなかったときは，この限りでない。

（目的物の滅失等についての危険の移転）
第567条　売主が買主に目的物（売買の目的として特定したものに限る。以下この条において同じ。）を引き渡した場合において，その引渡しがあった時以後にその目的物が当事者双方の責めに帰することができない事由によって滅失し，又は損傷したときは，買主は，その滅失又は損傷を理由として，履行の追完の請求，代金の減額の請求，損害賠償の請求及び契約の解除をすることができない。この場合において，

買主は，代金の支払を拒むことができない。

⑵　売主が契約の内容に適合する目的物をもって，その引渡しの債務の履行を提供したにもかかわらず，買主がその履行を受けることを拒み，又は受けることができない場合において，その履行の提供があった時以後に当事者双方の責めに帰することができない事由によってその目的物が滅失し，又は損傷したときも，前項と同様とする。

（競売における担保責任等）
第568条　民事執行法その他の法律の規定に基づく競売（以下この条において単に「競売」という。）における買受人は，第541条及び第542条の規定並びに第563条（第565条において準用する場合を含む。）の規定により，債務者に対し，契約の解除をし，又は代金の減額を請求することができる。

⑷　前3項の規定は，競売の目的物の種類又は品質に関する不適合については，適用しない。

（抵当権等がある場合の買主による費用の償還請求）
第570条　買い受けた不動産について契約の内容に適合しない先取特権，質権又は抵当権が存していた場合において，買主が費用を支出してその不動産の所有権を保存したときは，買主は，売主に対し，その費用の償還を請求することができる。

（担保責任を負わない旨の特約）
第572条　売主は，第562条第1項本文又は第565条に規定する場合における担保の責任を負わない旨の特約をしたときであっても，知りながら告げなかった事実及び自ら第三者のために設定し又は第三者に譲り渡した権利については，その責任を免れることができない。

（権利を取得することができない等のおそれがある場合の買主による代金支払の拒絶）
第576条　売買の目的について権利を主張する者があることその他の事由により，買主がその買い受けた権利の全部若しくは一部を取得することができず，又は失うおそれがあるときは，買主は，その危険の程度に応じて，代金の全部又は一部の支払を拒むことができる。ただし，売主が相当の担保を供したときは，この限りでない。

（抵当権等の登記がある場合の買主による代金の支払の拒絶）
第577条　買い受けた不動産について契約の内容に適合しない抵当権の登記があるときは，買主は，抵当権消滅請求の手続が終わるまで，その代金の支払を拒むこと

ができる。この場合において，売主は，買主に対し，遅滞なく抵当権消滅請求をすべき旨を請求することができる。
　(2)　前項の規定は，買い受けた不動産について契約の内容に適合しない先取特権又は質権の登記がある場合について準用する。

（買戻しの特約）
第579条　不動産の売主は，売買契約と同時にした買戻しの特約により，買主が支払った代金（別段の合意をした場合にあっては，その合意により定めた金額。民法第583条第1項において同じ。）及び契約の費用を返還して，売買の解除をすることができる。この場合において，当事者が別段の意思を表示しなかったときは，不動産の果実と代金の利息とは相殺したものとみなす。

（買戻しの特約の対抗力）
第581条　売買契約と同時に買戻しの特約を登記したときは，買戻しは，第三者に対抗することができる。
　(2)　前項の登記がされた後に第605条の2第1項に規定する対抗要件を備えた賃借人の権利は，その残存期間中1年を超えない期間に限り，売主に対抗することができる。ただし，売主を害する目的で賃貸借をしたときは，この限りでない。

第2章　民法改正法案の構成とその問題点

1　意思能力（第3条の2）

　人に関する根源的な問題である意思能力に関する規定が，民法典には存在していなかった。そこで，意思能力を有しない者の意思表示は無効であるとの判例[1]法理によって，関連する事例への対応がなされてきた。

　今回民法改正法案では，新たに意思能力に関し，「法律行為の当事者が意思表示をした時に意思能力を有しなかったときは，その法律行為は，無効とする。」との規定が新設され，第2章「人」に関する規定として，第1節「権利能力」と第3節「行為能力」との間に，第2節「意思能力」として挿入された。ただ，「人」に関する規定として置かれるのであれば，より本質的には「意思表示をした者が，意思能力を有しないときは，その意思表示は無効とする」といった旨の規定とすることも考えられる。

（1）　大判明治38年5月11日民録11輯706頁。

審議会では，一貫して意思能力に関しては，心裡留保，錯誤，詐欺といった法律行為の項目下で審議されてきたこともあって，そこでは，法律行為に関連した規律内容が考えられていた。そこで，「法律行為」の「章」の中の「意思表示」の「節」ではなく，「人」の「章」で規律することになっても，その議論の到達点がそのままの内容で導入されたため，法律行為と関連させた規律内容となったものと思われる。もっとも，第3節「行為能力」に関する規定も，制限行為能力者の「法律行為」と関連させた規定となっていることもあり，意思能力に関しても，法律行為と絡めた規定内容であっても，違和感は少ないと思われる。

　したがって，人の章の中で，それぞれの節において権利能力，意思能力，行為能力と並べて，それぞれの内容・相違を分かりやすくさせるという意味からも，また人の能力の根本的なところを示すという意味でも，人の章に置くのがよく，そして行為能力とともに，法律行為と絡んだ問題に対応すべく解釈論が展開されていくべきものと考える。

2　法律行為・公序良俗（第90条）
(1)　法律行為総則

　民法典においては，第5章「法律行為」の第1節「総則」において，いきなり，法律行為を無効とする公序良俗違反（民90条）の規定から始まっており，本来であれば，より本質的な法律行為の一般的総則規定をその冒頭に掲げることが望ましいといえよう。審議会の委員・幹事の多くがそうした意見を持っており，実際にも，中間試案において，(1)法律行為は，法令の規定に従い，意思表示に基づいてその効力を生ずるものとする。(2)法律行為には，契約のほか，取消し，遺言その他の単独行為が含まれるものとする，といったように，法律行為の総則的規定および法律行為にはどのような類型があるのかを示す規律が採用されていた。

　こうした規律の方向に反対するのが，関係官一人だけであり，その反対理由は，「法令の規定に従い，意思表示に基づいてその効力を生ずるというこのことが法律行為の概念を示すにあたって，必要にして十分なものであるのかどう

なのかというところも私には今一つよくわからない[2]」というものであった。この反対理由が論理的に破綻していることは、「法律行為は、……意思表示に基づいてその効力を生ずるものとする。」という命題は、法律行為はどのような要素からどのようにして生ずるのかということを説明したものにすぎず[3]、決して必要十分条件を示したものではないことから明らかである。もし、必要十分条件を満たすものとして「定義」づけると、「法律行為とは、法律効果の発生を目的とした意思表示に基づく合意又は表示をいう[4]。」といったところとなろう。

したがって、もしこのような理由で法律行為の一般規定の立法化が実現できないとすれば、そこには立法上の重大な瑕疵が認められよう。そこで、規定はないとしても、法律行為総則にこれに相当するような規定が存するものとして、様々な問題に対処していくことが必要だと考える。

(2) 暴利行為

公序良俗を規律する第90条は、民法90条の僅かな文言の修正にとどまり、第2項に暴利行為に関する規定は置かれなかった。

審議会では、古い判例[5]法理を基にして作成された条文案が示され、検討が加えられてきたが、産業界・経済界からの反対が強いこともあり、その反対の意向を反映させた修正案を提示すれば、今度は、規律として不十分であるとの反対意見が出されるなど、まとめることの最も困難なテーマの一つであった。

暴利行為に関しては、社会状況の変化・進展に伴い、今後新たな形態の暴利行為が出現してくる可能性も否定できず、それらを射程に収めた規定を設けることは確かに難しいといえよう。したがって、判例法理を基礎として、学説の展開などを参考としながら新しい類型の暴利行為にも対応できる解釈を構築していくことが必要であろう。民法での立法化が実現できないとすれば、次善の

---

(2) Web資料,法制審議会　民法（債権関係）部会「第82回会議　議事録」（平成26年1月14日）（笹井朋昭関係官）23頁。以下、審議会「第82回　議事録」として引用する。
(3) 審議会「第82回　議事録」（道垣内弘人幹事）26頁。
(4) たとえば、von Bar & Clive, Principles, definitions and model rules of European private law:draft common frame of reference, 2009. 等を参照。以下、DCFR: II.-1: 101(2)として引用する。なお、この翻訳、窪田充見ほか監訳『ヨーロッパ私法の原則・定義・モデル準則――共通参照枠草案（DCFR）――』（法律文化社，2013年）も参照。
(5) 大判昭和9年5月1日民集13巻875頁。

策として，消費者契約法などの特別法において，新しい類型に対応できるように立法化を含めた対応をしていくという方向が考えられる。

3 錯誤（第95条）
(1) 要素の錯誤
審議会で最も激しい議論の対象とされた項目の一つとして錯誤がある。民法95条本文では，「意思表示は，法律行為の要素に錯誤があったときは，無効とする。」という簡単な規定が置かれていた。これがいわゆる要素の錯誤といわれるところで，「表意者は錯誤をしていなければ意思表示をしていなかったと認められ，かつ，通常人も意思表示をしていなかったと認められる場合に要素の錯誤が認められる」とする判例[6]法理が確立しており，これが主観的因果性と客観的重要性の判断を示すものと理解されてきた。

この要素の錯誤の規律に関し，統一法秩序の中でこうした構成と最も近似した規定を有するのがユニドロワ国際商事契約原則である。すなわち，「当事者が錯誤により契約を取り消すことができるのは，錯誤に陥った当事者と同じ状況に置かれた合理的な者が，真の事情を知っていれば，実質的に異なる条項のもとでのみ契約を締結し，または契約を全く締結しなかったであろうほどに，錯誤が契約締結時において重要なものであり，……[7]」としており，表意者の因果性を当然の前提としながら，合理人基準を導入したものである。

これが，改正案では，第95条第1項柱書において，「意思表示は，次に掲げる錯誤に基づくものであって，その錯誤が法律行為の目的及び取引上の社会通念に照らして重要なものであるときは，取り消すことができる。」とされ，第1号に「意思表示に対応する意思を欠く錯誤」という表示錯誤がおかれ，第2号に「表意者が法律行為の基礎とした事情についてのその認識が真実に反する錯誤」という動機の錯誤が挙げられている。これまで解釈によって，一定の動機の錯誤を錯誤に取り込む工夫がなされてきたが，これにより，動機の錯誤が錯誤に包摂された。

---

(6) 大判大正7年10月3日民録24輯1852頁。
(7) Unidroit Principles of International Commercial Contracts, 2010. 以下，UP: 3.3.2 (1)として引用する。なお，この翻訳，内田貴ほか訳『UNIDROIT 国際商事契約原則 2010』（商事法務，2013年）も参照。

まず，従来の要素の錯誤に相当する第95条第1項柱書の部分の「錯誤が法律行為の目的及び取引上の社会通念に照らして重要なものである」という要件についてであるが，事務当局の説明では，これは従来の主観的因果性と客観的重要性の二つの要件を変更するものではない[8]とされる。しかし，実質的には以下のような変更が生じていると思われる。すなわち，「法律行為の目的」という文言からは，表意者の主観的因果性のみならず相手方の主観的因果性が加わり，さらにその規範的評価が介入する。また「取引上の社会通念」からは，従来の「客観的重要性」がより客観的規範的に評価される要素が強まると考えられる。したがって，これまでの表意者と通常人の行為態様に焦点が当てられていたものから，人的な側面では，表意者・相手方・通常人へと対象が拡大され，さらに客観的かつ多様な要素を判断対象としたよりきめ細やかな判断を可能とするものへと変容したといえるのではないだろうか。

(2) 動機の錯誤

第95条第1項で，「表意者が法律行為の基礎とした事情についてのその認識が真実に反する錯誤」といういわゆる動機の錯誤が，錯誤規定に取り込まれた。そして，この動機の錯誤は，第2項において「その事情が法律行為の基礎とされていることが表示されていたときに限り」取り消すことができるとされる。この部分に関する事務当局の説明では，これも判例法理の到達点を踏まえた忠実な明文化である[9]とのことである。

しかし，判例法理が，「表意者の動機が表示され，それが法律行為（意思表示）の内容となったとき」というものであるとすると，その文言を見る限り，「その事情が法律行為の基礎とされていることが表示されていたときに限り」というように，「表示」までしか表現されてはおらず，これでは判例法理の一部しか明文化されてはいないということになり，結局それでは判例法理の内容が変更されて採り入れられたとの評価を受けても仕方がないのではないかと思われる。このような条文化がなされた理由を推察すると，「法律行為（意思表示）の内容になる」というところでは意見が先鋭に対立し軌を一にするところがなかった。そこで，一致が見られる「表意者の動機が表示されて」というところ

---

(8) 審議会「第96回　議事録」（平成26年8月26日）（筒井健夫幹事）2頁。
(9) 審議会「第96回　議事録」（筒井幹事）3頁。

までが,「議論の到達点」として明文化されてしまったということであろう。

　民法典の他の意思表示規定, 心裡留保, 虚偽表示, 詐欺又は強迫のいずれにおいても, 相手方の態様をも顧慮した規律内容となっているのに対し, 錯誤規定においては, 表意者の態様にもっぱら主眼が置かれている。

　こうした日本法の構成は, 比較法的に見るとかなり異質なものである。統一法秩序の規定は次のようになっている。すなわち, ユニドロワ国際商事契約原則では,「相手方が, 同じ錯誤に陥っていた場合, 錯誤当事者の錯誤を生じさせた場合またはその錯誤を知りもしくは知るべき場合であって, 錯誤当事者を錯誤に陥ったままにすることが公正な取引についての商取引上の合理的な基準に反するとき[10]」, ヨーロッパ契約法原則では,「相手方が錯誤を知りまたは知るべきであって, 錯誤者を錯誤に陥った状態に放置することが信義誠実及び公正取引に反する場合[11]」, 共通参照枠草案では,「錯誤者を錯誤に陥ったままの状態にしておくことによって, 錯誤による当該契約の締結をもたらしたこと。ただし, 相手方が当該錯誤を知り, 又は知っていたことを合理的に期待される場合において, 信義誠実及び取引社会の公正に反するときに限る[12]。」, 共通欧州売買法草案では, 相手方が,「当該錯誤を知りまたは知ることを期待し得たと認められ, かつ, 錯誤にかかわる情報を指摘しないことによって錯誤による契約の締結をさせたこと。ただし, 信義誠実と公正取引に照らせば, 相手方が錯誤を認識し指摘することが要請されることを要する[13]。」とされている。ここには共通の規律がみられる。一つには, 相手方の認識可能性という相手方の主観的態様の規範的評価がなされる点であり, もう一つは, 信義誠実及び公正取引という客観的規範的評価が加えられるところである。

　実際のところ, 判例法理が「動機が表示されて法律行為（意思表示）の内容になった」というのも, たとえば契約という法律行為の内容になるというとこ

---

(10) UP:3.3.2(1)(a).
(11) Lando/Beale, Principles of European Contract Law, Parts I & II, 2000. 以下, EP: 4: 103(1)(a)(ii)として引用する。なお, この翻訳, 潮見佳男ほか監訳『ヨーロッパ契約法原則I・II』（法律文化社, 2006年）も参照。
(12) DCFR: II.-7: 201(1)(b)(ii).
(13) Proposal for a REGULATION OF THE EUROPEAN PARLIAMENT AND OF THE COUNCIL on a Common European Sales Law, 2011. 以下, CESL: 48(1.)(b)(iii)として引用する。なお, この翻訳, 内田貴（監訳）『共通欧州売買法（草案）』別冊NBL No.140（商事法務, 2012年）も参照。

ろで相手方の主観的態様を取り込み，それを規範的に評価してきたのではないだろうか。

さて，そこで，改正案の条文をいかに解するかということであるが，第95条第1項柱書の「錯誤が法律行為の目的及び取引上の社会通念に照らして重要なものであるとき」，かつ，第2項で，法律行為の基礎とした「事情が法律行為の基礎とされていることが表示されていたとき」に動機の錯誤が取り消しうるものとなる。契約の場合に，「法律行為の基礎とされていることが表示されていた」というところで，当然相手方の関与が前提となることから，ここに相手方の主観的態様を組み込むことができる。さらにそれを1項の柱書の取引上の社会通念をも併せて規範的に評価して判断する。こうすることで，「動機が表示されて法律行為（意思表示）の内容になった」とする従来の判例法理を引き継ぎながら，さらにより実態に即した解釈論を構築していくことが可能となるのではなかろうか。

4 詐欺又は強迫（第96条）

改正案では，第96条第1項で，「詐欺又は強迫による意思表示は，取り消すことができる。」とされ，現行法がそのまま維持される。したがって，問題とされる「沈黙による詐欺」は，この一般的抽象的な規定である第1項の「詐欺」の解釈に委ねられることになり問題を残している。

これに対し，第三者による詐欺の場合には，現行法だと，相手方が，第三者が詐欺を行ったという事実を知っていたときに限り，本人が保護されることになるというところが，改正案では，相手方の「悪意・有過失」の場合に保護されるということになり，本人保護の範囲が適切にも拡大されており，ここでは改善がみられる。

しかし，第三者の詐欺のように見えるが，実際には「相手方」による詐欺といえるかまたは同視できるような場合に関する規律がなく，これも1項の解釈に委ねられることになる。媒介受託者等の中には，契約の趣旨から相手方から独立して自己の計算で行為を行うケースもあり，その場合は第三者といえるので，次のような例示列挙プラス受け皿規定という形で規律すべきではないかと思われる。すなわち，相手方の「被用者，代理人，媒介受託者など相手方と実

質的に同視できる者」の行為による場合に，本人はその意思表示を取り消すことができる旨の規定を置くようにする。改正案のように規定を置かないとすると，結局一般規定である第1項の「詐欺」の解釈から導かねばならなくなり，すべては判例の集積に委ねられることになってしまう。

5　無効・取消しおよび対抗問題

従来民法典における無効と取消しの効果の相違をもたらす根源的なものとして，意思の不存在（欠缺）なのか瑕疵ある意思表示であるのかというものがあった。今回の改正で，これまで意思の不存在とされてきた錯誤の中に，意思の不存在とはいえない動機の錯誤が包摂されたこともあり，意思無能力，公序良俗違反，心裡留保，虚偽表示においては，その効果が無効とされ，錯誤，詐欺，強迫においてはその効果は取消しとされた。

また，第三者と比較して表意者の帰責性の大きな心裡留保，虚偽表示では，善意の第三者に対抗できないものとされ，表意者の帰責性が比較的小さい錯誤，詐欺においては，善意・無過失の第三者に対抗できないものとされた。全体としてバランスの取れた構成であり，この基本構成に基づいて，多様な問題への解釈論を展開させていくことができよう。

6　「第3編　債権　第1章　総則」の冒頭に，債権・債務の内容および債務の「不履行」に関する規定が欠如していること

民法典債権編の第1章「総則」では，これまでと同様に，第1節「債権の目的」，第2節「債権の効力」の規定が置かれる。本来であれば，まずこの冒頭部分にたとえば，「債務とは，法律関係の当事者の一方である債務者が，相手方である債権者に対して負う履行義務をいう[14]」といったように債権・債務とは何かについてわかるような根本的な規定を置き，債権編の債権・債務の解釈の基礎を提供すべきであったと考える。また，「債権の効力」の節においても，まずは債権の基本的効力としてどのようなものがあるのか，特に本来的履行請求権が認められることを明示すべきであったと思われる。もっとも，第412条の2第1項の履行不能の規定において，「債務の履行が契約その他の債務の発

---

[14]　DCFR: III.-1: 102 参照。

生原因及び取引上の社会通念に照らして不能であるときは，債権者は，その債務の履行を請求することができない。」とされており，「裏」から履行請求権の存在が示された形とはなっている。そして，債務の「不履行」とは何かについて，民法415条の損害賠償の規定から独立させて規定し，その効果が損害賠償のみにとどまらず，「不履行」の場合の法的救済としての履行請求権（不履行がない段階での本来的履行請求権と区別するために追履行請求権と呼ぶこともある），契約債務の場合には契約解除権をも導く概念であることを明らかにすべきであったと考える。さらに，この「不履行」の箇所では，債権者の責めに帰すべき事由による不履行の場合に，いずれの救済手段も行使することができない旨を定めておくべきであった。この規定がないために個別に様々な箇所で規定を設けねばならず，実際に売買のところでちょっとした規定の遺漏（第565条参照）も見受けられる。

そこで，改正案では，債権・債務の内容，債権の効力における本来的履行請求権，債務不履行の内容，その法的効果，債権者の不履行，そしてこれらの位置づけ等は，解釈によって導くことになる。

7　善管注意義務の変質（第400条）

これまで民法400条ほかにおいて広く用いられてきた善良なる管理者の注意義務の内容が変質することになる。これまで善管注意義務は，債務の種類，契約の趣旨，目的，行為者の属性等から導かれる当該行為を行うべき通常人が果たすべき合理的注意義務として用いられてきた。たとえば，その行為の専門家であるのか全くの素人であるのかといった属性によって注意義務の水準が変動する抽象的過失の認定基準として用いられてきた。

今般の改正の最も重要なポイントの一つが，契約債務の不履行において「過失責任主義」を採らないということを明確にしたところである。これまでも判例・実務が過失責任主義に依拠していたと断ずることはできないが，第415条の損害賠償とその免責，売買の担保責任の構成において，債務者に過失がない場合にも損害賠償責任を認めるいわゆる「結果債務」が採り入れられている。そこで，たとえば物の売買における特定物の引渡しにおいては，結果債務であり不可抗力等の免責事由がなければ，過失がなくても債務者は損害賠償責任を

免れることはできなくなる。新たに設けられた第400条の規定では、「債権の目的が特定物の引渡しであるときは、債務者は、その引渡しをするまで、契約その他の債権の発生原因及び取引上の社会通念に照らして定まる善良な管理者の注意をもって、その物を保存しなければならない。」とされており、結果債務の場合が含まれることになるため、これまでの抽象的過失の基準としてではなく、それを超えた変動する義務の基準として用いねばならなくなったといえよう。

したがって、改正案では、善管注意義務違反≠過失ということになるので注意を要する。

8 履行不能（第412条の2）

(1) 第1項（履行不能）

これまで民法典では、債務の履行が不能であるとき、債権者はその債務の履行を請求することができないということを明示するような規定は存しなかった（これに関連する規定として、民415・536・543条は存在した）。一方、判例・実務では、物理的不能以外に、事実的不能、法律的不能、経済的不能等、社会通念上の不能といわれるものにまで拡大して運用されてきた。

このような実態に鑑みて、審議会の議論では、社会通念上の不能を含めて、履行不能を類型化して示そうという方向にあり、中間試案では、類型化としては不充分ながらも「ア　物理的な不能　イ　履行に要する費用の著しい過大性　ウ　その他、当該契約の趣旨に照らして、債務者に履行を請求することが相当でないと認められる事由」といったような類型化が提示されていた。殊にウはいわゆる受け皿規定であり、今後生じるかもしれない新たな類型にも広く対応できるようにすることが意図されたものであった。

ところが、最終的に出来上がったものは、このような類型化を廃して、逆にこれらを統合して一つの規定としたような形となっている。つまり「債務の履行が契約その他の債務の発生原因及び取引上の社会通念に照らして不能であるときは、債権者は、その債務の履行を請求することができない。」とされ、社会通念上の不能が、「不能」に取り込まれたものとなっている。本来であれば、いくつかの不能の類型を明示することで基準が明確になるところ、契約その他

の債務の発生原因及び取引上の社会通念に照らして「不能」といえるかどうかを判断しなければならないということでいささか迂遠ではある。しかし、これまでの判例・実務に反することが意図されているわけではなく、改正案の下でもこれまでの運用を引き継ぐことになる。

(2) 第2項（原始的不能）

これまで判例では、契約締結時にその契約上の債務の履行が不能であったときは、その契約は原始的に不能であって無効である[15]とされていた。

これに対し比較法的には、契約締結時に債務の履行が不能であったという事実のみで、契約の有効性は影響を受けない[16]とされており、さらに契約に関する財産を処分する権限を有していなかったという事実のみで、契約の有効性が影響を受けることがないことも加えられている。これは、他人物売買等の法律的不能も社会通念上の不能ではあるが、契約は有効であるということで、こうした社会通念上の不能の契約であっても、契約締結後に目的財産を取得したり、処分権限を取得したりすることが可能となった場合を想定した規定[17]である。日本法でも、他人物売買（民560条）の規定の存在は、こうした原始的不能の契約であっても、その契約が有効であるということを前提としていたともいえよう。

当初は、こうした統一法秩序の規律を導入して、原始的不能の契約であっても「契約の有効性は影響を受けない」といった方向で規定されようとしていたが、最終的には、「契約に基づく債務の履行がその契約の成立の時に不能であったことは、第415条の規定によりその履行の不能によって生じた損害の賠償を請求することを妨げない。」とされ、契約の有効性に影響はないとする文言に代え、損害賠償請求ができるということのみが規定された。確かに実際のケースでは損害賠償ですむ場合がほとんどであろうが、解除等ほかの効果もあることから、審議会では当然異論が出されてはいた。

しかし、この規定では不都合だと思われる重大な問題があるのではないだろうか。つまり、原始的に不能な契約が、その後の社会状況の変化等によって、「可

---

(15) 最判昭和25年10月26日民集4巻10号497頁。
(16) UP: 3.1.3, EP: 1: 102, DCFR: Ⅲ.-1: 104.
(17) なお、内田貴（監訳）・前掲注(13)67頁も参照。

能」となることがあるのではないか。たとえば，法律によって販売が禁止されていた目的物の売買において，その法律が廃止された場合，法律によって禁止されていた目的物の輸出入禁止が解除された場合，売買の目的物の指輪を既に海に落としてしまっていて，その引揚げは技術的には可能であるが，その引揚げには過分の費用を要する場合で，契約が解除されていないため，自己の信用を保持したい債務者が過分の費用を賭して目的物を引き揚げ履行の提供をしたとき，これらのケースでは，債務の履行は原始的に不能であるが，契約が解除されない限り，債務者による履行の実現を認めてもよいのではなかろうか。そうした場合，第412条の2第2項の規定では，効果として損害賠償のみを挙げており，やはり不十分な規律だといえるのではないか。ここは解釈による修正または補充が必要となってこよう。つまり，「契約締結時に債務の履行が不能であったという事実のみで，契約の有効性は影響を受けない」という前提があって，ここでは，その効果の代表的例の一つとして損害賠償が挙げられているにすぎないと捉えるといった解釈の方向である。

9 受領遅滞（第413・413条の2第2項）

(1) 第413条

改正案の受領遅滞の制度は，民法413条の規定から，受領遅滞の場合に「債権者は，履行の提供があった時から遅滞の責任を負う」とする受領遅滞の債権者の一般的遅滞の責任を認めていた部分が削除されたものとなった。また債権者の一般的受領義務を認める規定も設けられず，その代わりにいくつかの個別的効果の規定が設けられた。それは，受領遅滞の場合に履行の提供をした債務者の注意義務が自己の財産に対するのと同一の注意へと軽減され（第413条第1項），受領遅滞によって履行の費用が増加したときは，その増加額を債権者が負担するということ（第413条第2項），さらに受領遅滞の場合に履行の提供時以降に当事者双方の帰責事由なしに履行不能となったときに，その履行不能が債権者の責めに帰すべき事由によるものとみなされること（第413条の2第2項）である。

この受領遅滞において審議会の意見では，受領義務なる一般的義務を債権総則に掲げるべきではないとする意見が大勢を占めた。また売買等の個別の契約

類型においても受領義務の規定は置かれなかった。受領という狭い局面に過度に傾斜した法制は望ましいものではなく，債権総則に受領義務を置かなかったことは適当であると考える。そこで，受領義務を必要とする一定の契約類型において必要に応じて受領義務を解釈によって認めていくということになろう。

比較法的には，債権者・債務者間において，当事者双方に相手方の債務の履行のために協力すべき義務が一般的に認められている[18]。本来，債権者と債務者間には，それぞれが債務を有し，債権を有するという関係が存するのであり，この意味で両当事者ともに自己の債務の実現を果たさなければならない。また，当事者双方は，主たる債務以外に様々な付随義務・保護義務に覆われており，両当事者は互いに協力してそれらの義務を果たしながら誠実にそれぞれの債務内容の実現を図っていくことが，債権・債務関係の根幹を形成している。こうした債権・債務内容の理解によれば，債権者の権利の側面に過度に傾斜した日本の法制は，未だ債権・債務の本質的理解には至っていないと評価されても致し方がないのではないだろうか。債権者も債務者と同じく反対債務の債務者であるから，両当事者は等しくそれぞれ権利・義務を負っているのであり，日本法では債権者の義務の側面に関する規律がきわめて不十分である。したがって，当事者双方特に債権者に少なくとも，一般的「協力義務」を認めるべきであったと考える。そこで，債権者・債務者間には一般的協力義務の存することを解釈によって認め，債権・債務関係の諸問題を解決していくうえでの一つの重要な要素として活かしていくべきものと考える。この場合，債権者・債務者間の一般的協力義務から，一定の契約類型においては受領義務を導くことができ，付随的義務の違反の一つとしての処理が可能となると考える。

こうした一般的協力義務も，何も「受領遅滞」の局面に限定されるものではないので，より本質的にはやはり，債権編第1章「総則」第2節「債権の効力」のところに，債権者・債務者間の一般的協力義務として置くべきものと考える。

(2) 第413条の2第2項

第413条の2第2項に設けられた新たな規定は，売買契約における特定物の引渡時危険移転説の採用（第567条第1項）と相まって，ここ債権総則では，受領遅滞による危険の移転を宣明するものとなっている。また当然のことなが

---

(18) UP: 3.1.3, EP: 1: 202, DCFR: III.-1: 104.

ら，これと整合させるために売買契約においても，目的物の受領遅滞による危険の買主移転が規定される（第567条第2項）。というのは，たとえば取立債務において債務者が口頭（言語上）の提供をした場合で，債権者が受領遅滞とはならない間（取立てに赴いている途中）に，当事者双方の責めに帰することができない事由によってその債務の履行が不能となったときは，債権者は受領遅滞とはなっていないので，その履行の不能は債権者の責めに帰すべき事由によるものとはみなされないからである。

第99回会議で，受領遅滞中，履行提供があったのと同時に履行不能となる場合に，債権者に帰責事由があるものとみなされて，債権者がこの場合のリスクを負担しなければならないという以外の解釈はとれないのかという質問[19]があったが，改正案の基本的な構成では，引渡時危険移転とそれを補完する受領遅滞危険移転が採用されており，本規定は，債権者が受領遅滞にあることが前提となっているため，ここは債権者がリスクを負担するというのが体系上整合的な理解かと思われる。

「6」の債務の「不履行」に関する規定の欠如というところで，債権者の責めに帰すべき事由による不履行の場合に，債権者はいずれの法的救済手段も行使することができない旨を定めておくべきであったということを述べていた。本規定においても，債権者がその他の権利行使，すなわち，履行請求権，損害賠償請求権，契約債務の場合の契約解除権等の権利行使ができなくなるということを規定する重要な機会であったが，ここでもその機を逸した。もっとも，他の規定によってこのことは導くことができる。すなわち，履行の請求は第412条の2第1項によりできないし，損害賠償の請求は第415条ただし書により排除され，そして契約債務の場合は第543条により契約の解除ができない。しかし，やはり本条本項に明示規定がないことは，一般市民にとってとうてい使い勝手の良い規律とはいえまい。ちなみに，売買契約において初めて危険移転時以降の両当事者に帰責事由のない目的物の滅失・損傷に対して，買主が履行の追完の請求，代金の減額の請求，損害賠償の請求及び契約の解除をすることができない旨規定されている（第567条参照）。

---

[19] 審議会「第99回　議事録」（平成27年2月10日）（潮見佳男幹事）2-3頁．

10 債務不履行による損害賠償とその免責（第415条）

(1) 債務の本旨に従った履行をしないとき

債務不履行による損害賠償を規定する第415条において「債務の本旨に従った履行をしないとき」という表現がみられる。既述したように債権総則の冒頭部分には、債務の「不履行」の一般的規定は掲げられてはおらず、ここ損害賠償に関する規定の文言、すなわち「債務の本旨に従った履行をしないこと」という表現から、債務の「不履行」の統一要件を解釈によって導くべきこととなろう。

実はこの「本旨に従った履行」なる表現は、審議会の議論にも全く上っていなかった。この点は、民法の一部改正という趣旨に則して、そのままにしておくべき根幹的部分はそのまま残すことが基本であって、これによりこれまでの判例・実務の蓄積との断絶を招くことなく、今後も継続した運用を可能としたいし、また入れるべきだとの事務当局の判断によるものであろう。

不履行の統一要件が、損害賠償から独立した規定として設けられていないこともあり、このようなその手がかりとなる表現が置かれていることにより、解釈によって不履行の統一要件を導くことが可能となる。なお、統一要件を解釈によって導くことで、将来生じるかもしれないあらゆる「不履行」に対応することが可能となるという実益もあるが、統一要件を導きながら、その類型化、たとえば、履行遅滞、履行不能、不完全履行ほかの類型を基にした解釈論の展開も妨げるものではないと考える。

(2) 契約その他の債務の発生原因及び取引上の社会通念に照らして

審議会の議論では、債務者の責めに帰すべき事由の存否に際し、それを「契約の趣旨に照らして」判断するという意見が有力であり、これでほぼ議論の一致を見ていた。ところが、「契約の趣旨に照らして」から「契約その他の債務の発生原因及び取引上の社会通念に照らして」に置き換えられた。事務当局による説明では、これは決して「契約の趣旨に照らして」に関する審議会の議論の内容を変更するものではないとされるが、そこには、どちらかというと当事者の主観的要素の強い概念から、より客観的規範的判断要素の強い概念を用いることにより、従来の判例・実務との継続性をより確実なものにしたいとの事務当局の意図があるのではないかと推察する。

事務当局によって創設された「契約その他の債務の発生原因及び取引上の社会通念」なる表現は、比較法的に見ると、極めて近似するものが共通参照枠草案にみられる。そこでは、「債務の内容は、契約その他の法律行為、法令若しくは法的拘束力を有する慣習若しくは慣行又は裁判所の命令から明らかにすることができる[20]」とされ、そして債務の履行等に際しては、「信義誠実及び取引の公正に従う義務を負う[21]」とされる。また、契約を解釈するにあたって、考慮するべき事情として、(a)契約が締結されたときの事情(b)当事者の行為(c)当事者双方がその契約で用いたものと同一又は類似の条項又は表現に対して既に与えていた解釈及び当事者間で確立した慣行(d)当該活動分野においてそのような条項又は表現に対して一般に与えられている意味及びそのような条項又は表現について既に行われていた解釈(e)契約の性質及び目的(f)慣習(g)信義誠実及び取引の公正、が挙げられている[22]。そこで、契約債務の場合には、これらの考慮要素をも勘案され、債務の内容、債務者の行為が判断・評価される。

　第415条では、債務の不履行が「契約その他の債務の発生原因及び取引上の社会通念に照らして」債務者の責めに帰することができない事由によるものであるのかどうか、ここに挙げられた要素により総合判断される。「契約の趣旨」だともちろん規範的評価もなされるが、やはりそれは両当事者の主観的要素が出発点としてその根本にある概念であるのに対して、事務当局によって創設された表現は、より客観的規範的評価の要素が強いものであり、これはこれまでの判例・実務の流れに沿った評価概念だといえるように思われる。

(3)　責めに帰すべき事由

　第415条に基づく損害賠償責任は、「その債務の不履行が契約その他の債務の発生原因及び取引上の社会通念に照らして債務者の責めに帰することができない事由によるものであるときは、」これを免れることができる。従来と同様に責めに帰すべき事由（帰責事由）というタームが用いられてはいるが、「契約その他の債務の発生原因……」という修飾語句が付されている。これにより売買における目的物の引渡債務のような結果債務では、債務者に過失がなかった

---

[20]　DCFR: III.-1: 102(5).
[21]　DCFR: III.-1: 103(1).
[22]　DCFR: II.-8: 102.

としても，不可抗力等の免責事由がなければ，損害賠償責任を免れることができないという構成が明確に採用された。

この意味では，統一法秩序における免責の構成と結論的には一致するといえよう。統一法秩序における損害賠償責任の免責の構造は，たとえば，「当事者は，自己の義務の不履行が自己の支配を超える障害によって生じたこと及び契約の締結時に当該障害を考慮することも，当該障害又はその結果を回避し，又は克服することも自己に合理的に期待することができなかったことを証明する場合には，その不履行について責任を負わない[23]」とされており，履行障害という客観的要件とその予見の期待不可能性，プラス結果回避の期待不可能性の主観的要件とによって判断されるのは，基本的には統一法秩序にみられる共通の構成である（なお，共通参照枠草案では，予見の期待不可能性要件が落とされている）。

判例にみる民法 415 条の損害賠償責任の対象は，そのほとんどが安全配慮義務や診療債務等のいわゆる手段債務である[24]。したがって，実務的には，債務者の行為義務に対して合理的注意義務が果たされていたかどうかの「過失」認定の判断が求められることがほとんどである。また，統一法秩序の主観的要件，すなわち予見の期待不可能性と結果回避の期待不可能性は「過失」の判断基準に相当するものである。

ここに新たに採用された表現，「契約その他の債務の発生原因及び取引上の社会通念に照らして」，債務者の帰責事由の存否を判断する場合には，主観的要素および客観的要素を総合考慮した規範的評価をすることになり，また実際のところ，その多くが「過失」の存否の判断が求められるものとなる。これは，これまで判例・実務が長い間実践してきたところと一致するものであり，これまで蓄積された膨大な判例を引き継ぎながら，しかも世界的基準にも合致するものであり，妥当な帰結を導いていくことができる基盤を提供するものだと思われる。

---

[23] たとえば，United Nations Convention of Contracts for the International Sales of Goods, 1980. 以下，CISG: 79(1) として引用する。なお，甲斐道太郎ほか『注釈国際統一売買法――ウィーン売買条約――』（法律文化社，2003 年）も参照。
[24] 石崎泰雄『契約不履行の基本構造――民法典の制定とその改正への道――』（成文堂，2009 年）18 頁以下。

11　損害賠償の範囲（第416条）

審議会では意見が錯綜し，軌を一にすることがなかった。そこで民法416条第1項の通常損害，第2項の特別損害の基本構造が維持され，結局，文言のわずかな修正にとどまった。

予見の時期および予見の主体に関しては，契約締結時のリスク負担を重視する立場では，両当事者の契約締結時における予見可能性を重視するという論理となりそうだが，比較法的には，債務者の契約締結時における予見可能性が問題とされている(25)。これに対して，判例は，債務者の不履行時における予見可能性を問題としている。判例の立場に依拠すると，債務者の特別の事情の予見可能性があった場合には，損害賠償の範囲が広がりすぎるので，解釈によって債務者に結果回避義務を課し，相当な行為義務の範囲に制限するのが適当であろう。

また，損害賠償額算定の基準時に関しては，新たな規定は設けられなかった。そこで，これまで判例が，民法416条1項・2項の枠組みを利用して運用してきた(26)蓄積を基に，これをさらに進展させていくべきであろう。

12　過失相殺（第418条）

過失相殺に関しては，特に不法行為においてその傾向が顕著であるが，債務不履行においても，純粋に債権者の「過失」を問題としているというよりもそれを拡大して捉えられており，人的側面では債権者側の過失にまで広げられており，さらには過失を超えて債権者に起因する事情をも組み込んだ判例・実務の運用がみられる。

原因主義に依拠する統一法秩序では，債務者の不履行が，債権者の作為または不作為によって生じた限度（範囲）において，債務者の不履行を主張することはできないとされ(27)，債権者の法的救済の権利行使，たとえば，履行請求権，損害賠償請求権，解除権の権利行使が排除される。実は，ここで，作為または

---

(25)　CISG: 74, UP: 7.4.4, EP: 9: 503, DCFR: Ⅲ.-3: 703.
(26)　石崎泰雄「損害賠償額算定の基準時における最高裁判例にみる統一基準」判例時報2074号（2010年）3頁（なお，これは，同『新民法典成立への道——法制審議会の議論から中間試案へ——』（信山社，2013年）138頁以下に所収される）。
(27)　CISG: 80, UP: 7.1.2, EP: 8: 101, DCFR: Ⅲ.-3: 101(3).

不作為によって生じた限度（範囲）においてというところが，債務者の損害賠償額のところで影響する。つまり，債務者の債務不履行が認められ損害賠償責任を負う場合において，その損害の発生・拡大に債権者の行為が起因する場合に，債権者の寄与度分が減額される(28)のである。もちろん原因主義に依拠するわけであるから，債権者の損害への「寄与度」が問題とされるのであり，「過失」が問題とされるわけではない。

日本法は過失相殺といいながらも，運用上実質的には，債権者の「寄与度」にまで拡大した適用をしているといってもよかろう。本規定の本質は，債務者・債権者間の「過失」の相殺にあるのではなく，それぞれの寄与度に応じた損害額の配分にあるのではないか。この意味で過失相殺というタームがそもそもふさわしいものではない。本規定によると，これまでと変わらず，債権者の寄与度が認められる分の減額ということで運用されていくことになろう。

13　賠償額の予定（第420条）

従来民法420条1項前段では，「当事者は，債務の不履行について損害賠償の額を予定することができる。」とされ，その後段では，「この場合において，裁判所は，その額を増減することができない。」と規定されていた。両当事者が損害賠償額の予定を合意することができるというのは当然のことであるが，後段で裁判所が，予定された損害賠償額を増減することができない，とするのは他に例をみない規律であり，実務的にも不適当な規定として適用が排除されている。そこで，今般の改正案では後段が削除された。これにより，損害賠償額の変更が可能となるが，その規定内容をいかなるものにするかについては争いもあり，一切規定されず，結局すべて解釈に委ねられることとなった。

統一法秩序の規定を参考にすると，増額できるとするものはなく，たとえば，「不履行によって生じた損害その他の事情に照らして過大なものである場合には，反対の定めがあるときでも，当該金額を合理的な額にまで減額することができる(29)。」とされる。ここで重要な点は，不履行によって生じた損害その他の事情に照らして過大なものであるときに減額できるとされており，両当事者

---

(28)　UP: 7.4.7, EP: 9: 504, DCFR: Ⅲ.-3: 704.
(29)　DCFR: Ⅲ.-3: 712.

が賠償額の予定をした趣旨というような主観的要素ではなく，客観的規範的に「過大」という要件の判断がなされるところである。本規定には，その内容の具体的規律を欠くため，このような方向での解釈が必要となろう。

14 代償請求権（第422条の2）

従来民法典では，危険負担債権者主義の規定（民534・535条）が置かれていたため，民法典の規定にはない代償請求権を解釈によって認める必要性が強かった。代償請求権を認めた最高裁判例の原審では，次のように述べられていた。すなわち，「一般に履行請求権を生ぜしめたと同一の原因によって債務者が履行の目的物の代償となるべき利益（例えば賠償又は賠償請求権或は保険金又は保険金請求権等）を取得した場合には，右履行請求権につき債務者の責に帰すべき事由の存しない限り，公平の観念に基づき，債権者において債務者に対し右履行不能により蒙りたる損害の限度において，代償をなすべき権利を認めるのが相当である[30]。」と。つまり，債務者の責に帰すべき事由の存しない限り，債権者には損害賠償請求権が認められないため，債務者が保険金等を得られるのと比較し，債権者には何も得るものがない。そこで，条文にはないが，公平の観念に基づいて，債権者に代償請求権を認めるのが相当であるとする。

これに対し，最判は，「一般に履行不能を生ぜしめたと同一の原因によって，債務者が履行の目的物の代償と考えられる利益を取得した場合には，公平の観念にもとづき，債権者において債務者に対し，右履行不能により債権者が蒙りたる損害の限度において，その利益の償還を請求する権利を認めるのが相当であり[31]」としている。最判の判示では，原審が述べていた「債務者の責に帰すべき事由の存しない限り」という文言が落されているため，債務者に帰責事由が存する場合，すなわち債権者に損害賠償請求権が認められる場合にも，代償請求権を認めることになるわけであるから，その場合には，債権者・債務者間の利益のバランスは保たれている。それなのに何故「公平の観念」を持ち出してきて代償請求権を認めなければならないのか，その論旨には説得力がない。

第422条の2では，「債務者の責めに帰すべき事由の存しない限り」という

---

[30] 福岡高判昭和38年5月30日下民集14巻5号106頁。
[31] 最判昭和41年12月23日民集20巻10号2211頁。

文言はないが，これは債務者に帰責事由がある場合，すなわち債権者に損害賠償請求権が認められる場合に，必ず代償請求権を認めるという趣旨ではない。債務者に帰責事由がない場合に限って代償請求権を認めるべきだとする有力説と，最判の判示を文言どおりに捉える旧通説とが並立しているので，ここは立法としてはいずれかの立場を採用するのではなく，解釈に委ねようという趣旨でこのような規定にした[32]とのことである。

ただ文言上は，最判の判旨を採用したような形となっており，債務者に帰責事由が存しないときという限定要件がないため，有力説の立場に依拠する場合には，債務者に責めに帰すべき事由の存しないときという要件を解釈によって挿入しなければならず，やはり債権者に損害賠償請求権が認められる場合にも代償請求権を認めるという解釈を生みやすくなってしまっているということは否定できないのではないか。

15　契約自由の原則（第521・522条第2項）

意思自治・私的自治の原則が民法の基本原理の最も重要なものの一つとして挙げられる。この原則から契約上の最も重要な原則として契約自由の原則が派生する。契約自由の原則には，①契約締結の自由，②契約の相手方選択の自由，③契約の内容決定の自由，④契約締結の方式の自由といった契約の四つの自由があるといわれる。

第521条第1項において，契約締結の自由およびそれから派生的に相手方選択の自由が，そして第2項において契約内容決定の自由が規定される。契約締結の方式の自由は第522条第2項に規定されており，これで四つの契約の自由の原則すべてが規定された。市民の行為規範として，また解釈の基準として，契約に関する根本的な原則が民法典に規定される意義は大きい。第521条第1項に，「何人も」という民法の規定には似つかわしくない表現がみられるが内容的には問題はない。

16　契約の成立（第522条第1項）

民法典の契約の章では，第1節総則の第1款として，「契約の成立」の款が

---

(32) 審議会「第90回　議事録」（平成26年6月10日）（金洪周関係官）59頁。

設けられているが，承諾期間の定めのある申込みといったこまごまとした規定から始まっており，いかにして契約が成立するかといったその根幹的規定はなかった。今回の改正案で，第522条第1項に，申込みに対する承諾によって契約が成立する旨の規定が置かれた。確かに契約の成立の典型例としては，申込みと承諾によるものが挙げられよう。しかし，契約の成立の根源にあるものを表したものとはいえまい。契約の成立は，「両当事者の合意」によるというのが，その本質を示したものだと考える。世界的基準たるべきものでも次第にそのような認識に至ってきており，申込みと承諾による契約の成立は，契約の成立として一典型例ではあるが，その下位準則として捉えられるようになってきている[33]。

今日，申込みと承諾による契約の成立にはそぐわないいわゆる練り上げ型の契約があること，そして技術開発された様々な機器類を用いた契約の締結も次第に増加しており，それらによる契約の成立では，申込みと承諾という要素に当てはめるのが適当でないもの[34]もみられる。今後，合意による契約の成立を根幹に据えた解釈が重要となってこよう。

17 契約の解釈（条文なし）

第1部第8章第6節で詳述したように，中間試案で採用されていた3つのルールは，いずれも「具体的当事者基準説」とでも呼ぶべきもので，当事者の意思をきわめて尊重しようというものであった。ただ，裁判官を中心とした実務家の委員・幹事の強い反対意見があって採用されなかった。

しかし，今般の改正は，契約を中心とした債権法の改正であり，その趣旨からすると契約の解釈に関する規定は，是非とも備えておきたいものであった。確かに中間試案で示されていたものは，学術的には大変興味深い具体的当事者基準説に依拠するものといえようが，それが現行実務と断絶することなく受け入れられるものでなければなるまい。

世界的基準たるべきものでは，次のようになっている。

---

[33] EP: 2: 101(1), 2: 201, DCFR: II.-4: 101, II.-4: 201, II.-4:204.
[34] たとえば，大阪地判平成15年7月30日金判1181号36頁の裁判例を参照。

①　契約は両当事者の共通の意思に従って解釈されねばならない[35]。

②　当事者の一方が特別の意味を与える意思を有していたこと，および相手方がその意思を知りまたは知らないことはあり得なかったときは，その当事者の意思に従って解釈されねばならない[36]。

③　①・②によって意思を証明することができないときは，両当事者と同種の合理的な者が同じ状況のもとでその行為に与えるであろう意味に従って解釈されねばならない[37]。

規定が設けられなかったのでいたし方ないが，このような具体的当事者基準と合理人基準とを組み合わせた規律を基盤に据えた契約の解釈が必要となってこよう。

18　危険負担（第536条）

契約解除の要件として，債務者の帰責事由を必要としないという構成を採用すると，「当事者双方の責めに帰することができない事由によって債務を履行することができなくなったときは，債務者は，反対給付を受ける権利を有しない」（民536条1項）という危険負担債務者主義の原則と契約解除とは内容的に重複するものと考えられ，審議会では激論となり，結局最終的には，妥協案としての危険負担の履行拒絶の抗弁権構成が採用された。

しかし，この履行拒絶の抗弁権構成を採用するといくつかの問題があることが指摘される。一つは，反対給付が履行済みであった場合の問題で，はたして非債弁済で解決できる問題なのかというものであり，もう一つは，雇用契約等で，債権者の責めに帰すべき事由によって債務を履行することができなくなったときは，債権者は，反対給付の履行を拒むことができない。」（第536条第2項）とする規律では，債務者が反対給付を請求することができるとされる場合の規定として不十分ではないかという問題であり，他の契約類型，請負や委任とも絡んで問題とされる。

このように新たな危険負担の履行拒絶権構成の下では，今後，このほかにも

---

(35)　UP: 4.1(1), EP: 5: 101(1), CESL: 58(1), DCFR: Ⅱ.-8: 101(1).
(36)　UP: 4.2(1), EP: 5: 101(2), CESL: 58(2), DCFR: Ⅱ.-8: 101(2).
(37)　UP: 4.1(2), EP: 5: 101(3), CESL: 58(3), DCFR: Ⅱ.-8: 101(3), CISG: 8(2).

様々な難問が生じてくる可能性がある。そこで，危険負担と契約解除とは本当に併存させるべきでないものなのか，再度問題提起をしておきたい。たとえば，売買契約の給付目的物が債務者の帰責事由なしに海に落ちてしまい，これを引き揚げるには過分の費用を要するという場合には，債務者の履行は（社会通念上）不能となり，債権者は，その債務の履行を請求することができなくなる（第412条の2第1項）。また，債権者は，反対給付（代金支払い）の履行を拒むことができる（第536条第1項）。しかし，契約が解除されていない間は，依然として契約は有効なままであり，この間に，債務者が自己の信用を保持したいとかの理由で，過分の費用を賭して債務の履行の提供をする場合には，取引上の社会通念に照らすと，債権者がこれを拒絶することは認められないと考えられる。なぜならば，契約を締結した債権者と債務者は，契約目的実現のために信義に従い誠実に，それぞれに課される様々な義務を協力して果たしていくべき契約関係という信頼関係の渦中に身をおいているからである。債権者が契約を解除していれば，もはや債務者がその債務の履行の実現をすることはできない。つまり，契約の解除は，債権者・債務者間の全債権・債務関係の解消をもたらすものであり，それに対して，危険負担法理は，反対債務の履行請求権または履行拒絶権の帰趨を決定するものにすぎないからである。

今般の改正案で，危険負担の履行拒絶権構成が採用されたが，「危険負担制度をなくさないとするとどう変えるのか[38]」ということで採られたものなので，依然として危険負担の制度は存在している。本改正案では，危険負担の履行拒絶権に関連して新たな問題が出てきたときには，履行拒絶権構成にはなっているが，危険負担法理が存在することを前提とした解釈で対応するということも必要となってくるかもしれない。

19　催告による解除（第541条），催告によらない解除（第542条）

これまで，民法541条において「履行遅滞等による解除権」が規定され，民法542条に「定期行為の履行遅滞等による解除権」が，民法543条に「履行不能による解除権」が置かれており，民法は，催告解除を原則とし，催告によらない解除（無催告解除）の二つを例外として配置するという構成を採用していた。

---

[38]　審議会「第91回　議事録」（平成26年6月17日）（内田貴委員）26頁．

第2章 民法改正法案の構成とその問題点

　今般の改正案では,催告解除を原則とする(第541条)ところは維持されたが,催告によらない解除(第542条)として,無催告解除の統一規定が設けられた。そこには,履行不能,履行拒絶,定期行為のほか,契約をした目的を達することができない場合の無催告解除の受け皿規定が置かれており,第542条の本質は,この「契約目的達成不能」の場合の無催告解除の統一要件が置かれたことにより,「催告によらない解除」の処理が明確になることにある。

　やはり問題は,催告による解除(第541条)である。これまでにも指摘してきたように,統一法秩序で重大な不履行(目的達成不能)解除一元論を採用するものはない。比較法的には,①重大な不履行を原則として,履行遅延の場合に催告解除で補完する二元論[39]か,②催告解除(軽微な不履行の場合を除く)を原則として,不適合の場合も催告解除に含める。そして重大な不履行の場合には無催告解除を認める二元論[40]とがある。日本民法改正法案は,これまで催告解除を原則としてきたこともあってか,②型の法制を採用した。

　もし,これまでの判例・実務と基本的には齟齬のない法制を目指すという場合には,完全二元論[41]を採用することが考えられる。つまり,催告解除を,通常の履行の遅滞の場合と付随的債務の違反が契約目的達成不能かまたは重大な影響を及ぼし,要素たる債務の違反といえる場合に限って認め,履行の不能,履行拒絶や定期行為などの契約の目的を達成できない場合に無催告解除を認めるという二元論である。付随的債務の違反の場合を催告解除に含めるのは,判例が付随的債務の違反の場合に,昭和43年の最判[42]を含めて,要素たる債務と認めたものもそうでないものもすべて民法541条の催告解除の範疇で処理している[43]からである。

---

[39] CISG: 49・64, UP: 7.3.1・7.1.5, EP: 9: 301・8: 106, CESL: 114(1.)・115(1.), DCFR: Ⅲ.-3: 502・Ⅲ.-3: 503・Ⅲ.-3: 103(一般規定)がこのシステムを採用する。

[40] DIRECTIVE 1999/44/EC OF THE EUROPEAN PARLIAMENT AND OF THE COUNCIL of 25 May 1999,(以下,EC: 3(5)(6)で引用する。)BGB: 323, DCFR: Ⅳ.A.-4:201(消費者売買), CESL: 114(2.)(消費者売買等),日本民法改正法案第541条がこのシステムを採用する。

[41] 本書第1部第5章第1節四,1(3)の表を参照。

[42] 最判昭和43年2月23日民集22巻2号281頁。なお,この原審(福岡高判昭和40年9月20日金商98号12頁)で,催告に相当するものが認定されている。

[43] 付随的債務の違反の解除要件を充たすとして,催告解除が認められたものとして他に,最判昭和42年4月6日民集21巻3号533頁,最判昭和47年11月28日集民107号265頁,最判平成11年11月30日判時1701号61頁がある。

このような二元論であれば，これまでの判例・実務と一致したものとなったであろうが，日本民法改正法案は，不適合の場合も催告解除に含める構成を採用した。ただ，そうした場合，従来，不適合（瑕疵物給付）の場合には，目的達成不能のときに初めて解除できた（民570・566条1項）ものが，そうでない場合にも催告解除の俎上に載せることが可能となる。そして，ただし書で「その期間を経過した時における債務の不履行がその契約及取引上の社会通念に照らして軽微であるときは，この限りでない。」として解除が制限されている。

このことによって，現行の瑕疵ある目的物の給付の場合の目的達成不能解除のときより，解除される範囲が拡大されてしまうのでないかという懸念が示された[44]。これに対して，通常の法制では催告する時点で不履行が軽微かどうかの判断がなされるのであるが，日本民法改正法案は催告期間経過時での軽微かどうかで判断をするという異例の法制を採用した。逆にここに現行法の実務に近づけた軽微性の解釈の可能性を指摘する見解[45]もある。

従来，瑕疵物給付の場合に目的達成不能の場合にしか契約解除が認められないとする規定が置かれたのは，奴隷・家畜の特定物売買が主たるものであったローマ法を引き継いでいた時代背景があるのではないか。それらの売買では少々の瑕疵があるのは一般的であり，契約の目的を達成することができないような重大な瑕疵がある場合に限って，このような厳しい解除要件として無催告での解除を適当とした。しかし，現代社会では特定物を対象とする場合より種類債務が一般的となっており，また科学技術の進展により，今日そして将来的にも不適合の場合の追完は一層容易なものへと発展していこう。そのような時代を想定すると，催告解除を原則とすることで，不適合の場合には，債務者には追完の機会が与えられる。これにより，債務者には追完権が与えられるわけではないが，催告期間が付与されることで，債務者は債務内容を実現できる十分な機会を得るのである。したがって，改正により解除の範囲が拡大されたようにも思われ，実際解除されるチャンスは拡大するが，同時に債務者の方も追完により債務内容を実現することにより解除されないチャンスも拡大することになり，これからの時代にふさわしい法制となる可能性は十分にあると思われ

---

(44) 審議会「第94回 議事録」（平成26年7月15日）（中井康之委員）45，46頁。
(45) 審議会「第94回 議事録」（内田委員）48頁。

る。

　そうすると,「軽微性」を無理に現行実務に近づけた解釈をすることなく,むしろ催告解除に伴う売主への追完の機会の付与により契約内容の実現を達成することへと資する法制であるとの評価も可能ではないかと考える。

20　債権者の責めに帰すべき事由による場合の解除権の排除（第543条）

　従来民法543条では，債務者に責めに帰することのできる事由のある履行不能による債権者の契約の解除権が規定されていた。改正案では，債務者の帰責事由は不要となった。本来であれば，債権総則の債権の効力のところに，債務の「不履行」に関する規定を置いて，さらにそこで，債権者の責めに帰すべき事由による不履行の場合に，債権者は，いずれの法的救済手段も行使することができない旨の定めを置くべきであったということは既述した。

　統一法秩序では，原因主義に依拠するので，債務者の不履行が債権者の作為・不作為または債権者に起因して生じたときは，債権者は債務者の不履行を主張できず，いずれの法的救済手段も行使できないとされる[46]。

　これに対して，日本民法改正法案は，帰責事由主義に依拠するので，債務者の不履行が債権者の帰責事由によるものである場合には，債権者の法的救済権の権利行使はいずれも排除されることになる。

　ここは，履行不能による解除権の箇所なので，こうした解除権に関する規定のみしか置くことはできず，その意味で本規定自体には何ら問題はないが，個別にすべての法的救済のところでもれなく規定せねばならず，場合によっては遺漏も生じてこよう。実際にも売買のところでちょっとした遺漏もみられる[47]（第565条参照）。

21　解除の効果（第545条）と解除権の消滅（第548条）

　解除権の消滅の規定に関しては，1980年のウィーン国連売買条約が形成される頃までは，一定の場合に解除権を喪失するという規定が置かれていた

---

[46]　UP: 7.1.1, EP: 8: 101(3), CISG: 80, CESL: 106(5), DCFR: Ⅲ.-3: 101(3).
[47]　審議会「第97回　議事録」（平成26年12月16日）（山本敬三幹事）40頁が，これを指摘する。

(CISG：82条）が，その後の進展により統一法秩序では，解除の効果としての原状回復の内容で，原状回復が不可能な場合に価値の償還に関する詳細な規定が置かれるようになっていった。そのこととの関係で，解除権の消滅の規定は置かれないようになっていった。

今般の改正案では，原状回復における原物返還不能の場合の価値償還に関する規定が置かれず，解除権消滅の規定が置かれた。そこで日本も加盟するCISG82条の規定等を参考としながら，価値償還と解除権消滅の問題を解釈していくことが考えられる。

22　買主の追完請求権（第562条）
(1) 契約内容への不適合

既述したように，債権総則の冒頭部分では，債権・債務に関しての根本的な規定が欠如している。その中の一つとして，「債権の効力」の箇所で，債権者に「本来的履行請求権」が認められるという本質的な規定を明記すべきであるが，第412条の2第1項において，履行不能の場合に履行請求が認められないとする旨の「裏」からの規律があるにすぎない点を指摘した。

本来であれば，債権総則に「本来的履行請求権」が債権の最も基本的な効力として認められ，そこから，債務の「不履行」があった場合に法的救済としての「履行請求権」が生ずることを明記し，それが契約各論のここ売買では，契約の不適合の場合に「追完請求権」という形での法的救済が認められることを示すことにより，これら債権者の「履行請求権」の微妙な変異のありようを明示すべきであった。ただ，ここ売買規定において，契約不適合の場合の追完請求権が規定されたことから，ここから逆に一般的「履行請求権」の姿を推し量ることも可能となろう。

さて，その売買の場合の追完請求権の要件であるが，売買契約の目的物が買主に引き渡されて，その目的物が種類，品質又は数量に関して契約の内容に適合しないものであるときは，買主は履行の追完の請求が認められる。つまり，「契約の内容への不適合」がこの追完の基本的な要件となっている。

審議会の議論では，「契約の趣旨」を重視して「契約内容への不適合」を判断しようという見解と「取引上の社会通念」を前面に出して客観的に判断しよ

うという見解の対立があったが，ここは，以下のように考えるべきである。

債権総則の規定では，たとえば，特定物の引渡しの場合の注意義務として，「契約その他の債権の発生原因及び取引上の社会通念に照らして」定まる善良な注意義務が求められ，履行不能および債務の不履行による損害賠償の帰責事由の判断に際し，「契約その他の債務の発生原因及び取引上の社会通念に照らして」という表現が用いられている。また，契約総則の規定においても，たとえば，契約解除の際にこの概念は重要な機能を担わされている。そこで，契約各則の売買契約は，当然のことながら債権総則及び契約総則の範疇に属するものであるから，債務の不履行，つまり「契約内容への不適合」がある場合には，これら債権総則・契約総則の規律の影響を受けることになる。

したがって，契約内容への不適合の判断に際しても，当該売買「契約の内容及び取引上の社会通念に照らして」判断されることは一般的に認められよう。そして，「10　債務不履行による損害賠償とその免責（第415条）」のところで主として検討したように，この判断要素は主観的要素と客観的要素の総合判断であり，特に客観的規範的判断要素が強いものである。そこで，この契約内容への不適合においてもそのような主観的・客観的・規範的判断を要するものとなる。これに関しては，物品の契約適合性に関して規律する共通参照枠草案の規定[48]が参考となる。主観的基準としては，(a)特定の目的への適合性，客観的基準としては，(b)通常の使用目的への適合性，および(c)見本又はひな形との品質の一致，である。そこで，契約内容への不適合といえるかどうかは，特定の目的が示されていた場合には，その目的からの逸脱を当該売買契約の内容及び取引上の社会通念に照らして規範的に判断され，特定の目的が示されてはいないときには，同じく通常の使用目的への適合性が，当該売買契約の内容及び取引上の社会通念に照らして規範的に判断され，そして見本又はひな形がある場合には，それとの品質の一致が規範的に判断されることとなろう。

(2)　追完の方法

売買契約における追完の種類に関しては，第562条第1項に明記され，買主は，目的物の①修補，②代替物の引渡し，③不足分の引渡し，という三つの追完方法のいずれかを選択して売主に追完請求することができる。

---

(48)　DCFR: IV.A.-2: 302.

これに関して重要な点は，第542条の催告によらない解除の要件を充たす場合にはもちろん無催告解除が認められるし，さらに無催告減額（第563条第2項）も認められるが，催告解除が原則である（第541条）こととの関係で，買主は基本的には履行の追完の請求をして，売主に追完の機会を付与しなければ，減額請求や解除権の行使ができない（第563条第1項・第564条参照）というところである。

　契約総則の催告解除（第541条）のところで既述したように，契約不適合の場合には，催告解除の範疇から外して，契約の目的達成不能の場合にのみ第542条の催告によらない解除（無催告解除）に服させるという法制を採用する途もあった。現行実務に完全に一致させたければそれが簡易な方法であったであろう。

　しかし，改正案は，新たな道へと第一歩を踏み出した。それは，催告解除制度という大きな枠組みの中で，売主（債務者）に追完の機会を付与することにより，追完による契約内容の実現を達成させる方向へと舵を切った。これは，今後の科学技術の進歩・社会状況の進展に即応した法制であるとの評価も可能であろう。

　またこの売主による追完の機会の付与に関しては，「買主に不相当な負担を課するものでないときは」という制約の下ではあるが，売主に3種類の追完方法の選択権が与えられている。「不相当な負担」に関する解釈においては，まず第一に，契約内容への不適合による不利益を被ったのは買主であるということ，そのこともあって，第一次的追完方法の指定権が買主に与えられていること，そして当該不適合の場合にいかなる追完方法が適したものであるのかをよく知り得るのは売主であること等に配慮することが必要であろう。

(3)　買主の責めに帰すべき事由による不適合

　既述したように，本来であれば，債権総則で，「不履行」の規定を設けるなどして，不履行が債権者の責めに帰すべき事由によってもたらされた場合には，債権者は法的救済として一切の権利行使ができない旨の規定を置くべきであった。

　既述したように原因主義に依拠する統一法秩序では，債務者の不履行が債権者の作為または不作為によって生じた限度（範囲）において，債務者の不履行

を主張できない(49)とされており，この場合債権者は，自己に帰責事由がなくても履行請求（追完請求），解除，代金減額，損害賠償（その限度において）請求ができない。

これに対して，日本民法改正法案は，原因主義ではなく帰責事由主義を採用するので，債権者に帰責事由がある場合に，履行請求権（追完請求権）等の権利行使が排除される。

23　買主の代金減額請求権（第563条）

買主の追完請求権のところでも述べたように，追完不能，追完拒絶，定期行為ほかの無催告減額（第563条第2項）の要件を充たす場合は別として，催告解除（第541条）および追完請求権（第562条）との関係で，売主に追完の機会を与えていることから，買主は原則として相当の期間を定めて追完の催告をし，その期間内に履行の追完がないときに，代金の減額を請求することができる。これは，売主による契約内容の実現を優先させるシステムが採用されたことの反映だといえよう。また，買主の責めに帰すべき事由による不適合の場合に，買主が代金減額の請求をすることができないことも，追完請求権等ほかの権利行使ができないのと同様である。

24　権利の不適合の場合の売主の担保責任（第565条）

権利の一部が他人に属する場合には，本条により第562条の追完請求の問題が対応可能となり，その不適合が買主の責めに帰すべき事由によるときは，買主は追完請求できない。権利の全部が他人に属する場合は，第565条が適用とならないので，売買契約のところにはこれに対応する規定がない。そこで，一般原則の適用が考えられるが，履行請求に関しては，履行請求権の一般原則で，債権者の責めに帰すべき事由により履行不能になる場合について特に規定がない。その結果として，全部不適合と一部不適合とで結論が異なってくるが，それでいいのかという指摘(50)がある。

これに対する事務当局の回答は，「履行請求権の箇所には明文の規定はない

---

(49)　UP: 7.1.2, EP: 8: 101(3), CESL: 106(5), 131(3), CISG: 80, DCFR: III.-3: 101.
(50)　審議会「第97回　議事録」（山本（敬）幹事）40頁．

ものの，売買の追完請求権の箇所に買主の帰責事由による債務不履行の場合の規定が置いてありますので，……追完請求権ではない履行請求権についても，実質的には同様の規律が妥当する(51)」というもので，本来規律されるべき債権総則の規定（第412条の2）に該当する規律がないので，結局売買のところの追完請求権（第562条）の法意または類推適用によって同様の規律を導くという趣旨であろう。

　これまで債権総則の不履行の箇所に，債権者の責めに帰すべき事由による不履行の場合に，債権者が履行請求権，損害賠償請求権，契約債務の場合の契約解除権などの一切の法的救済としての権利行使ができなくなる旨の規定を置くべきであることを指摘していた。そしてそこに規定を置かないと，いたるところでいちいち規定を設けなければならなくなり，どこかで規定の遺漏が生じる可能性のあることを懸念していたが，ここにその一端が現れたものだといえよう。

　ここに指摘された問題は，不履行の場合の履行請求権の問題であったが，履行不能を規律する第412条の2に該当する規律はなく，そこに同様の規律を読み込もうとする解決方法の示唆であった。

　しかし，より本質的には，債権総則の第2節「債権の効力」のところに，債務の「不履行」に関する規定を損害賠償の規定から独立させて設けて，さらにその効果としての法的救済権がこの「不履行」から導かれるものであること，そして債権者の責めに帰すべき事由による不履行の場合に，債権者はいずれの法的救済手段も行使することができない旨を定めておくべきであった。

　今回指摘された履行請求権に関しては，第412条の2に偶々「裏」から規定されているので，回答に示唆される類推適用も可能かもしれないが，この問題に限らず他にも解決すべき問題が出てくる可能性もあり，既述した債務不履行の統一要件，不履行の場合の法的救済権に関しても，規定は置かれてはいないが，根底に存するものとして考えておくべきことになろう。

25　担保責任の期間の制限（第566条）

　改正案では，債権の一般の消滅時効に関しては，権利を行使することができることを知った時から5年間の経過（第166条第1項第1号）により消滅し，権

---

(51)　審議会「第97回　議事録」（金関係官）40頁。

利を行使することができる時から10年間の経過（第166条第1項第2号）により消滅することになる。

　従来，売買の担保責任は，権利の瑕疵であれ物の瑕疵であれ基本的には，事実を知った時から1年以内の権利行使という短期期間制限が課されていた。

　今般の改正案では，売買の担保責任も一般債務不履行法へと統合された。そして，債権の消滅時効が短縮された場合には，これまでの事実を知った時から1年間という短期の期間制限を廃止して，債権の消滅時効一般に服させるという方向も考えられた。

　しかし，権利を行使することを知った時から5年間で時効消滅するということになると，不適合の場合の短期期間制限の本来の趣旨に適ったものといえるかどうかについては，否定に解さざるをえないのではないか。売主が種類，品質等に関して契約不適合のものを買主に引き渡した場合，履行の遅延や履行の不能の場合とは違い，売主としては基本的には履行は完了したと思っていることが通常であろう。それが，5年近く経ってから，契約不適合としての責任を追及されるのは妥当ではないであろう。契約不適合の場合にまず重要なのは，売主が買主から契約不適合であったという事実を早期に通知されることである。これによりはじめて売主は自分が契約不適合という不履行をした事実を知り，その後の対応へと移行することが可能となる。この点，本改正案では，買主が不適合を知った時から1年以内での権利行使ではなく，通知を要件としており，こうした趣旨に適応したものとなっており，この点では規律として適当であると考える。

　一般的に種類，品質，そして数量に関して契約不適合の対象とされ，本来であれば，ここ第566条の短期期間制限規定においても，これらはその対象とされるところ，ここでは数量が規定から落とされている。これに関しては，委員・幹事から反対意見[52]が表明された。

　これに対する関係官の説明では，「種類・品質の契約不適合を立証すること自体が数量の不適合と比べると難しくなってくるのではないか[53]。」とされる。

---

(52) 審議会「第93回　議事録」(平成26年7月8日)（岡正晶委員）50，51頁，同（潮見幹事）51頁，同（松岡久和委員）52頁。
(53) 審議会「第93回　議事録」（住友俊介関係官）50頁。

おそらくその趣旨としては，数量の場合は，不足している場合にはすぐに分かりやすいからだということであろう。しかし，既述したように，本規定の趣旨は，立証を問題としているのではなく，売主が債務不履行（契約不適合）をしたという事実を早期に知らされることにある。この点，数量の場合も，契約不適合の事実を早期に知らされる必要性においては何ら変わらない。また，1個，2個といった単純な数量ではなく，その正確な数量を測ることが難しい数量売買のケースも考えられる。数量が規定から漏れてはいるが，ここは入れた解釈をする必要があろう。

26　目的物の滅失等についての危険の移転（第567条）

　改正案では，契約総則に置かれていた，特定物に関する物権の設定又は移転における債権者危険負担の規定（民534条1項）が削除された。売買契約の第567条第1項において，売主から買主に目的物が引き渡された時点で買主に危険が移転することが示される。つまり，売買契約において引渡時危険移転が明定された。また，引渡時に危険が買主に移転しているわけであるから，当然のことながら，買主は，両当事者の帰責事由なしに目的物が滅失・損傷した場合に，追完・減額・損害賠償の請求，契約の解除権の行使ができない。

　契約総則においては，履行拒絶権構成のもとにおいてではあるが，債務者危険負担の原則が維持される[54]。債権総則において，債権者が受領遅滞にある場合には，債務者が履行の提供をした時に両当事者の責めに帰することができない事由によって債務の履行が不能となったときは，その履行は，債権者の責めに帰すべき事由によるものとみなされる。これは受領遅滞による危険移転を表すものだといえようが，売買契約の第567条第2項において，買主は代金の支払いを拒むことができないという受領遅滞による危険移転が具体的に示されるとともに，履行の追完の請求，代金減額請求，損害賠償の請求，契約の解除をすることができないとされ，債権総則の規定内容が不十分であったところ，ここ売買の規定では明確化されているといえよう。

---

[54]　審議会「第97回　議事録」（金関係官）17頁。

【編著者】

石崎 泰雄　（いしざき・やすお）
　首都大学東京 法科大学院 教授

主要著書等
（単著・編著）
『新民法典成立への道――法制審議会の議論から中間試案へ――』（信山社，2013年）
『契約不履行の基本構造――民法典の制定とその改正への道――』（成文堂，2009年）
『患者の意思決定権』（成文堂，2008年）
石崎泰雄・渡辺達徳編著『新民法講義5 事務管理・不当利得・不法行為法』（成文堂，2011年）
石崎泰雄・渡辺達徳編著『新民法講義2 物権・担保物権法』（成文堂，2010年）
（共著・共訳）
松本恒雄ほか編『判例プラクティス民法Ⅱ債権』（信山社，2010年）
椿寿夫ほか編『民法改正を考える』（日本評論社，2008年）
ペーター・シュレヒトリーム編『ヨーロッパ債務法の変遷』（信山社，2007年）
ユルゲン・バセドウ編『ヨーロッパ統一契約法への道』（法律文化社，2004年）
平井一雄編『民法Ⅲ（債権総論）』（青林書院，2002年）
大澤正男編『現代法学25講』（成文堂，1997年）
下森定ほか編『ドイツ債務法改正委員会草案の研究』（法政大学現代法研究所，1996年）
田山輝明編『民法演習Ⅲ（債権総論）』（成文堂，1996年）

信山社ブックス11
新民法典成立への扉
――法制審議会の議論から改正法案へ――

2016（平成28）年1月21日　第1版第1刷発行
8641-0:P284　¥3,600E:006-006-000

編集者　　石　崎　泰　雄
発行者　　今井 貴　稲葉文子
発行所　　株式会社　信山社
〒113-0033 東京都文京区本郷6-2-9-102
Tel 03-3818-1019　Fax 03-3818-0344
info@shinzansha.co.jp
笠間才木支店　〒309-1611 茨城県笠間市笠間515-3
笠間来栖支店　〒309-1625 茨城県笠間市来栖2345-1
Tel 0296-71-0215　Fax 0296-72-5410
Printed in Japan

Ⓒ石崎泰雄，2016　印刷・製本／東洋印刷・渋谷文泉閣
ISBN978-4-7972-8641-0 C3332 分類324.000-b013

JCOPY　〈(社)出版者著作権管理機構 委託出版物〉
本書の無断複写は著作権法上での例外を除き禁じられています。複写される場合は，そのつど事前に，(社)出版者著作権管理機構（電話03-3513-6969, FAX 03-3513-6979, e-mail: info@jcopy.or.jp）の許諾を得てください。

――――― 好評既刊 ―――――

加藤雅信 著
■迫りつつある債権法改正　　9,800円

加賀山茂 著
■民法改正案の評価　　1,800円
　　－債権関係法案の問題点と解決策－

加賀山茂 編著
■民法(債権関係)改正法案の〔現・新〕条文対照表　2,000円
　〔条文番号整理案内付〕

法曹親和解 民法改正プロジェクトチーム 編
■民法(債権関係)改正法案のポイント解説　1,600円
　【新旧条文対照表付】

――――― 信山社 ―――――

序章 人間存在と国の開設研究　初瀬龍平 — 1

第一部　ヨーロッパにおける人間存在と国の開設研究

1　メメントーの「原文本主義」　若尾祐司 — 25

2　「ロシア民族」のメタモルフォーゼ　畔上英治 — 51

3　アイデンティティと国家
    ——「父の問題」を例として——　松田武 — 75

4　排他的使用権と共通権
    自由主義経済における対立と共存／国有林の改革

目次

入れ替わりの国の魔法使い

筑波大学出版会

グローバリゼーションのなかで

国際関係学 入門

[編]
柏田仁・鈴木規彰